新元史

第三册

志（一）

柯劭忞 撰
張京華 黄曙輝 總校

上海古籍出版社

新元史卷之三十四　志第一

曆志一

自《三統術》以後七十餘家，至郭守敬之《授時》，測驗愈精，析理愈微，立數愈簡，信可謂度越前古者矣。然日月星辰之高遠，而以一人之智力窮之，欲其事事脗合，永無差忒，此必不可得之數也。明之《大統》，實本《授時》，至成化以後，交食已往往不驗。

皇朝宣城梅文鼎、婺源江永，皆深通數理。其糾《授時》疏舛凡數事：一曰增損歲餘、歲差。一歲小餘，古强今弱，一由日輪徑差，一由最卑動移。《授時》考古，則增歲餘而損歲差；推來，則增歲差而損歲餘。乃未得其根，而以法遷就之，似密實疏，不足爲法。一曰歲實消長。天行盈縮，進退以漸，無驟增、驟減之理。《授時》百年消長一分，是百年之內皆無所差，踰一年則驟增減一分，又積百年則平差一分，踰一年又驟增減一分，無此推算之法。一曰二十四氣用恒氣。當時高衝與冬至同度，最高與夏至同度，冬至爲盈初，夏至爲縮初，以爲盈縮之常限如此。故以兩冬至相距之日，均爲二十四氣，謂合於天之平分數也。設如五十餘年之後，高卑兩點各東移一度，則平冬至與定冬至不相值，及其極也，平冬至與定冬至相差兩日，猶能以兩定冬至相距之日，均爲二十四氣乎？且其求冬至也，自丙子年立冬後，依每日測景取對冬至前後日差同者爲準，得丁丑年冬至在戊戌日夜半後八刻，又定戊寅冬至在癸卯日夜半後三十三刻，己卯冬至在戊申日夜半後五十七刻，庚辰冬至在癸丑日夜半後八十一刻，辛巳冬至在己未日夜半後六刻。其求歲餘也，自宋大明以來得冬至時刻真數者有六，用以相距，各得其時，合用歲餘考驗四年相符不差，仍自大明壬寅年距今八百一十九年，每歲合得三百六十五日二十四刻二十五分，減大明術一十二秒，其二十五分爲今律歲餘合用之數。以此二事考之，則《授時》當年所定之歲實，已有微差。稽之於史，又多牴牾。夫一歲小餘二十四刻二十五分，積之四歲，正得九十七刻。丁丑冬至在戊戌日夜半後八刻，則辛巳冬至宜在己未夜半後五刻，不應有六刻也。如以辛巳之六刻爲是，則丁丑之冬至宜在九刻，不應爲八刻半也。此四年既皆實測所得，則已多半刻矣。而云相符不差，何也？又考大明五年十一月三日乙酉夜半後三十二刻七十分辰初三刻冬至。大明壬寅下距至元辛巳八百一十九年，以《授時》歲實積之，凡二十九萬九千一百三十三日六十刻七十五分，以乙酉辰初三刻距己未丑初二刻，凡二十九萬九千一百三十三日九十二刻，較多三十三刻。而云自大明壬寅距今每歲合得此數，何也？又云減大明術一十一秒。考大明術紀法與周天一歲小餘二十四刻二十八分一十四秒。《授時》減去三分一十四秒，非一十一秒也。又古時太陽本輪、均輪半徑之差，大於今日，則加減均數亦大，而冬至歲實宜更增矣。至元辛巳間高衝約與冬至同度，則歲實尤大，其小餘刻下之分約有三十分。而《授時》定爲二十五分，宜其自丁丑至於辛巳四年之間，即有半刻之差，而守敬未之覺也。

凡此數事，皆足訂《授時》之誤。今撮其大要著於篇，以備治曆者之參考焉。

至《授時》用平方、立方以求盈縮遲疾差，猶開方之舊術，用天元一御弧矢起數於圍三徑一，亦失之疏。若以弦矢求弧背，前後失均，象限以内差而多，象限以外差而少，此又不能爲前人諱者也。

《曆經》、《曆議》，皆守敬所撰。世祖詔李謙爲《曆議》，潤色其書而已，謙不能作也。札馬魯丁之《萬年曆》，實即明人所用之回回曆，《明史》詳矣，不具論。

治曆本末

蒙古初無曆法。太祖十五年，駐蹕撒馬爾干城，回鶻人奏五月望月蝕。中書令耶律楚材以《大明曆》推之，太陰當虧二分，食甚在子正，乃未盡初更而月已蝕。是年二月、五月朔，微月見於西南。楚材以舊曆不驗，遂別造《庚午元曆》。據《大明曆》減周天七十三秒，歲差亦減七十三秒。以中元庚午歲，國兵南伐，天下略定，推上元庚午歲天正十一月壬戌朔子正冬至，爲太祖受命之符。又以西域、中原地逾萬里，依唐僧一行里差之説，以增損之。東西測候，不復差忒。乃表上於行在曰：「漢、唐以來，經元創法不啻百家，其氣候之早晏，朔望之疾徐，二曜之盈衰，五星之起伏，疏密無定，先後不同。蓋都邑之各殊，或歷年之漸遠，不得不差也。唐曆八徙，宋曆九更，金《大明曆》百年纔經一改。此去中原萬里，以昔程今，昔密今疏，東微西著。今二月、五月朔，微月見於西南，較之於曆，悉爲先天。」自漢、唐以來曆算之書備矣，俱無此説。是年正月、四月雖皆爲小盡，然亦未有朔日見月者也。是時太祖方用兵西域，其書不果頒用。

楚材嘗言，西域曆五星密於中國，又作《麻答曆》，今不傳。楚材父履在金末作《乙未元曆》，楚材蓋本其父之書，更名爲《庚午元曆》云。

至世祖至元四年，西域人札馬魯丁用回回法撰《萬年曆》，帝稍採用之。其法爲默特納國王馬哈麻所造曆，元起西域阿剌必年，即隋開皇己未。不置閏月，以三百六十五日爲一歲。歲十二宮，宮有閏日，凡百二十八年宮閏三十一日。以三百五十四日爲一周，周十二月，月有閏日，凡三十年月閏十一日。歷千九百四十一年，宮月日辰再會。此其立法之大概也。

十三年，世祖平宋，詔前中書左丞許衡、太子贊善王恂、工部郎中郭守敬，立局改治新曆。先是，太保劉秉忠以《大明曆》遼、金承用歲久，浸以後天，議修正之。已而秉忠卒，事遂寢。至是，世祖思用其言，遂命恂與守敬率南北日官陳鼎臣、鄧元麟、毛鵬翼、劉巨源、王素、岳鉉、高敬等，分掌測驗、推步，以衡能推明曆理，俾參預之。

守敬首言：「曆之本在於測驗，而測驗之器莫先儀表。今司天渾儀，宋皇祐中汴京所造，不與此處天度相符，比量南北二極，約差四度。表石年深，亦復欹側不可用。」乃盡考其失，而移置之。既又別圖爽塏，以木爲重棚，創作簡儀、高表，用相比覆。又以爲天樞附極而動，昔人嘗展管望之，未得其的，作候極儀。極辰既位，天體斯正，作渾天象。象雖形似，莫適所用，作玲瓏儀。以表之測天之正圓，莫若以圓求圓，作仰儀。古有經緯，結而不動，守敬則易之，作立運儀。日有中道，月有九行，守敬則一之，作證理儀。表高景虛，罔象非真，作景符。月雖有明，察景則難，作窺几。曆法之驗，在於交會，作日月食儀。天有赤道，輪以當之，兩極低昂，標以指之，作星晷定時儀。以上凡十三等。又作正方案、九表、懸正儀、座正儀，凡四等，爲四方行測者所用。又作仰規覆矩圖、異方渾蓋圖、日出入永短圖，凡五等，與上諸儀互相參考。

十六年，改局爲太史院，以贊善王恂爲太史令，守敬爲同知太史院事，給印章，立官府。是年，奏進儀表式樣，守敬對御指陳理致，一一周悉。自朝至於日晏，上不爲倦。

守敬奏：「唐一行開元間令天下測景，書中見者凡十三處。今疆宇比唐尤大，若不遠方測驗，日月交食分數時刻不同，晝夜長短不同，日月星辰去天高下不同。可先南北立表，取直測景。」上可其奏。遂設監候官一十四員，分道相繼而出。

先測得：南海：北極出地一十五度。夏至景在表南長一尺一寸六分，晝五十四刻，夜四十六刻。衡岳：北極出地二十五度。夏至日在表端無景，晝五十六刻，夜四十四刻。岳臺：北極出地三十五度，夏至景長一尺四寸八分，晝六十刻，夜四十刻。和林：北極出地四十五度，夏至景長三尺二寸四分，晝六十四刻，夜三十六刻。鐵勒：北極出地五十五度，夏至景長五尺一分，晝七十刻，夜三十刻。北海：北極出地六十五度，夏至景長六尺七寸八分，晝八十二刻，夜一十八刻。繼又測得：上都：北極出地四十三度少。大都：北極出地四十二度强，夏至晷景長一丈二尺三寸六分，晝六十二刻，夜三十二刻。益都：北極出地三十七度少。登州：北極出地三十八度少。高麗：北極出地三十八度少。西京：北極出地四十度少。太原：北極出地三十八度少。安西府：北極出地三十四度半强。興元：北極出地三十三度半强。成都：北極出地三十一度半强。西涼州：北極出地四十度强。東平：北極出地三十五度太强。大名：北極出地三十六度。南京：北極出地三十四度太强。陽城：北極出地三十四度太。揚州：北極出地三十三度。鄂州：北極出地三十一度半。吉州：北極出地二十六度半。雷州：北極出地二十度太。瓊州：北極出地十九度太。

十七年，新曆告成。守敬上奏曰：

臣等竊聞帝王之事，莫重於曆。自黄帝迎日推策，帝堯以閏月定四時成歲，舜在璇璣玉衡以齊七政。爰及三代，曆無定法，周秦之間，閏餘乖次。西漢造《三統曆》，百三十年而後是非始定。東漢造《四分曆》，七十餘年而儀式備。又百二十一年，劉洪造《乾象曆》，始悟月行有遲速。又百八十年，姜岌造《三紀甲子曆》，始悟以月食衝檢日宿度所在。又五十七年，何承天造《元嘉曆》，始悟以朔望及弦定大小餘。又六十五年，祖冲之造《大明曆》，始悟太陽有歲差之數，極星去不動處一度餘。又五十二年，張子信始悟日月交道有表裏，五星有遲疾留逆。又三十三年，劉焯造《皇極曆》，始悟日行有盈縮。又三十五年，傅仁均造《戊寅元曆》，頗采舊儀，始用定朔。又四十六年，李淳風造《麟德曆》，以古曆章蔀元首分度不齊，始爲總法，用進朔以避晦晨月見。又六十三年，僧一行造《大衍曆》，始以朔有四大三小，定九服交食之異。又九十四年，徐昂造《宣明曆》，始悟日食有氣、刻、時三差。又二百三十六年，姚舜輔造《紀元曆》，始悟食甚泛餘差數。以上計千一百八十二年，曆經七十，改其創法者十有三家。

自是又百七十四年，欽惟聖朝統一六合，肇造區夏，專命臣等改治新曆。臣等用創造簡儀、高表，憑其測到實數，所考正者凡七事：一曰冬至。自丙子年立冬後，依每日測到晷景，逐日取對，冬至前後日差同者爲準，得丁丑年冬至在戊戌日夜半後八刻半。又定丁丑夏至，得在庚子日夜半後七十刻。又定戊寅冬至，在癸卯日夜半後三十三刻；己卯冬至，在戊申日夜半後五十七刻半；庚辰冬至，在癸丑日夜半後八十一刻半。各減《大明曆》十八刻，遠近相符，前後應準。二曰歲餘。自劉宋《大明曆》以來，凡測景驗氣得冬至時刻真數者有六，用以相距，各得其時合用歲餘。今考驗四年，相符不差。仍自宋大明壬寅年距至今日八百一十年，每歲合得三百六十五日二十四刻二十五分。其二十五分爲今曆歲餘合用之數。三曰日躔。用至元丁丑四月癸酉望月食既推求日躔，得冬至日躔赤道箕宿十度，黃道箕九度有畸。仍憑每日測到太陽躔度，或憑星測月，或憑月測日，或徑憑星度測日，立術推算。起自丁丑正月，至己卯十二月，凡三年，共得一百三十四事，皆躔於箕，與月食相符。四曰月離。自丁丑以來至今，憑每日測到逐時太陰行度推算，變從黄道求入，轉極遲極疾并平行處，前後凡十三轉，計五十一事，内除去不真的外，有三十事。得《大明曆》入轉後天，又因考驗交食加《大明曆》三十刻，與天道合。五曰入交。自丁丑五月以來，憑每日測到太陰去極度數，比擬黄道去極度，得月道交於黄道，共得八事。仍依日食法度推求，皆有食分得入時刻，與《大明》所差不多。六曰二十八宿距度。自漢《太初曆》以來，距度不同，互有損益。《大明曆》則於度下餘分附以太半少，皆私意牽就，未嘗實測其數。今新儀皆細刻周天度分，每度爲三十六分，以距線代管窺宿度餘分，並依實測，不以私意牽就。七曰日出入晝夜刻。《大明曆》日出入晝夜刻，皆據汴京爲準，其刻數與大都不同。今更以本方北極出地高下、黄道出入内外度，立術推求每日日出入晝夜刻，得夏至極長，日出寅正二刻，日入戌初二刻，晝六十二刻，夜三十八刻，冬至極短，日出辰初二刻，日入申正二刻，晝三十八刻，夜六十二刻，永爲定式。

所創法凡五事：一曰太陽盈縮。用四正定氣立爲升降限，立招差求得每日行分初末極差積度，比古爲密。二曰月行遲疾。古曆皆用二十八限，今以萬分日之八百二十分爲一限，凡析爲三百三十六限，依垜疊招差，求得轉分進退，其遲疾度數逐時不同，蓋前所未有。三曰黄赤道差。舊法以一百一度相減相乘。今依算術句股弧矢方圓斜直所容，求到度率積差差率，與天道實爲脗合。四曰黄赤道内外度。據累年實測内外極度二十三度九十分，以圓容方直矢接句股爲法求每日去極，與所測相符。五曰白道交周。舊法黄道變推白道，以斜求斜。今用立渾比量，得月與赤道正交，距春秋二正黄赤道正交一十四度六十六分。擬以爲法，推逐月每交二十八宿度分，於理爲盡。

詔賜名曰《授時曆》。十八年，頒新曆於天下。

十九年，守敬以推步之式與立成之數皆無定稿，乃著《推步》七卷、《立成》二卷、《曆議擬稿》三卷、《轉神選擇》二卷、《上中下三曆注式》十二卷，表上之。二十年，又詔太子諭德李謙就守敬之《曆議稿》重加修訂，以闡新曆順天求合之理。

大德三年八月朔，時加巳依新曆日食二分有奇，至其時不應，臺官皆懼。保章正齊履謙曰：「日當食不食，古有之。况時近午，陽盛陰微，宜當食不食。」遂考唐開元以來當食不食者凡十事以聞。六年六月朔，時加戌依新曆日食五十七秒，衆以涉交既淺，且近濁，欲匿不報。履謙曰：「吾所掌者，常數也。其食與否，則係於天。」獨以狀聞。及其時，果食。蓋高遠難窮之事，必積時累驗，乃見端倪。《授時曆》推日食之法，較前之十三家最密矣，然尚不能無數刻之差。故元之一代，日食四十有五，推食而不食者一，食而失推者一，夜食而誤書者一。履謙謂食與否係於天，是猶泥前人「當食不食，不當食而食」之謬説，誣莫甚矣。

泰定間，履謙爲太史院使，以《授時曆》行五十年未嘗推考，乃日測晷景並晨昏五星宿度，自至治三年冬至、泰定二年夏至天道加時真數，各減見行曆書二刻，撰《二至晷景考》二卷。《授時》雖有經串，而經以著定法，串以紀成數，求其法之所以然，數之所從出，則略而不詳，作《經串演説》八卷，以發明其藴焉。

時鄱陽人趙友欽推演《授時》之理，著《革象新書》五卷，號爲新曆之學。

其《曆法改革篇》曰：「曆法由古及今，六十餘術矣。漢《太初》粗爲可取，然猶疏略未密。唐一行作《大衍術》，當時以爲密矣，以今觀之，猶自甚疏。蓋歲淺則差少未覺，久而積差漸多，不容不改，要當隨時測驗，以求真數。」

其《日道歲差篇》曰：「《統天術》謂周天赤道三百六十五度二十五分七十五秒，周歲三百六十五日二十四分二十五秒，百年差一度半。然又謂周歲漸漸不同，上古歲策多，後世歲策少，如此則上古歲差少，後世歲差多。當今術法倣之，立減加歲策之法，上考往古，百年加一秒，下驗將來，百年減一秒。」

其《黄道損益篇》曰：「二至之日，黄道平其度，斂狹每度約得十之九二分，斜行赤道之交。今之授時術步得冬至日躔箕宿，以此知寅申度數最少，己亥度數最多，其餘則多寡稍近。」

其《積年日法篇》曰：「前代造術者，逆求往古曰上元，求其積年總會，是以必立日法。然有所謂截元術，但將推步定數爲順算逆考，不求其齊。當今授時術采舊術截元之術，凡積年日法皆所不取。」

其《日月盈縮篇》曰：「月行十三度餘十九之七，然或先期，或後期，有差至四五度者，後漢劉洪始考究之，知月有盈縮。隋之劉焯始覺太陽亦有盈縮，最多之時在於春秋二分，均差兩度有餘。李淳風有推步月孛法，謂六十二日行七度，六十二年七周天。所謂孛者，乃彗星之一種光芒，偏掃者則謂之彗，光芒四出如渾圓者乃謂之孛。然孛以月爲名者，孛之所在，太陰所行最遲，太陰在孛星對衝處則所行最疾。孛星不常見，止以太陰所行最遲處測之。」

其《月有九道篇》曰：「月行出入黄道之内外，遠於黄道處六度二分。月道與黄道相交處在二交之始，名曰羅睺，交之中，名曰計都。自交初至於交中，月在黄道外，名曰陽限。自交中至於交出，月在黄道内，名曰陰限。所謂九行者，當以畫圖比之。四圖各畫黄道，似一圓環，俱於環南定爲夏至，環北定爲冬至，環西定爲春分，環東定爲秋分。將一圖畫爲青道，與黄道交於南北，南交爲羅，北交爲計。其青道一邊入在黄道西之東，是内青道；一邊出在黄道東之東，是外青道。又將一圖畫白道，亦與黄道交於南北，南交爲計，北交爲羅。其白道一邊入在黄道東之西，是内白道；一邊出在黄道西之西，是外白道。又將一圖畫朱道，與黄道交於東西，東交爲計，西交爲羅。其朱道一邊入黄道之南，是内朱道，一邊出在黄道南之南，是外朱道。又將一圖畫黑道，亦與黄道交於東西，東交爲羅，西交爲計。其黑道一邊入在黄道南之北，是内黑道；一邊出在黄道北之北，是外黑道。此雖畫四圖，然四圖之八道止是一道也。本八道而曰九行者，以北道之行，交於黄道，故道以九言也。八道常變易，不可置於渾儀上，亦不得畫於星圖。所可具者，黄、赤二道耳。欲别於黄，故塗以赤。赤道近八道皆相交遠近。朱道止十八度遠，黑道至三十度遠，青白二道約二十四度遠。」

其《地域遠近篇》曰：「古者立八尺之表，以驗四時日景。地中夏至，景在表北一尺六寸，冬至，景在表北一丈三尺。南至交廣，北至鐵勒等處驗之，俱各不同。表高八尺，似失之短。至元以來，表長四丈，誠萬古之定法也。所謂土圭者，自古有之。然地上天多，早晚太陽與人相近，則景移必疾；日午與人相遠，則景移必遲。世間土圭均畫而已，豈免午侵巳未，而早晚時刻俱差？地中差已如是，若以八方偏地驗之，土圭之不可準尤爲顯然。

偏東者，早景疾而晚景遲，午景先至；偏西者，早景遲而晚景疾，午景後期；偏北者，少其晝而景遲；偏南者，多其晝而景疾。若南越，短景南指，而子午反復，則又謬逆甚矣。」

其《日月薄食篇》曰：「日之圓體大，月之圓體小。日道之周圍亦大，月道之周圍亦小。日道距天較近，月道距天較遠。日月之體與所行之道，雖有少廣之差，然月與人相近，日與人相遠。故月體因近視而可比日道之廣，日食、月食當以天度經緯而推。同經不同緯，止曰合朔。同經同緯合朔，而有食矣。人望日體，見爲月之黑體所障，故云日食。然日體未嘗有損，所謂食者，强名而已。日月對躔，而望若不當二交前後，則不食。望在二交前後，則必食。或既或不既，當以距交遠近而推。日月之圓徑相倍，日徑一度，月徑止得日徑之半，然在於近視，亦準一度。是猶省秤比於複秤，斤兩雖同，其實則有輕重之異。日之圓徑倍於月，則闇虛之圓徑亦倍於月。月既準一度，則闇虛廣二度矣。月食分數止以距交近遠而論，别無四時加減，八方所見食分並同。日食則不然。舊曆云：假令中國食既，戴日之下所虧纔半，化外反觀，則交而不食。何以言之？日月如大小二球，共懸一索。日上、月下，相去稍遠，人在其下正望之，黑球遮盡赤球，比若食既。若傍視，則分遠近之差，即食數有多寡也。」

其《五緯距合篇》曰：「古者止知五緯距度，未知有變數之加減。北齊張子信仰觀歲久，始知五緯又有盈縮之變，當加減常數以求其逐日之躔。所以然者，蓋五緯不由黄道，亦不由月之九道，乃出入黄道内外，各自有其道。視太陽遠近而遲疾者，如足力之勤倦。又有變數之加減者，比如道里之徑直斜曲。」

其《句股測天篇》曰：「古人測景，千里一寸之差，猶未親切。今別定表之制度，併述元有算法。就地中各去南北數百里，仍不偏於東西，俱立一表，約高四丈。於表首下數寸作一方竅，外廣而内狹，當中薄如連邊，兩旁如側置漏底之盌，形圓而竅方。以南北表景之數相減餘，名景差。兩表相距里路，各乘南北表景，各如景差而一即得。二表各與戴日之地相距數日，平遠各以表景加之，所得各以表高乘之，各如表景而一即得。日輪頂與戴日地相距數，以南北表景各加平遠所得自乘，名勾冪。日高自乘，名股冪。兩冪相併，名弦冪。開爲平方，名曰日遠。乃南北表竅之景距日斜遠也。」

其《乾象周髀篇》曰：「古人謂圓徑一尺，周圍三尺。後世考究則不然。圓一而周三，則尚有餘；圍三而徑一，則爲不足。蓋圍三徑一，是六角之田也。或謂圓徑一尺，周圍三尺一寸四分；或謂圓徑七尺，周圍二十二尺；或謂圓徑一百一十三，周圍三百五十五。徑一而周三一四，猶自徑多圍少；徑七而周二十二，却是徑少周多；徑一百一十三，周三百五十五，最爲精密。其考究之術，畫百眼茶盤一，眼廣一寸，方圖之内，畫爲圓圖，徑十寸，圓内又畫小方圖。小方以算術展爲圓象，自四角之方，添爲八角曲圓爲第一次。若第二次，則爲曲十六。第三次，則爲曲三十二。第四次，則爲曲六十四。凡多一次，其曲必倍。至十二次，則其爲曲一萬六千三百八十四。其初之小方，漸加漸展，漸滿漸實，角數愈多，而其爲方者不復方，而變爲圓矣。今先以第一次言之，内方之弦十寸，名大弦，自乘得一百寸，名大弦冪，内方之句冪五十寸，名第一次大句冪。以第一次大句冪，減其大弦冪，餘五十寸，名大股冪，開方得七寸七釐一毫有奇，名第一次大股。以第一次大股減其大弦，餘二寸九分二釐八毫有奇，名第一較，折半得一寸四分六釐四毫有奇，名第一次小句。此小句之數，乃内方之四邊與圓圍最相遠處也。以第一次小句自乘，得二寸一分四釐四毫有奇，名第一次小句冪。以第一次大句冪，折半得二十五寸。又折半得十二寸五分，名第一次小股冪，併第一次小句冪，得一十四寸六分四釐四毫有奇，名第一次小弦冪，開方得三寸八分二釐六毫有奇，名第一次小弦，即是八曲之一。八乘第一次小弦，得三十寸六分一釐有奇，即是八曲之周圍也。此以小數求之，不若改爲大數，將大弦改爲一千寸，然後依法而求。若求第二次者，以第一次小弦冪，就名第二次大句冪。以第一次大股冪減其大弦冪餘，爲第二次大股冪。開方爲第二次大股，以減其大弦餘爲第二較，折半名第二次小句。此小句之數，即是八曲之邊，與圓圍最相遠處也。以第二次小句自乘，名第二次小句羃。以第二次大句羃兩折，名第二次小股羃。以第二次小股羃併第二次小句羃，名第二次小弦羃，開方爲第二次小弦，即是十六曲之一。以十六乘第二小弦即是十六曲之周圍也。以第二次倣第一次，若至十二次，亦遞次相倣。置第十二次之小弦，以第十二次之曲數一萬六千三百八十四乘之，得三千一百四十一寸五分九釐二毫有奇，即是千寸徑之周圍也。以一百一十三乘之，果得三百五十五。故言其法精密。要之方爲數之始，圓爲數之終。圓始於方，方終於圓。《周髀》之術，無出於此矣。」

友欽闡明曆理，於授時術尤有深得，傳其學於龍游人朱暉。有元一代，不爲曆官而知曆者，友欽一人而已。

新元史卷之三十五　志第二

曆志二

儀器

簡儀之制：四方爲趺，縱一丈八尺三分，去一以爲廣。趺面上廣六寸，下廣八寸，厚如上廣。中布横輄三、縱輄三。南二，北抵南輄；北一，南抵中輄。趺面四周爲水渠，深一寸，廣加五分。四隅爲礎，出趺面内外各二寸。繞礎爲渠，深廣皆一寸，與四周渠相灌通。又爲礎，於卯酉位廣加四維，長加廣三之二。水渠亦如之。北極雲架柱二，徑四寸，長一丈二尺八寸。下爲鼇雲，植於乾、艮二隅。礎上左右内向，其勢斜准赤道合貫上規。規環徑二尺四寸，廣一寸五分，厚倍之，中爲距，相交爲斜十字，廣厚如規。中心爲竅，上廣五分，方一寸有半，下二寸五分，方一寸，以受北極樞軸。自雲架住斜上去趺面七尺二寸，爲横輄。自輄心上至竅心六尺八寸。又爲龍柱二，植於卯酉礎。中分之北，皆飾以龍，下爲山形，北向斜植，以柱北架。南極雲架柱二，植於卯酉礎，中分之南，廣厚形制一如北架，斜向坤、巽二隅，相交爲十字。其上與百刻環邊齊，在辰巳、未申之間。南傾之勢準赤道，各長一丈一尺五寸。自趺面斜上三尺八寸爲横輄，以承百刻環。下邊又爲龍柱二，植於坤、巽二隅，礎上北向斜柱，其端形制一如北柱。

四游雙環，徑六尺，廣二寸，厚一寸。中間相離一寸，相連於子午、卯酉。當子午爲圓竅，以受南北極樞軸。兩面皆列周天度分，起南極，抵北極，餘分附於北極。去南北樞竅兩旁四寸，各爲直距，廣厚如環距，中心各爲横關，東西與兩距相連，廣厚亦如之。關中心相連，厚三寸，爲竅方八分，以受窺衡樞軸。窺衡長五尺九寸四分，廣厚皆如環。中腰爲圓竅，徑五分，以受樞軸。衡兩端爲圭首，以取中，縮去圭首五分，各爲側立横耳，高二寸二分，廣如衡面，厚三分。中爲圓竅，徑六分，其中心上下一線，界之以知度分。

百刻環，徑六尺四寸，面廣二寸，周布十二時百刻。每刻作三十六分，厚二寸，自半已上，廣三寸。又爲十字距。皆所以承赤道環也。百刻環内廣面卧施圓軸四，使赤道環旋轉，無澀滯之患。其環陷入南極架一寸，仍釘之。赤道環徑廣厚皆如四游環。面細刻列舍周天度分。中爲十字距，廣三寸，中空一寸，厚一寸。當心爲竅，竅徑一寸，以受南極樞軸。界衡二，各長五尺九寸四分，廣三寸。衡首斜刻五分刻度分，以對環面，中腰爲竅，重置赤道環南極樞軸，其上衡兩端自長竅外邊至衡首底厚倍之。取二衡運轉，皆着環面，而無低昂之失，且易得度分也。二極樞軸，皆以鋼鐵爲之，長六寸，半爲本，半爲軸。本之分寸一如上規。距心適取能容軸徑一寸。北極軸中心爲孔，孔底横穿通兩旁。中出一線曲，其本出横孔兩旁結之。孔中線留三分，亦結之。上下各穿一線，貫界衡兩端。中心爲孔，下洞衡底順衡中心爲渠，以受線直入内界。長竅中至衡中腰，復爲孔，自衡底上出結之。

定極環，廣半寸，厚倍之，皆勢穹窿，中徑六度，度約一寸許。極星去不動處三度，僅容轉周。中爲斜十字，距廣厚如環，連於上規環，距中心爲孔徑五釐。下至北極軸心六寸五分。又置銅板，連於南極雲架之十字，方二寸，厚五分，北面剡其中心存一釐以爲厚。中爲圓孔，徑一分，孔心下至南極軸心亦六寸五分。又爲環二。其一陰緯環，面刻方位，取趺面縱横輒北十字爲中心，卧置之。其一曰立運環，面刻度分，施於北極雲架柱下，當卧環中心上屬架之横輒下，抵趺輒之十字，上下各施樞軸，令可旋轉。中爲置距，當心爲竅，以施窺衡，令可俯仰，用窺日月星辰出地度分。右四游環，東西運轉，南北低昂，凡七政，列舍中外官去極度分皆測之。赤道環，旋轉與列舍距星相當，即轉界衡使兩線相對，凡日月五星中外官入宿度分皆測之。百刻環，轉界衡令兩線與日相對，其下直時刻則晝刻也。夜則以星定之，比舊儀測日月五星出没而無陽經陰緯雲柱之映。

其渾象之制：圓如彈丸，徑六尺，縱横各畫周天度分，赤道居中，去二極各周天四之一。黄道出入赤道内外，各二十四度。弱月行白道出入不常，用竹篾均分天度，考驗黄道所交，隨時遷徙。先用簡儀測致入宿去極度數，按於上。其校驗出入黄赤二道遠近疏密，了然易辨。仍參以算數爲準，其象置於方匱之上。南北極出入匱面各四十度太强，半見半隱。機運輪牙，隱於匱中。

仰儀之制：以銅爲之，形若釜，置於甎臺内，畫周天度，脣列十二辰位，蓋俯視驗天者也。

其銘辭云：「不可體形，莫天大也。無兢維人，仰釜載也。六尺爲深，廣自倍也。兼深廣倍，絜釜兑也。環鑿爲沼，準以溉也。辨方正位，曰子卦也。衡縮度中，平斜再也。斜起南極，平釜鐓也。小大必周，入地畫也。始周浸斷，浸極外也。極入地深，四十太也。北九十一，赤道齗也。列刻五十，六時配也。衡竿加卦，巽坤内也。以負縮竿，子午對也。首旋璣板，窽納芥也。上下懸直，與鐓會也。視日透光，何度在也。暘谷朝賓，夕餞昧也。寒暑發斂，驗進退也。薄蝕起自，鑒生殺也。以避赫曦，奪目害也。南北之偏，亦可概也。極淺十五，林邑界也。黄道夏高，人所載也。夏永冬短，猶少差也。深五十奇，鐵勒塞也。

黄道浸平，冬晝晦也。夏則不没，永短最也。安渾宣夜，昕穹蓋也。六天之書，言殊話也。一儀一揆，孰善悖也。以指爲告，無煩喙也。闇資以明，疑者沛也。智者是之，膠者怪也。古今巧曆，不億輩也。非讓不爲，思不逮也。將窺天朕，造化愛也。其有浚明，昭聖代也。泰山礪乎，河如帶也。黄金不磨，悠久賴也。鬼神禁訶，勿銘壞也。」

大明殿燈漏之制：高丈有七尺，架以金爲之。其曲梁之上，中設雲珠，左日右月。雲珠之下，復懸一珠。梁之兩端，飾以龍首，張吻轉目，可以審平水之緩急。中梁之上，有戲珠龍二，隨珠俛仰，又可察準水之均調。凡此皆非徒設也。燈毬雜以金寶爲之，内分四層，上環布四神，旋當日月參辰之所在，左轉日一周。次爲龍虎鳥龜之象，各居其方，依刻跳躍，鐃鳴以應於内。又次周分百刻，上列十二神，各執時牌，至其時，四門通報。又一人當門内，常以手指其刻數。下四隅，鐘鼓鉦鐃各一人，一刻鳴鐘，二刻鼓，三鉦，四鐃，初正皆如是。其機發隱於櫃中，以水激之。

正方案：方四尺，厚一寸。四周去邊五分爲水渠。先定中心，畫爲十字。外抵水渠，去心一寸，畫爲圓規。自外寸規之，凡十九規。外規内三分，畫爲重規。徧布周天度。中爲圓徑二寸，高亦如之。中心洞底植臬，高一尺五寸，南至則減五寸，北至則倍之。

凡欲正四方，置案平地，注水於渠，眂平，乃植臬於中。自臬景西入外規，即識以墨影，少移輒識之，每規皆然，至東出外規而止。凡出入一規之交，皆度以線，屈其半以爲中，即所識與臬相當，且其景最短，則南北正矣。復徧閲每規之識，以審定南北。南北既正，則東西從而正。然二至前後，日軌東西行，南北差少，即外規出入之景以爲東西，允得其正。當二分前後，日軌東西行，南北差多，朝夕有不同者，外規出入之景或未可憑，必取近内規景爲定，仍校以累日則愈真。

又測用之法，先測定所在北極出地度，即自案地平以上度，如其數下對南極入地度，以墨斜經中心界之，又横截中心斜界爲十字，即天腹赤道斜勢也。乃以案側立，懸繩取正。凡置儀象皆以此爲準。

圭表：以石爲之，長一百二十八尺，廣四尺五寸，厚一尺四寸。座高二尺六寸。南北兩端爲池，圓徑一尺五寸，深二寸。自表北一尺，與表梁中心上下相直。外一百二十尺，中心廣四寸，兩旁各一寸，畫爲尺寸分，以達北端。兩旁相去一寸爲水渠，深廣各一寸，與南北兩池相灌通以取平。表長五十尺，廣二尺四寸，厚減廣之半，植於圭之南端圭石座中，入地及座中一丈四尺，上高三十六尺。其端兩旁爲二龍，半身附表上擎横梁，自梁心至表顛四尺，下屬圭面，共爲四十尺。梁長六尺，徑三寸，上爲水渠以取平。兩端及中腰各爲横竅，徑二分，横貫以鐵，長五寸，繫線合於中，懸錘取正，且防傾墊。

按表短則分寸短促，尺寸之下所謂分秒太半少之數，未易分别。表長則分寸稍長，所不便者，景虛而淡，難得實影。前人欲就虛景之中考求真實，或設望箭，或置小表，或以木爲規，皆取端日光，下徹表面。今以銅爲表，高三十六尺，端挾以二龍。舉一横梁，下至圭面，共四十尺。是爲八尺之表五，圭表刻爲尺寸，舊一寸，今申而爲五釐，毫差易分别。

景符之制：以銅葉博二寸加長博之二，中穿一竅，若針芥然。以方框爲趺，一端設爲機軸，令可開闔。搘其一端，使其勢斜倚，北高南下，往來遷就於虛梁之中。竅達日光僅如米許，隱然見横梁於其中。舊法：一表端測晷，所得者日體上邊之景。今以横梁取之，實得中景，不容有毫末之差。至元十六年己卯夏至晷景，四月十九日乙未景一丈二尺三寸六分九釐五毫。至元十六年己卯冬至晷景，十月二十四日戊戌景七丈六尺七寸四分。

闚几之制：長六尺，廣二尺，高倍之。下爲趺，廣三寸，厚二寸。上框廣四寸，厚如趺。以板爲面，厚及寸，四隅爲足，撐以斜木，務取正方。面中開明竅，長四尺，廣二寸。近竅兩旁一寸分畫爲尺，内三寸刻爲細分，下應圭面。几面上至梁心二十六尺，取以爲準。闚限各長二尺四寸，廣二寸，脊厚五分，兩刃斜梱，取其於几面相符，著限兩端，厚廣各存二寸，銜入几框。俟星月正中，從几下仰望，視表梁南北以爲識，折取分寸中數，用爲直景。又於遠方同日闚測取景數，以推星高下也。

西域儀象

世祖至元四年，扎馬魯丁造西域儀象。

咱秃哈剌吉，漢言渾天儀也。其制：以銅爲之。平設單環，刻周天度，畫十二辰位以準地面。側立雙環，而結於平環之子午，半入地下，以分天度。内第二雙環，亦刻周天度，而參差相交，以結於側雙環。去地平三十六度，以爲南北極。可以旋轉，以象天運，爲日行之道。内第三、第四環，皆結於第二環，又去南北極二十四度，亦可以運轉。凡可運三環，各對綴銅方釘，皆有竅，以代衡簫之仰窺焉。

咱秃朔八台，漢言測驗周天星曜之器也。外周圓牆，而東面啟門。中有小臺，立銅表高七尺五寸。上設機軸，懸銅尺，長五尺五寸，復如窺測之簫二，其長如之。下置横尺，刻度如數。其上以準掛尺。下本開圖之遠近。可以左右轉而周窺，可以高低舉而偏測。

魯哈麻亦渺凹只，漢言春秋分晷影堂也。屋二間，脊開東西横罅，以斜通日晷。中有臺，隨晷影南高北下，上仰置銅半環，刻天度一百八十，以準地上之半天。斜倚鋭首銅尺，長六尺，闊一寸六分，上結半環之中，下加半環之上，可以往來窺運，側望漏屋晷影，驗度數，以定春秋二分。

魯哈嘛亦木思塔餘，漢言冬夏至晷影堂也。屋五間，其屋下爲坎，深二丈二尺，脊開南北一罅，以直通日晷。隨罅立壁，附壁懸銅尺，長一尺六寸。壁仰畫天度半規，其尺亦可往來規運，直望漏屋晷影，以定冬夏二至。

苦來亦撒麻，漢言渾天圖也。其制：以銅爲丸，斜刻日道交環度數於其腹，刻二十八宿形於其上。外平置銅單環，刻周天度數，列於十二辰位以準地。而側立單環二，一結於平環之子午，以銅丁象南北極，一結於平環之卯酉，皆刻天度。即渾天儀而不可運轉窺測者也。

苦來亦阿兒子，漢言地理志也。其制：以木爲圓毬，七分爲水；其色緑，三分爲土地，其色白。畫江河湖海，脈絡貫串於其中。畫作小方井，以計幅員之廣袤，道里之遠近。

兀速都兒剌不定，漢言晝夜時刻之器也。其制：以銅如圓鏡而可掛，面刻十二辰位、晝夜時刻。上加銅條綴中，可以圓轉。銅條兩端，各屈其首爲二竅，以對望。晝則視日影，夜則窺星辰，以定時刻，以測休咎。背嵌鏡片，三面刻其圖凡七，以辨東西南北日影長短之不同、星辰向背之有異。故各異其圖，以盡天地之變焉。

新元史卷之三十六　志第三

曆志三

授時曆經上

步氣朔第一

至元十八年歲次辛巳爲元。上考往古，下驗將來，皆距立元爲算。周歲消長，百年各一。其諸應等數，隨時推測，不用爲元。

日周，一萬。

歲實，三百六十五萬二千四百二十五分。

通餘，五萬二千四百二十五分。

朔實，二十九萬五千三百五分九十三秒。

通閏，十萬八千七百五十三分八十四秒。

歲周，三百六十五日二千四百二十五分。

朔策，二十九日五千三百五分九十三秒。

氣策，十五日二千一百八十四分三十七秒半。

望策，十四日七千六百五十二分九十六秒半。

弦策，七日三千八百二十六分四十八秒少。

氣應，五十五萬〇六百分。

閏應，二十萬一千八百五十分。

按《授時曆》閏轉交三應，後有改定之數。閏應，二十萬一千八百五十分，明《大統曆法通軌》作二十萬二千五十分，實加二百分，是當時經朔改早二刻也。轉應，一十三萬一千九百四分，《通軌》作一十三萬二百五分，實減一千六百九十九分，是入轉改遲一十七刻弱也。交應，二十六萬一百八十七分八十六秒，《通軌》作二十六萬三百八十八分，實加二百分一十四秒，是正交改早二刻强也。梅文鼎謂《通軌》所述者乃《授時》續定之數，而《曆經》所存則其未定之初稿是也。

没限，七千八百一十五分六十二秒半。

氣盈，二千一百八十四分三十七秒半。

朔虚，四千六百九十四分七秒。

旬周，六十萬。

紀法，六十。

推天正冬至

置所求距，算以歲實。上推往古，每百年長一。下算將求，每百年消一。乘之，爲中積。加氣應，爲通積。滿旬周，去之；不盡，以日周約之爲日，不滿爲分。其日命甲子算外，即所求天正冬至日辰及分。如上考者，以氣應減中積，滿旬周，去之；不盡，以減旬周。餘同上。

求次氣

置天正冬至日分，以氣策累加之，其日滿紀法，去之，外命如前，各得次氣日辰及分秒。

推天正經朔

置中積，加閏應，爲閏積。滿朔實，去之，不盡爲閏餘，以減通積，爲朔積。滿旬周，去之，不盡，以日周約之爲日，不滿爲分，即所求天正經朔日及分秒。上考者，以閏應減中積，滿朔實，去之不盡，以減朔實，爲閏餘。以日周約之爲日，不滿爲分，以減冬至日及分，不及減者，加紀法減之，命如上。

求弦望及次朔

置天正經朔日及分秒，以弦策累加之，其日滿紀法，去之，各得弦望及次朔日及分秒。

推没日

置有没之氣分秒，如没限已上爲有没之氣。以十五乘之，用減氣策，餘滿氣盈而一爲日，併恒氣日，命爲没日。

推滅日

置有滅之朔分秒，在朔虚分已下爲有滅之朔。以三十乘之，滿朔虚而一爲日，併經朔日，命爲滅日。

步發斂第二

土王策，三日四百三十六分八十七秒半。

月閏，九千六十二分八十二秒。

辰法，一萬。

半辰法，五千。

刻法，一千二百。

推五行用事

各以四立之節，爲春木、夏火、秋金、冬水首用事日。以土王策減四季中氣，各得其季土始用事日。

氣候

正月

立春，正月節。　雨水，正月中。

東風解凍，蟄蟲始振，魚陟負冰。

獺祭魚，候雁北，草木萌動。

二月

驚蟄，二月節。　春分，二月中。

桃始華，倉庚鳴，鷹化爲鳩。

玄鳥至，雷乃發聲，始電。

三月

清明，三月節。　穀雨，三月中。

桐始華，田鼠化爲鴽，虹始見。

萍始生，鳴鳩拂其羽，戴勝降于桑。

四月

立夏，四月節。　小滿，四月中。

螻蟈鳴，蚯蚓出，王瓜生。
苦菜秀，靡草死，麥秋至。

五月

芒種，五月節。　　夏至，五月中。
螳螂生，鵙始鳴，反舌無聲。
鹿角解，蜩始鳴，半夏生。

六月

小暑，六月節。　　大暑，六月中。
温風至，蟋蟀居壁，鷹始摯。
腐草爲螢，土潤溽暑，大雨時行。

七月

立秋，七月節。　　處暑，七月中。
涼風至，白露降，寒蟬鳴。
鷹乃祭鳥，天地始肅，禾乃登。

八月

白露，八月節。　秋分，八月中。
鴻雁來，玄鳥歸，羣鳥養羞。
雷始收聲，蟄蟲坏户，水始涸。

九月

寒露，九月節。　霜降，九月中。
鴻雁來賓，雀入大水爲蛤，菊有黄華。
豺乃祭獸，草木黄落，蟄蟲咸俯。

十月

立冬，十月節。　小雪，十月中。
水始冰，地始凍，雉入大水爲蜃。
虹藏不見，天氣上升，地氣下降。閉塞而成冬。

十一月

大雪，十一月節。　冬至，十一月中。
鶡鴠不鳴，虎始交，荔挺出。
蚯蚓結，麋角解，水泉動。

十二月

小寒，十二月節。　大寒，十二月中。

雁北鄉，鵲始巢，雉雊。

雞乳，征鳥厲疾，水澤腹堅。

推中氣去經朔

置天正閏餘，以日周約之，爲日命之，得冬至去經朔。以月閏累加之，各得中氣去經朔日算。滿朔策，去之，乃全置閏，然俟定朔無中氣者裁之。

推發斂加時

置所求分秒，以十二乘之，滿辰法而一，爲辰數。餘以刻法收之，爲刻。命子正算外，即所在辰刻。如滿半辰法，通作一作辰，命起子初。

步日躔第三

周天分，三百六十五萬二千五百七十五分。

周天，三百六十五度二十五分七十五秒。

半周天，一百八十二度六十二分八十七秒半。

象限，九十一度三十一分四十三秒太。

歲差，一分五十秒。

周應，三百一十五萬一千七十五分。

半歲周，一百八十二日六千二百一十二分半。

盈初縮末限，八十八日九千九十二分少。

縮初盈末限，九十三日七千一百二十分少。

推天正經朔弦望入盈縮曆

置半歲周，以閏餘日及分減之，即得天正經朔入盈縮曆。冬至後盈，夏至後縮。以弦策累加之，各得弦望及次朔入盈縮曆日及分秒。滿半歲周去之，即交盈縮。

求盈縮差

視入限盈者，在盈初縮末限已下，爲初限，已上，反減半歲周，餘爲末限；縮者，在縮初盈末限已下，爲初限，已上，反減半歲周，餘爲末限。其盈初縮末者，置立差三十一，以初末限乘之，加平差二萬四千六百，又以初末限乘之，用減定差五百一十三萬三千二百，餘再以初末限乘之，滿億爲度，不滿退除爲分秒。縮初盈末者，置立差二十七，以初末限乘之，加平差二萬二千一百，又以初末限乘之，用減定差四百八十七萬六百，餘再以初末限乘之，滿億爲度，不滿退除爲分秒，即所求盈縮差。

又術：置入限分，以其日盈縮分乘之，萬約爲分，加其下盈縮積，萬約爲度，不滿爲分秒，亦得所求盈縮差。

赤道宿度

角十二一十　亢九二十　氐十六三十　房五六十　心六五十　尾十九一十　箕十四十

右東方七宿，七十九度二十分。

斗二十五二十　牛七二十　女十一三十五　虛八九十五太　危十五四十　室十七一十　壁八六十

右北方七宿，九十三度八十分太。

奎十六六十　婁十一八十　胃十五六　昴十一三十　畢十七四十　觜初五　參十一一十

右西方七宿，八十三度八十五分。

井三十三三十　鬼二二十　柳十三三十　星六三十　張十七二十五　翼十八七十五　軫十七三十

右南方七宿，一百八度四十分。

右赤道宿次，並依新製渾儀測定，用爲常數，校天爲密。若考往古，即用當時宿度爲準。

推冬至赤道日度

置中積，以加周應爲通積，滿周天分，上推往古，每百年消一。下算將來，每百年長一。去之，不盡，以日周約之爲度；不滿，退約爲分秒。命起赤道虛宿六度外，去之，至不滿宿，即所求天正冬至加時日躔赤道宿度及分秒。上考者，以周應減中積，滿周天，去之；不盡，以減周天，餘以日周之爲度；餘同上。如當時有宿度，止依當時宿度命之。

求四正赤道日度

置天正冬至加時赤道日度，累加象限，滿赤道宿次，去之，各得春夏秋正日所在宿度及分秒。

求四正赤道宿積度

置四正赤道宿全度，以四正赤道日度及分減之，餘爲距後度。以赤道宿度累加之，各得四正後赤道宿積度及分。

黄赤道率

積度至後黃道分後赤道	度率	積度至後赤道分後黃道	度率	積差	差率

初	一		一〇八六五		八十二秒
一	一	一〇八六五	一〇八六三	八十二秒	二分四六
二	一	二一七二八	一〇八六〇	三分二八	四分二
三	一	三二五八八	一〇八五七	七分三九	五分七六
四	一	四三四四五	一〇四九	十三分一五	七分四一
五	一	五四二九四	一〇八四三	二十分五六	九分〇七
六	一	六五一三七	一〇八三三	二十九分三六	十分七一
七	一	七五九七〇	一〇二三	四十分三六	十二分四〇
八	一	八六七九三	一〇八一二	五十二分七六	十四分〇八
九	一	九七六〇五	一〇八〇一	六十六分八四	十五分七六

十	一	十八四○六	一○七八六	八十二分六○	十七分四五
十一	一	十一九一九二	一○七七二	一○○○五	十九分一六
十二	一	十二九九六四	一○七五五	一一九二一	二十分八七
十三	一	十四○七一九	一○七四○	一四一○八	二十二分五八
十四	一	十五一四五九	一○七二○	一六二六六	二十四分三○
十五	一	十六二一七九	一○七○四	一六八九六	二十六分○五
十六	一	十七二八八三	一○六八四	二一三○	二十七分七九
十七	一	十八三五六七	一○六六三	二四○八○	二十九分五五
十八	一	十九四二三○	一○六四二	二七○三五	三十一分三一
十九	一	二十四八七二	一○六二二	三○一六五	三十三分○七

二十	一	二十一 五四九四	一 〇五九九	三 三四七二	三十四分 八五
二十一	一	二十二 六〇九三	一 〇五七五	三 六九五七	三十六分 六三
二十二	一	二十三 六六六八	一 〇五五四	四 〇六二〇	三十八分 四二
二十三	一	二十四 七二二二	一 〇五三〇	四 四四六二	四十分 二〇
二十四	一	二十五 七七五二	一 〇五〇六	四 八四八二	四十二分
二十五	一	二十六 八二五八	一 〇四八二	五 二六八二	四十三分 七九
二十六	一	二十七 八七四〇	一 〇四五六	五 七〇六一	四十五分 五九
二十七	一	二十八分 九一九六	一 〇四三二	六 一六二〇	四十七分 二八
二十八	一	二十九 九六二八	一 〇四〇八	六 六三五八	四十九分 一七
二十九	一	三十一 〇〇六三	一 〇三八二	七 一二七五	五十分 九五

三十	一	三十二 〇四一八	一 〇三五五	七 六三七〇	五十二分 三七
三十一	一	三十三 〇七七三	一 〇三三三	八 一六四三	五十四分 五〇
三十二	一	三十四 一一〇五	一 〇三〇六	八 七〇九三	五十六分 二六
三十三	一	三十五 一四一一	一 〇二八〇	九 二七一九	五十八分 〇一
三十四	一	三十六 一六九一	一 〇三五四	九 八五二〇	五十九分 七四
三十五	一	三十七 一九四五	一 〇二二九	十 四四九四	六十一分 四五
三十六	一	三十八 二一七四	一 〇二〇三	十 〇六三九	六十三分 一四
三十七	一	三十九 二三七七	一 〇一七七	十一 六九五三	六十四分 八一
三十八	一	四十 二五五四	一 〇一五二	十二 三四三四	六十六分 四七
三十九	一	四十一 二七〇六	一 〇一二六	十三 〇〇八一	六十八分 〇八

四十	一	四十二二八三二	一○一○一	十三六八八九	六十九分六七
四十一	一	四十三二九三四	一○○七五	十四三八五六	七十一分二四
四十二	一	四十四三○○九	一○○四九	十五○九八○	七十三分七六
四十三	一	四十五三○八五	一○○二七	十五八二五六	七十四分二六
四十四	一	四十六三○八五	一○○○○	十六五二八六	七十五分一七
四十五	一	四十七三○八五	九九七四	十七三二五三	七十七分三
四十六	一	四十八三○五九	九九五一	十八○九六五	七十八分五○
四十七	一	四十九三○一○	九九二五	十八八八一五	七十九分八四
四十八	一	五十二九三五	九九○一	十九六七九九	八十一分一二
四十九	一	五十一二八三六	九八七六	二十四九一一	八十二分三七

五十	一	五十二二七一二	九八五一	二十一三一四八	八十三分五七
五十一	一	五十三二五六三	九八二七	二十二一五〇五	八十四分七二
五十二	一	五十四二三九〇	九八〇三	二十二九九七七	八十五分八三
五十三	一	五十五二一九三	九七八〇	二十三八五六〇	八十六分八八
五十四	一	五十六一九七三	九二五五	二十四七二四八	八十七分八九
五十五	一	五十七一七二八	九七二一	二十五六〇三七	八十八分八五
五十六	一	五十八一四五九	九七〇八	二十六四九二二	八十九分七七
五十七	一	五十九一一六七	九六八五	二十七三八九九	九十分六三
五十八	一	六十〇八五二	九六六一	二十八二九六二	九十一分四四
五十九	一	六十一〇五一三	九六三九	二十九二一〇六	九十二分三二

六十	一	六十二〇一五二	九六一六	三十一三二八	九十二分九四
六十一	一	六十二九七六八	九五九四	三十一〇六二二	九十三分六一
六十二	一	六十三九三六二	九五二七	三十一九九八三	九十四分二六
六十三	一	六十四八九四三	九五五一	三十二九四〇九	九十四分五八
六十四	一	六十五八四八五	九五二九	三十三八八九四	九十五分二八
六十五	一	六十六八〇一四	九五〇九	三十四八四三二	九十五分九〇
六十六	一	六十七七五二三	九四八七	三十五八〇二二	九十六分三八
六十七	一	六十八七〇一〇	九四七〇	三十六七六〇〇	九十六分八一
六十八	一	六十九六四八〇	九四五〇	三十七七三四一	九十七分一九
六十九	一	七十五九三〇	九四二七	三十八七〇六〇	九十七分五六

七十	一	七十一五三五七	九四一二	三十九六八一六	九十七分八九
七十一	一	七十二四七六九	九三九二	四十六六〇五	九十八分一八
七十二	一	七十三四一六一	九三八五	四十一六四二三	九十八分四五
七十三	一	七十四三五四六	九三五三	四十二六二六八	九十八分六八
七十四	一	七十五二八九九	九三四三	四十三六一三六	九十八分六一
七十五	一	七十六二二四二	九三二九	四十四六〇二七	九十九分一〇
七十六	一	七十七一五七一	九三一五	四十五五九三七	九十九分二五
七十七	一	七十八〇八八六	九三〇四	四十六五八六二	九十九分四八
七十八	一	七十九〇一九〇	九二八六	四十七五八〇二	九十九分五二
七十九	一	七十九九四七六	九二七五	四十八五七五四	九十九分八二

八十	一	八十〇八七五一	九二六五	四十九五七一六	九十九分七二
八十一	一	八十一八〇一六	九二五五	五十五六八八	九十九分七九
八十二	一	八十二七二七一	九二四四	五十一五六六七	九十九分八四
八十三	一	八十三六五一五	九二三八	五十二五六五一	九十九分八九
八十四	一	八十四五七五三	九二二八	五十三五六四〇	九十九分九三
八十五	一	八十五四九八一	九二二二	五十四五六三三	九十九分九六
八十六	一	八十六四三〇三	九二一五	五十五五六二九	九十九分九七
八十七	一	八十七二四一八	九二一二	五十六五六二六	九十九分九九
八十八	一	八十八二六三〇	九二一〇	五十七五六二五	一
八十九	一	八十九一八四〇	九二〇四	五十八五六二五	一

九十	二	九十〇一〇四四	九二〇四	五十九五六二五	一
九十一	三	九十一〇二四八	二八七七	六十〇五六二五	三一二五
九十一三一二五		九十一三一二五		六十〇八七五〇	

推黄道宿度

置四正後赤道宿積度，以其赤道積度減之，餘以黄道率乘之，如赤道率而一。所得以加黄道積度，爲二十八宿黄道積度。以前宿黄道積度減之，爲其宿黄道度及分。其秒就近爲分。

黄道宿度

角十二八十七　亢九五十九　氐十六四十　房五四十八　心六二十七　尾十七九十五　箕九五十九

右東方七宿，七十八度一十二分。

斗二十三四十七　牛六九十　女十一一十二　虚九分空太　危十五九十五　室十八三十二　壁九三十四

右北方七宿，七十四度一十分太。

奎十七八十七　婁十二三十六　胃十五八十一　昴十一〇八　畢十六六十　觜初〇五　參十二十八

右西方七宿，八十三度九十五分。

井三十一〇三　鬼二二十一　柳十三　星六三十一　張十七七十九　翼二十〇九　軫十八七十五

右南方七宿，一百九度八分

右黃道宿度，依今曆所測赤道准冬至歲差所在算定，以憑推步。若上下考驗，據歲差每移一度，依術推變，各得當時宿度。

推冬至加時黃道日度

置天正冬至加時赤道日度，以其赤道積度減之，餘以黃道率乘之，如赤道率而一。所得以加黃道積度，即所求年天正冬至加時黃道日度及分秒。

求四正加時黃道日度

置所求年冬至日躔黃赤道差，與次年黃赤道差相減，餘四而一，所得加象限，爲四正定象度。置冬至加時黃道日度，以四正定象度累加之，滿黃道宿次，去之，各得四正定氣加時黄道宿度及分。

求四正晨前夜半日度

置四正恒氣日及分秒，冬夏二至，盈縮之端，以恒爲宿。以盈縮差命爲日分，盈減朔加之，即爲四正定氣日及分。置日下分，以其日行度乘之，如日周而一。所得以減四正加時黄道日度，各得四正定晨前夜半日度及分秒。

求四正後每日晨前夜半黄道日度

以四正定氣日距後正定氣日爲相距日，以四正定氣晨前夜半日度距後正定氣晨前夜半日度爲相距度，累計相距日之行定度。與相距度相減，餘如相距日而一，爲日差。相距度多爲加，相距度少爲減。以加減四正每日行度率，爲每日行定度。累加四正晨前夜半黄道日度，滿宿次，去之，爲每日晨前夜半黄道日度及分秒。

求每日午中黄道日度

置其日行定度，半之，以加其日晨前夜半黄道日度，得午中黄道日度及分秒。

求每日午中黄道積度

以二至加時黄道日度距所求日午中黄道日度，爲二至後黄道積度及分秒。

求每日午中赤道日度

置所求日午中黄道積度，滿象限，去之，餘爲分後。內減黄道積度，以赤道率乘之，如黄道率而一。所得以加赤道積度及所去象限，爲所求赤道積度及分秒。以二至赤道日度加而命之，即每日午中赤道日度及分秒。

黄道十二次宿度

危，十二度六十四分九十一秒。入娵訾之次，辰在亥。

奎，一度七十三分六十三秒。入降婁之次，辰在戌。

胃，三度七十四分五十六秒。入大梁之次，辰在酉。

畢，六度八十八分五秒。入實沈之次，辰在申。

井，八度三十四分九十四秒。入鶉首之次，辰在未。

柳，三度八十六分八十秒。入鶉火之次，辰在午。

張，十五度三十六分六秒。入鶉尾之次，辰在巳。

軫，十度七分九十七秒。入壽星之次，辰在辰。

氐，一度一十四分五十二秒。入大火之次，辰在卯。

尾，三度一分一十五秒。入析木之次，辰在寅。

斗，二度七十六分八十五秒。入星紀之次，辰在丑。

女，二度六分三十八秒。入玄枵之次，辰在子。

求入十二次時刻

各置入次宿度及分秒，以其日晨前夜半日度減之，餘以日周乘之，爲實。以其日行定度爲法，實如法而一，所得依發斂加時求之，即入次時刻。

步月離第四

轉終分，二十七萬五千五百四十六分。

轉終，二十七日五千五百四十六分。

轉中，十三日七千七百七十三分。

初限，八十四。

中限，一百六十八。

周限，三百三十六。

月平行，十三度三十六分八十七秒半。

轉差，一日九千七百五十九分九十三秒。

弦策，七日三千八百二十六分四十八秒少。

上弦，九十一度三十一分四十三秒太。

望，一百八十二度六十二分八十七秒半。

下弦，二百七十三度九十四分三十一秒少。

轉應，一十三萬一千九百四分。

推天正經朔入轉

置中積，加轉應，減閏餘。滿轉終分，去之，不盡，以日周約之爲日，不滿爲分，即天正經朔入轉日及分。上考者，中積内加所求閏餘，減轉應，滿轉終，去之，不盡，以減轉終，餘同上。

求弦望及次朔入轉

置天正經朔入轉日及分，以弦策累加之，滿轉終，去之，即弦望及次朔入轉日及分秒。如徑求次朔，以轉差加之。

求經朔弦望入遲疾曆

各視入轉日及分秒。在轉中已下，爲疾曆。已上，減去轉中，爲遲曆。

遲疾轉定及積度

入轉日	初末限	遲疾度	轉定度	轉積度
初	初	疾初	十四六七六四	初

一	一十二二十	疾一三〇七七	十四五五七三	十四六七六四
二	二十四四十	疾二四九六三	十四四〇二九	二十九二三七三
三	三十六六十	疾三五三〇五	十四二一三〇	四十三六三六六
四	四十八八十	疾四二七四八	十三九八七七	五十七八四九六
五	六十一	疾四九九三八	十三七二七一	七十一八三七二
六	七十三二十	疾五三五二二	十三四四四六	八十五五六四四
七	末八十二六十	疾五四二八一	十二二三五二	九十九〇〇九〇
八	七十四十	疾五二九四七	十二九四七五	一百一十二二四四三
九	五十八二十	疾四八七三五	十二六九四八	一百二十五一九一八
十	四十六	疾四一九九六	十二四七七七	一百三十七八八六六

十一	三十三 八十	疾三 三〇八六	十二 二九六〇	一百五十 三六四三
十二	二十一 六十	疾二 二三五九	十二 〇四九六	一百六十二 六六〇三
十三	九 四十	疾一 〇一六八	十二 〇四六二	一百七十四 八〇九九
十四	初二 八十	遥初	十二 〇八五一	一百八十六 八五六一
十五	一十五	遥一 五九二三	十一 二一二二	一百九十八 九四一三
十六	二十七 二十	遥二 七四八八	十二 三七五二	二百一十一 一五三五
十七	三十九 四十	遥三 七四二二	十二 五七三〇	二百二十三 五二八七
十八	五十一 六十	遥四 五三八〇	十一 八〇六二	二百三十六 一〇一七
十九	六十三 八十	遥五 一〇〇四	十三 〇七五三	二百四十八 九〇八〇
二十	七十六	遥五 三九三八	十三 三三七七	二百六十一 九八三三

二十一	末七十九八十	遥五四二四八	十三五七一二	二百七十五三二一〇
二十二	六十七六十	遥五二二二二	十三八五一一	二百八十八八九二二
二十三	五十五四十	遥四七三九九	十四〇九五五	三百二七四三三
二十四	四十三二十	遥四〇一三一	十四三〇四六	三百一十六八三八八
二十五	三十一	遥三〇七七二	十四四七八二	三百三十一一四三四
二十六	一十八八十	遥一九六七七	十四六一六三	三百四十五六三一六
二十七	六六十	遥七二〇一	十四七一五四	三百六十二三七九

求遲疾差

置遲疾曆日及分，以十二限二十分乘之，在初限已下爲初限，已上覆減中限，餘爲末限。置立差三百二十五，以初末限乘之，加平差二萬八千一百，又以初末限乘之，用減定差一千一百一十一萬，餘再以初末限乘之，滿億爲度，不滿退除爲分秒，即遲疾差。

又術：置遲疾曆日及分，以遲疾曆日率減之，餘以其下損益分乘之。如八百二十而一，益加損減其下遲疾度，亦爲所求遲疾差。

求朔弦望定日

以經縮弦望盈縮差與遲疾差，同名相從，異名相消。盈遲縮疾爲同名，盈疾縮遲爲異名。以八百二十乘之，以所入遲疾限下行度除之，即爲加減差，盈遲爲加，縮疾爲減。以加減經朔弦望日及分，即定朔弦望日及分。若定弦望分在日出分已下者，退一日，其日命甲子算外，各得定朔弦望日辰。定朔干名與後朔干同者，其月大。不同者，其月小。内無中氣者，爲閏月。

推定朔弦望加時日月宿度

置經朔弦望入盈縮曆日及分，以加減差加減之，爲定朔弦望入曆。在盈，便爲中積，在縮，加半歲周，爲中積。命日爲度，以盈縮差盈加縮減之，爲加時定積度。以冬至加時日躔黄道縮度加而命之，各得定朔弦望加時日度。

凡合朔加時，日月同度，便爲定朔加時月度。其弦望各以弦望度加定積，爲定弦望月行定積度。依上加而命之，各得定弦望加時黄道月度。

推定朔弦望加時赤道月度

各置定朔弦望加時黄道月行定積度，滿象限，去之，以其黄道積度減之，餘以赤道率乘之，如黄道率而一，用加其下赤道積度及所去象限，各爲赤道加時定積度。以冬至加時赤道日度加而命之，各爲定朔弦望加時赤道月度及分秒。象限以下及半周，去之，爲至後。滿象限及三象，去之，爲分後。

推朔後平交入轉遲疾曆

置交終日及分，内減經朔入交日及分，爲朔後平交日。以加經朔入轉，爲朔後平交入轉。在轉中已下，爲疾曆。已上，去之，爲遲曆。

求正交日辰

置經朔，加朔後平交日，以遲疾曆依前求到遲疾差，遲加疾減之，爲正交日及分，其日命甲子算外，即正交日辰。

推正交加時黄道月度

置朔後平交日，以月平行度乘之，爲距後度。以加經朔中積，爲冬至距正交定積度。以冬至日躔黄道宿度加而命之，爲正交加時月離黄道宿度及分秒。

求正交在二至後初末限

置冬至距正交積度及分，在半歲周已下，爲冬至後。已上，去之，爲夏至後。其二至後，在象限已下，爲初限。已上，減去半歲周，爲末限。

求定差距差定限度

置初末限度，以十四度六十六分乘之，如象限而一，爲定差。反減十四度六十六分，餘爲距差。以二十四乘定差，如十四度六十六分而一。所得交在冬至後名減，夏至後名加，皆加減九十八度，爲定限度及分秒。

求四正赤道宿度

置冬至加時赤道度，命爲冬至正度。以象限累加之，各得春分、夏至、秋分正積度。各命赤道宿次去之，爲四正赤道宿度及分秒。

求月離赤道正交宿度

以距差加減春秋二正赤道宿度，爲月離赤道正交宿度及分秒。冬至後，初限加，末限減，視春正。夏至後，初限減，末限加，視秋正。

求正交後赤道宿積度入初末限

各置春秋三正赤道所當宿全度及分，以月離赤道正交宿度及分減之，餘爲正交後積度。以赤道宿次累加之，滿象限去之，爲半交後。又去之，爲中交後。再去之，爲半交後。視各交積度在半象已下，爲初限。已上，用減象限，餘爲末限。

求月離赤道正交後半交日道舊名九道。出入赤道内外度及定差

置各交定差度及分，以二十五乘之，如六十一而一。所得，視月離黄道正交在冬至後宿度爲減，夏至後宿度爲加，皆加減二十三度九十分。爲月離赤道後半交白道出入赤道内外度及分。以周天六之一，六十度八十七分六十二秒半，除之，爲定差。月離赤道正交後爲外，中交後爲内。

求月離出入赤道内外白道去極度

置每日月離赤道交後初末限，用減象限，餘爲白道積。用其積度減之，餘以其差率乘之，所得百約之，以加其下積差，爲每日積差。用減周天六之一，餘以定差乘之，爲每日月離赤道内外度。内減外加象限，爲每日月離白道去極度及分秒。

求每交月離白道積度及宿次

置定限度，與初末限相減相乘，退位爲分，爲定差。正交、中交後爲加，半交後爲減。以差加減正交後赤道積度，爲月離白道定積度。以前宿白道定積度減之，各得月離白道宿次及分。

推定朔弦望加時月離白道宿度

各以月離赤道正交宿度距所求定朔弦望加時月離赤道宿度，爲正交後積度。滿象

限，去之，爲半交後。又去之，爲中交後。再去之，爲半交後。視交後積度在半象已下，爲初限。已上，用減象限，爲末限。以初、末限與定限度相減相乘，退位爲分，分滿百爲度，爲定差。正交、中交後爲加，半交後爲減。以差加減月離赤道正交後積度，爲定積度。以正交宿度加之，以其所當月離白道宿次去之，各得定朔弦望加時月離白道度及分秒。

求定朔望加時及夜半晨昏入轉

置經朔弦望入轉日及分，以定朔弦望加減差加減之，爲定朔弦望加時入轉。以定朔弦望日下分減之，爲夜半入轉。以晨分加之，爲晨轉。昏分加之，爲昏轉。

求夜半月度

置定朔弦望日下分，以其入轉日轉定度乘之，萬約爲加時轉度，以減加時定積度，餘爲夜半定積度，依前加而命之，各得夜半月離宿度及分秒。

求晨昏月度

置其日晨昏分，以夜半入轉日轉定度乘之，萬約爲晨昏轉度。各加夜半定積度，爲晨昏定積度。加命如前，各得晨昏月離宿度及分秒。

求每日晨昏月離白道宿次

累計相距日數轉定度，爲轉積度，與定朔弦望晨昏宿次前後相距度相減，餘以相減日數除之，爲日差。距度多爲加，距度少爲減。以加減每日轉定度爲行定度，以累加定朔弦望晨昏月度，加命，即每日晨昏月離白道宿次。朔後用昏，望後用晨，朔望晨昏俱用。

新元史卷之三十七　志第四

曆志四

授時曆經下

步中星第五

大都，北極出地四十度太强。

冬至，去極一百一十五度二十一分七十三秒。

夏至，去極六十七度四十一分一十三秒。

冬至晝，夏至夜，三千八百一十五分九十二秒。

夏至晝，冬至夜，六千一百八十四分八秒。

昏明，二百五十分。

黄道出入赤道内外去極度及半晝夜分

黄道積度	内外度	内外差	冬至前後去極	夏至前後去極	冬晝夏夜	夏晝冬夜	晝夜差
初	二十三九〇三〇	三三	一百一十五度三一七二	六十七度四一二三	一千九百〇八九六	二千九二〇四	〇九
一	二十三八九九七	九九	一百一十五二七四六	六十七四一四六	一千九百〇八〇五	三千九一九五	二九
二	二十三八八九八	一分六六	一百一十五二〇四八	六十七四二四五	一千九百〇八三四	二千九一六六	四七
三	二十三八七三三	二分三一	一百一十五一八七五	六十七四四一一	一千九百〇八八一	三千九一九一	六六
四	二十三八五〇一	二分九九	二百一十五四六四二	六十七四六四二	一千九百〇九四七	三千九〇五三	八五
五	二十三八三〇二	三分六五	一百一十五一三四五	六十七四九四一	一千九百一〇二二	三千〇八九六八	一分〇四
六	二十三七八三四	四分二三	一百一十五〇九八〇	六十七五三〇六	一千九百一一三六	三千〇八八六四	一分二二

七	二十三七四○五	四分九八	一百一十五○五四八	六十七五七三八	一千九百一二五八	三千○八七四二	一分四一
八	二十三六九○七	五分六五	一百一十五○○五○	六十七六三三八	一千九百一四○○	三千○八六○○	一分六一
九	二十三六三二四	六分三六	一百一十四九四八一	六十七六八○五	一千九百一五四七	三千○八四三九	一分七九
十	二十三五七○八	七分○二	一百一十四八八四九	六十七七四二七	一千九四一四七○	三千○八二六○	一分九九
十一	二十三五○○四	七分六九	一百一十四八一四七	六十七八一七九	一千九百一九二九	三千八○六一	一分一八
十二	二十三四一一五	八分二九	一百一十四七五七六	六十七八九○八	一千九百二一五七	三千七八四三	二分三七
十三	二十三一一九六	九分○八	一百一十四六五三九	六十七九四四七	一千九百二三九四	三千○七六○六	二分五六
十四	二十三二四八八	九分七五	一百一十四五六二一	六十八○六五五	一千九百二六五○	三千○七三五○	二分七四
十五	二十三一五一三	十分四七	一百一十四四六五六	六十八一七五○	一千九百一九一四	三千○七○七六	三分九四
十六	二十三○四六六	十一分一四	一百一十四三六○九	六十八一五七七	一千九百三二一八	三千○六七八二	三分一四

十七	二十二九一五一	十一分八五	一百一十四二四九五	六十八三七九一	一千九百二五三二	三千〇六四六八	三分三〇
十八	二十二八一六七	十二分五四	一百一十四一三一〇	六十八四九七六	一千九百三八六二	三千〇六一三八	三分五一
十九	二十二六九二二	十三分二五	一百一十四〇〇五六	六十八六二三〇	一千九百四一一二	三千〇五七八七	三分六九
二十	二十二五五八八	十三分九五	一百一十三八七三一	六十八七五五五	一千九百四五八二	三千〇五四一八	三分八八
二十一	二十二四一五二	十四分六六	一百一十三七三三六	六十八八九五〇	一千九百四九七〇	三千〇五〇三〇	四分〇七
二十二	二十二二七二七	十五分三七	一百一十三五八七〇	六十九〇四一六	一千九百五一七七	三千〇四六二三	四分二六
二十三	二十二一一九〇	十六分〇六	一百一十三四三三三	六十九一九五二	一千九百五八〇三	三千〇四一九七	四分四三
二十四	二十一九五八四	十六分七八	一百一十三一七一七	六十九一五五九	一千九百六〇四六	三千〇二七五四	四分六一
二十五	二十一七九〇六	十七分四七	一百一十三一〇四九	六十九五七三七	一千九百六七〇八	三千三二九二	四分八〇
二十六	二十一六一五九	十八分一〇	一百一十二九三〇二	六十九六九八四	一千九百七一八八	三千一八二二	四分九八

二十七	二十一四二三九	十八分九〇	一百一十二七四八一	六十九八八〇四	一千九百七六八六	三千二三一四	五分一六
二十八	二十一二四四九	十九分六〇	一百一十二五五九二	七十〇六九四	一千九百八二〇一	三千一七九六	五分三五
二十九	二十一〇四八九	二十分二七	一百一十二六三一	七十二六五四	一千九百八七三七	三千一二六二	五分四九
三十	二十一八四六二	二十分九九	一百一十二一六〇五	七十四六八一	一千九百九二六六	三千〇七一四	五分六七
三十一	二十一六二六三	二十一分六八	一百一十一九五〇六	七十六九八〇	一千九百九八五三	三千〇一四七	五分八五
三十二	二十四一九五	二十二分一五	一百一十一七一二八	七十八九四八	二千〇四三八	二千九百九五六二	六分〇一
三十三	二十一九六〇	二十三分〇二	一百一十一五一〇八	七十一一一八三	二千一〇三九	二千九百八九六一	六分一六
三十四	十九九六五七	二十二分七一	一百一十一二八〇〇	七十一五四八六	二千一六三五	二千九百八一四五	六分三五
三十五	十九七二八六	二十四分一七	一百一十一〇四二九	七十一五八五七	二千二三八八	二千九百七七一二	六分四八
三十六	十九四八四九	二十五分〇二	一百一十七九九二	七十一八二九四	二千二九二六	二千九百七〇六四	六分六三

三十七	十九二三四六	二十五分六六	一百一十五四八九	七十二〇七九七	二千三五九九	二千九百六四〇一	六分七八
三十八	十八九七八〇	二十六分三二	一百一十一九二三	七十二二三六三	二千四二七七	二千九百五七二二	六分九二
三十九	十八七一四九	二十六分九三	一百一十〇一九二	七十二五九九四	二千四九六九	二千九百五〇二一	七分〇五
四十	十八四四五六	二十七分五二	一百〇九七五九九	七十二八六八七	二千五六七四	二千九百四三二六	七分一九
四十一	十八一七〇四	二十八分一四	一进〇九四八四七	七十三一四三九	二千六三九三	二千九百三六〇七	七分五二
四十二	十七八八九〇	二十八七二	一百〇九二〇三二	七十三四二五三	二千七一二五	二千九百二八七五	七分四四
四十三	十七六〇一八	二十九分二九	一百〇八九一六一	七十三七一二五	二千〇七八六九	二千九百二一二一	七分五六
四十四	十七三〇八九	二十九分八四	一百〇八六二三二	七十四〇〇五八	二千〇八六二五	二千九百一三七五	七分六八
四十五	十七〇一〇五	三十分三八	一百〇八三一四八	七十四三〇三八	二千〇九三九三	二千九百〇六〇七	七分七八
四十六	十六七〇六七	三十一分九〇	一百〇八〇二一〇	七十四六〇六七	二千一百〇一七一	二千八百九八二九	七分八九

四十七	十六三九七七	三十一分四一	一百〇七七一二〇	七十四九一六六	二千一百〇九六〇	二千八百九〇四〇	七分九九
四十八	十六〇八三六	三十一分九一	一百〇七六九七九	七十五二三〇七	二千一百一七五八	二千八百九二四二	八分〇八
四十九	十五七六四五	三十二分二六	一百〇七〇七八八	七十五五四九八	二千一百二五六六	二千八百七四三四	八分一七
五十	十五四四〇九	三十二分八五	一百〇六七五五三	七十五八七三四	二千一百三一八三	二千八百六六一七	八分二六
五十一	十五一一二四	三十三分二六	一百〇六四二六七	七十五二〇二九	二千一百四二〇九	二千八百五七九一	八分三
五十二	十四七七九八	二十三分六四	一百〇六〇九四一	七十五五三四五	二千一百五〇四一	二千八百四九五九	八分四〇
五十三	十四四四三四	三十四分〇七	一百〇五七五七七	七十六八七〇九	二千一百五八八一	二千八百四一一五	八分四六
五十四	十四一〇二七	三十四分四五	一百〇五四一七〇	七十七一一二六	一千一百六七二七	二千八百三二七三	八分五四
五十五	十三七五八三	三十四分八一	一百〇五〇七二五	七十七五五六一	二千一百七五八一	二千八百二四九一	八分五九
五十六	十三四一〇一	三十五分一五	一百〇四七二四四	七十七九〇四二	二千一百八四四〇	二千八百一五六〇	八分六四

五十七	十三○五八六	三十五分四七	一百○四三七二九	七十八二五五七	二千一百九五○四	二千八百○六九六	八分六九
五十八	十二七○三九	三十五分七八	一百○四○一八二	七十八六一○四	二千一百○一七一	二千七百九八二七	八分七五
五十九	十三三四六一	三十六分○七	一百○三六六○四	七十八九六八一	二千一百一○四八	二千七百八九五一	八分七九
六十	十一九八五四	三十六分二三	一百○三二九九七	七十九二二八九	二千二百一九二六	二千七百八○七四	八分八一
六十一	十一六二二一	三十六分五九	一百○二九三六四	七十九六九二二	二千一百一八○七	二千七百七二九三	八分八四
六十二	十二二五六二	三十六分八三	一百○二五七○五	八十○○六一五	三千二百三六九一	二千七百六一○九	八分八九
六十三	十八八七九	三十七分○五	一百○二二○二二	八十○四二六四	二千七百四五八○	二千七百四五二二	八分九○
六十四	十五一七四	三十七分二四	一百○二八二一七	八十○七九六九	二千一百四五七○	二千七百四五一一	八分九二
六十五	十一四○五	三十七分四四	一百○一四五九三	八十一一九九三	二千二百六二六二	二千七百一六二八	八分九四
六十六	九七十○六	三十七分六一	一百○一○八四九	八十一五四三七	二千二百七二五六	二千七百二七四四	八分九七

六十七	九三九四五	三十七分七八	一百〇〇七八八八	八十一九九八一	二千一百八一五三	二千七百一八四七	八分九七
六十八	九〇一六九	三十七分九一	一百〇〇三三二二	八十二二九七四	二千二百九〇五〇	一千七百〇九五〇	八分九八
六十九	八六三七八	三十八分〇七	九十九九五二一	八十二六七六五	二千二百九九四七	二千七百〇〇五二	八分〇〇
七十	八二五七一	三十八分一七	九十九五七一四	八十三〇五七二	二千二百〇六四八	二千六百九一五二	八分〇〇
七十一	七八七五四	三十八分二八	九十九一八九七	八十三四三八九	二千三百一七四八	二千六百八二五二	八分〇一
七十二	七四九二六	三十八分三八	九十八八〇六九	八十三八二一七	二千三百二六四九	二千六百七三五一	八分〇一
七十三	七一〇八八	三十八分四七	九十八四二三一	八十四二〇五五	二千三百二五五〇	二千六百六四五〇	九分二二
七十四	六七二四一	三十八分五四	九十八〇三八四	八十四五九〇二	二千三百四四五一	二千六百五五四九	九分〇一
七十五	六三三八七	三十八分六二	九十八六五三〇	八十四九七五六	二千三百〇二五二	二千六百四六四八	九分〇一
七十六	五九五一五	三十八分六七	九十七二六六八	八十五三六一八	二千二百六三五三	二千六百三七四七	九分〇一

七十七	五五六五八	三十八分七三	九十七八八〇一	八十五七四八五	二千三百七一五四	二千六百二八四六	九分〇〇
七十八	五一七八五	三十八分七七	九十六四九二八	八十六一三五八	二千三百八〇五四	二千六百一九四六	九分〇〇
七十九	四七九〇八	三十八分八一	九十六一〇五一	八十六五二三五	二千三百八九五四	二千六百一〇四六	九分〇〇
八十	四四〇二七	三十八分八五	九十五七一七〇	八十六九一一六	二千三百九八五四	二千六百〇一四六	九分〇〇
八十一	四〇二四二	三十八分八八	九十五三二八五	八十七三〇〇一	二千四百〇七五四	二千五百九二四六	九分〇〇
八十二	三六二五四	三十八分八九	九十四九四六四	八十七六八二二	二千四百一六五四	二千五百八五四六	八分九七
八十三	三二三六五	三十八分九〇	九十四五五〇九	八十八〇七七七	二千四百二五五二	二千五百七四四九	八分九七
八十四	二八四七五	三十八分九二	九十四一六一八	八十八四六六八	二千四百三四四八	二千五百六五五二	八分九七
八十五	二四五八三	三十八分九三	九十三七七二六	八十八六五六五	二千四百四三四五	二千五百五六五五	八分九七
八十六	二〇六九〇	三十八分九四	九十三三八三三	八十八二四五三	二千四百	二千五百四七五八	八分九六

八十七	一六七九六	三十八分九四	九十二九九三九	八十八六三四七	二千四百	二千五百二八六二	八分九六
八十八	一二九○二	三十八分九五	九十二六○四五	九十○○二四一	二千四百	二千五百二九六六	八分九六
八十九	九○○七	三十八分九五	九十二二一五○	九十○四一三六	二千四百	二千五百二○七○	八分九六
九十	五一二二	三十八分九五	九十一八二五五	九十○八○三一	二千四百	二千五百一一七四	八分九五
九十一	二二一七	一十二分一七	九十一四三六○	九十一一九二六	二千四百	二千五百○二七九	二分七九
九十一 二	空	空	九十一二一四三	九十一三一四三	二千五百	二千五百	空

求每日黃道出入赤道内外去極度

置所求日晨前夜半黃道積度，滿半歲周，去之，在象限已下，爲初限。已上，復減半歲周，餘爲入末限。滿積度，去之，餘以其段内外差乘之，百約之，所得用減内外度，爲出入赤道内外度。内減外加象限，即所求去極度及分秒。

求每日半晝夜及日出入晨昏分

置所求入初末限，滿積度，去之，餘以晝夜差乘之。百約之，所得加減其段半晝夜分，爲所求日半晝夜分。前多後少爲減，前少後多爲加。以半夜分便爲日出分，用減日周，餘爲日入分，以昏明分減日出分，餘爲晨分。加日入分，爲昏分。

求晝夜刻及日出入辰刻

置半夜分，倍之，百約，爲夜刻。以減百刻，餘爲晝刻。以日出入分依發斂求之，即得所求辰刻。

求更點率

置晨分，倍之，五約，爲更率，又五約更率，爲點率。

求更點所在辰刻

置所求更點數，以更點率乘之，加其日昏分，依發斂求之，即得所求辰刻。

求距中度及更差度

置半日周，以其日晨分減之，餘爲距中分。以三百六十六度二十五分七十五秒乘之，如日周而一，所得爲距中度。用減一百八十三度一十二分八十七秒半，倍之，五除，爲更差度及分。

求昏明五更中星

置距中度，以其日午中赤道日度加而命之，即昏中星所臨宿次，命爲初更中星。以更差度累加之，滿赤道宿次去之，爲逐更及曉中星宿度及分秒。其九服所在晝夜刻分及中星諸率，並准隨處北極出地度數推之。已上諸率，與晷漏所推自相符契。

求九服所在漏刻

各於所在以儀測驗，或下水漏，以定其處冬至或夏至夜刻，與五十刻相減，餘爲至差刻。置所求日黄道，去赤道内外度及分，以至差刻乘之，進一位，如二百三十九而一，所得内減外加五十刻，即所求夜刻，以減百刻，餘爲晝刻。其日出入辰刻及更點等率，依術求之。

步交會第六

交終分，二十七萬二千一百二十二分二十四秒。

交終，二十七日二千一百二十二分二十四秒。

交中，十三日六千六十一分一十二秒。

交差，二日三千一百八十三分六十九秒。

交望，十四日七千六百五十二分九十六秒半。

交應，二十六萬一百八十七分八十六秒。

交終，三百六十三度七十九分三十四秒。

交中，一百八十一度八十九分六十七秒。

正交，三百五十七度六十四分。

中交，一百八十八度五分。

日食陽曆限，六度。定法，六十。

陰曆限，八度。定法，八十。

月食限，十三度五分。定法，八十七。

推天正經朔入交

置中積，加交應，減閏餘，滿交終分，去之，不盡，以日周約之爲日，不滿爲分秒，即天正經朔入交汎日及分秒。上考者，中積内加所求閏餘，減交應，滿交終〔一〕，去之，不盡，以減交終，餘如上。

求次朔望入交

置天正經朔入交汎日及分秒，以交望累加之，滿交終日，去之，即爲次朔望入交汎日及分秒。

求定朔望及每日夜半入交

各置入交汎日及分秒，減去經朔望小餘，即爲定朔望夜半入交。若定日有增損者，亦如之。否則因經爲定，大月加二日，小月加一日，餘皆加七千八百七十七分七十六秒，即次朔夜半入交。累加一日，滿交終日，去之，即每日夜半入交汎日及分秒。

求定朔望加時入交

置經朔望入交汎日及分秒，以定朔望加減差加減之，即定朔望加時入交日及分秒。

求交常交定度

置經朔望入交汎日及分秒，以月平行度乘之，爲交常度。以盈縮差盈加縮減之，爲交定度。

求日月食甚定分

日食：視定朔分在半日周已下，去減半周，爲中前。已上，減去半周，爲中後。與半周相減、相乘，退二位，如九十六而一，爲時差。中前以減，中後以加，皆加減定朔分，爲食甚定分。以中前後分各加時差，爲距午定分。

月食：視定望分在日周四分之一已下，爲卯前。已上，覆減半周，爲卯後。在四分之三已下，減去半周，爲酉前。已上，覆減日周，爲酉後。以卯酉前後分自乘，退二位，如四百七十八而一，爲時差。子前以減，子後以加，皆加減定望分，爲食甚定分。各依發斂求之，即食甚辰刻。

求日月食甚入盈縮曆及日行定度

置經朔望入盈朔曆日及分，以食甚日及定分加之，以經朔望日及分減之，即爲食甚入盈縮曆。依日躔術求盈縮差，盈加、縮減之，爲食甚入盈縮曆定度。

求南北差

視日食甚入盈縮曆定度，在象限已下，爲初限。已上，用減半歲周，爲末限。以初末限度自相乘，如一千八百七十而一爲度，不滿，退除爲分秒。用減四度四十六分，餘爲南北汎差。以距午定分乘之，以半晝分除之，所得以減汎差，爲定差。汎差不及減者，反減之，爲定差。應加者減之，應減者加之。在盈初縮末者，交前陰曆減，陽曆加，交後陰曆加，陽曆減。在縮初盈末者，交前陰曆加，陽曆減，交後陰曆減，陽曆加。

求東西差

視日食甚入盈縮曆定度，與半歲周相減相乘，如一千八百七十而一爲度，不滿，退除爲分秒，爲東西汎差。以距午定分乘之，以日周四分之一除之，爲定差。若在汎差已上者，倍汎差減之，餘爲定差，依其加減。在盈中前者，交前陰曆減，陽曆加，交後陰曆加，陽曆減。中後者，交前陰曆加，陽曆減，交後陰曆減，陽曆加。在縮中前者，交前陰曆加，陽曆減，交後陰曆減，陽曆加。中後者，交前陰曆減，陽曆加，交後陰曆加，陽曆減。

求日食正交中交限度

置正交、中交度，以南北東西差加減之，爲正交、中交限度及分秒。

求日食入陰陽曆去交前後度

視交定度，在中交限已下，以減中交限，爲陽曆交前度。已上，減去中交限，爲陰曆交後度。在正交限已下，以減正交限，爲陰曆交前度。已上，減去正交限，爲陽曆交後度。

求月食入陰陽曆去交前後度

視交定度，在交中度已下，爲陽曆。已上，減去交中，爲陰曆。視入陰陽曆，在後準十五度半已下，爲交後度。前準一百六十六度三十九分六十八秒已上，覆減交中，餘爲交前度及分。

求日食分秒

視去交前後度，各減陰陽曆食限，不及減者不食。餘如定法而一，各爲日食之分秒。

求月食秒

視去交前後度，不用南北東西差者。用減食限，不及減者不食。餘如定法而一，爲月食之分秒。

求日食定用及三限辰刻

置日食分秒，與二十分相減、相乘、平方開之，所得，以五千七百四十乘之，如入定限行度而一，爲定用分。以減食甚定分，爲初虧。加食甚定分，爲復圓。依發斂求之，爲日食三限辰刻。

求月食定用及三限五限辰刻

置月食分秒，與三十分相減、相乘，平方開之，所得，以五千七百四十乘之，如入定限行度而一，爲定用分。以減食甚定分，爲初虧。加食甚定分，爲復圓。依發斂求之，即月食三限辰刻。

月食既者，以既内分與一十分相減、相乘，平方開之，所得，以五千七百四十乘之，如入定限行度而一，爲既内分。用減定用分，爲既外分。以定用分減食甚定分，爲初虧。加既外，爲食既。又加既内，爲食甚。再加既内，爲生光。復加既外。爲復圓。依發斂求之，即月食五限辰刻。

求月食入更點

置食甚所入日晨分，倍之，五約，爲更法。又五約更法，爲點法。乃置初末諸分，昏分已上，減去昏分，晨分已下，加晨分，在更法除之，爲更數。不滿，以點法收之，爲點數。其更點數，命初更初點算外，各得所入更點。

求日食所起

食在陽曆，初起西南，甚於正南，復於東南。食在陰曆，初起西北，甚於正北，復於東北。食八分已上，初起正西，復於正東。此據午地而論之。

求月食所起

食在陽曆，初起東北，甚於正北，復於西北。食在陰曆，初起東南，甚於正南，復於西南。食八分已上，初起正東，復於正西。此亦據午地而論之。

求日月出入帶食所見分數

視其日月出入分，在初虧已上，食甚已下者，爲帶食。各以食甚分與日出入分相減，餘爲帶食差。以乘所食之分，滿定用分而一，如月食既者，以既内分減帶食差，餘進一位，如既外分而一，所得以減既分，即月帶食出入所見之分。不及減者，爲帶食既出入。以減所食分，即日月出入帶食所見之分。其食甚在晝，晨爲漸進，昏爲已退。其食甚在夜，晨爲已退，昏爲漸進。

求日月食甚宿次

置日月食甚入盈縮曆定度，在盈，便爲定積。在縮，加半歲周，爲定積。望即更加半周天度。以天正冬至加時黄道日度，加而命之，各得日月食甚宿次及分秒。

步五星第七

曆度

三百六十五度二十五分七十五秒。

曆中

一百八十二度六十二分八十七秒半。

曆策

一十五度二十一分九十秒六十二微半。

木星

周率，三百九十八萬八千八百分。

周日，三百九十八日八十八分。

曆率，四千三百三十一萬二千九百六十四分八十六秒半。

度率，一十一萬八千五百八十二分。

合應，一百一十七萬九千七百二十六分。

曆應，一千八百九十九萬九千四百八十一分。

盈縮立差，二百三十六加。

平差，二萬五千九百一十二減。

定差，一千八十九萬七千。

伏見，一十三度。

段目	段日	平度	限度	初行率
合伏	一十六日八十六	三度八十六	二度九十五	二十三分
晨疾初	二十八日	六度一十一	四度六十四	二十二分
晨疾末	二十八日	五度五十一	四度一十九	二十一分
晨遲初	二十八日	四度三十一	三度二十五	一十八分
晨遲末	二十八日	一度九十一	一度四十五	一十二分
晨留	二十四日			
晨退	四十六日五十八	四度八十八一十二平	空三十二八十七平	
夕退	四十六日五十八	四度八十八一十一平	空三十二八十七平	一十六分
夕留	二十四日			

夕遲初	二十八日	一度九十一	一度四十五	
夕遲末	二十八日	四度三十一	三度二十五	一十二分
夕疾初	二十八日	五度五十一	四度一十九	一十八分
夕疾末	二十八日	六度一十一	四度六十四	二十一分
夕伏	二十六日八十六	三度八十六	三度九十五	二十二分

火星

周率，七百七十九萬九千二百九十分。

周日，七百七十九日九十二分九十秒。

曆率，六百八十六萬九千五百八十分四十三秒。

度率，一萬八千八百七分半。

合應，五十六萬七千五百四十五分。

曆應，五百四十七萬二千九百三十八分。

盈初縮末立差，十千一百三十五減。

平差，八十三萬一千一百八十九減。

定差，八千八百四十七萬八千四百。

縮初盈末立差，八百五十一加。

平差，三萬二百三十五負試。

定差，二千九百九十七萬六千三百。

伏見，一十九度。

段目	段日	平度	限度	
合伏	六十九日	五十度	四十六度五十	七十三分
晨疾初	五十九日	四十一度八十	二十八度八十七	七十二分
晨疾末	五十七日	二十九度〇八	三十六度三十四	七十分
晨疾初	五十三日	三十四度一十六	三十一度七十七	六十七分

晨次以末	四十七日	二十七度○六	二十五度一十五	六十二分
晨遲初	二十九日	二十七度七十二	一十六度四十八	五十三分
晨遲末	二十九日	六度二十	五度七十七	三十八分
晨留	八日			
晨返	二十八日九十六四十五	八度六十五六十七平	六度六十四三十二平	
夕退	二十八日九十六四十五	八度六十五六十七平	六度六十四三十二平	四十四分
夕留	八日			
夕退初	二十九日	六度二十	五度七十七	
夕退末	二十九日	一十七度七十二	一十六度四十八	二十八分
夕大疾初	四十七日	二十度○四	二十五度一十五	五十三分

夕大疾末	五十三日	二十四度一十六	三十一度七十七	六十二分
夕疾初	五十七日	三十九度○八	二十一度三十四	六十七分
夕疾末	五十九日	四十一度八十	三十八度八十七	七十分
夕伏	六十九日	五十度	四十六度五十	七十二分

土星

周率，三百七十八萬九百一十六分。

周日，三百七十八日九分一十六秒。

曆率，一億七百四十七萬八千八百四十五分一十六秒。

度率，二十九萬四千二百五十五分。

合應，一十七萬五千六百四十三分。

曆應，五千二百二十四萬五百六十一分。

盈立差，二百八十三加。

平差，四萬一千二十二減。

定差，一千五百一十四萬六千一百。

縮立差，三百三十一加。

平差，一萬五千一百二十六減。

定差，一千一百一萬七千五百。

伏見，一十八度。

段目	段日	平度	限度	初行率
合伏	二十日四十	二度四十	一度四十九	一十二分
晨疾	三十日	三度四十	二度一十一	一十一分
晨次疾	二十九日	二度七十五	一度七十一	一十分
晨遲	二十六日	一度五十	初八十二	八分
晨留	三十日			

晨退	五十二日六十四五十八	三度六十二五十四半	初二十八四十五半	
夕退	五十二日六十四五十八	三度六十二五十四半	初二十八四十五半	一十分
夕留	二十日			
夕遲	二十六日	一度五十	初八十三	
夕次疾	二十九日	二度七十五	一度七十一	八分
夕疾	三十日	三度四十	二度一十一	一十分
夕伏	二十日四十	二度四十	二度四十九	一十一分

金星

周率，五百八十三萬九千二十六分。

周日，五百八十三日九十分二十六秒。

曆率，三百六十五萬二千五百七十五分。

度率，一萬。

合應，五百七十一萬六千三百三十分。

曆應，一十一萬九千六百三十九分。

盈縮立差，一百四十一加。

平差，三減。

定差，三百五十一萬五千五百。

伏見，一十度半。

段目	段日	平度	限度	初行率
合伏	三十九日	四十九度五十	四十七度六十四	一度二十五分半
夕疾初	五十二日	六十五度五十	六十二度〇四	一度二十六分半
夕疾末	四十九日	六十一度	五十八度七十一	一度二十五分半
夕次疾初	四十二日	五十度二十五	四十八度二十六	一度二十三分半

夕次疾末	三十九日	四十二度五十	四十度九十	一度一十六分
夕還初	三十三日	二十七度	二十五度九十九	一度二分
夕還末	一十六日	四度三十五	四度〇九	六十二分
夕留	五日			
夕退	一十日九十五一十三	三度六十九八十七	一度五十九十三	
夕退伏	六日	四度三十五	一度六十三	六十一分
合退伏	六日	四度三十五	一度六十二	八十二分
晨還	一十日九十五一十一	三度六十九八十七	一度五十九一十三	六十一分
晨留	五日			
晨還初	一十六日	四度三十五	四度〇九	

晨還末	三十三日	二十七度	二十五度九十九	六十二分
晨次疾初	三十九日	四十二度五十	四十度九十	一度一分
晨次疾末	四十二日	五十度三十五	四十八度三十六	一度一十六分
晨疾初	四十九日	六十一度	五十八度七十一	一度二十三分半
晨疾末	五十二日	六十五度五十	六十三度〇四	一度二十五分半
晨伏	三十九日	四十九度五十	四十七度六十四	一度二十六分半

水星

周率，一百一十五萬八千七百六十分。

周日，一百一十五日八十七分六十秒。

曆率，三百六十五萬二千五百七十五分。

度率，一萬。

合應，七十萬四百三十七分。

曆應，二百五萬五千一百六十一分。

盈縮立差，一百四十一加。

　平差，二千一百六十五減。

　定差，三百八十七萬七千。

晨伏夕見，一十六度半。

夕伏晨見，一十九度。

段目	段日	平度	限度	初行率
合伏	一十七日七十五	三十四度二十五	二十九度〇八	二度一十五分五十八
夕疾	一十五日	二十一度三十八	一十八度一十六	一度七十分三十四
夕遲	一十二日	一十度一十二	八度五十九	十度一十四分七十二
夕留	二日			

夕退伏	一十一日一十八八十	七度八十一二十	二度二十八十	
合退伏	一十一日一十八八十	七度八十一二十	二度二十八十	一度三分四十六
晨留	二日			
晨退	一十二日	一十度一十二	八度五十九	一度
晨疾	一十五日	二十一度三十八	一十八度一十六	一度一十四分七十二
晨伏	一十七日七十五	三十四度二十五	二十九度〇八	一度七十分三十四

推天正冬至後五星平合及諸段中積中星

置中積，加合應，以其星周率去之，不盡，爲前合。復減周率，餘爲後合。以日周約之，得其星天正冬至後平合中積中星。命爲日，曰中積。命爲度，曰中星。以段日累加中積，即諸段中積。以度累加中星，經退則減之，即爲諸段中星。上考者，中積内減合應，滿周率去之，不盡，便爲所求後合分。

推五星平合及諸段入曆

各置中積，加曆應及所求後合分，滿曆率。去之，不盡，如度率而一爲度，不滿，退除爲分秒，即其星平合入曆度及分秒。以諸段限度累加之，即諸段入曆。上考者，中積内減曆應，滿曆率去之，不盡，反減曆率，餘加其年後合，餘同上。

求盈朔差

置入曆度及分秒，在曆中已下，爲盈。已上，減去曆中，餘爲縮。視盈縮曆，在九十一度三十一分四十三秒太已下，爲初限。已上，用減曆中，餘爲末限。

其火星，盈曆在六十度八十七分六十二秒半已下，爲初限。已上，用減曆中，餘爲末限。縮曆在一百二十一度七十五分二十五秒已下，爲初限。已上，用減曆中餘爲末限。置各星立差，以初末限乘之，去加減平差，得數又以初末限乘之，去加減定差。再以初末限乘之，滿億爲度，不滿退除爲分秒，即所求盈縮差。

又術：置盈縮曆，以曆策除之，爲策數，不盡爲策餘。以其下損益率乘之，曆策除之，所得，益加損減其下盈縮積，亦爲所求盈縮差。

求平合諸段定積

各置其星其段中積，以其盈縮差盈加縮減之，即其段定積日及分秒。以天正冬至日分加之，滿紀法去之，不滿命甲子算外，即得日辰。

求平合及諸段所在月日

各置其段定積，以天正閏日及分加之，滿朔策。除之爲月數，不盡，爲入月已來日數及分秒。其月數，命天正十一月算外，即其段入月經朔日數及分秒。以日辰相距，爲所在定月日。

求合平及諸段加時定星

各置其段中星，以盈縮差盈加縮減之，金星倍之，水星三之。即諸段定星。以天正冬至加時黄道日度加而命之，即其星其段加時所在宿度及分秒。

求諸段初日晨前夜半定星

各以其段初行率，乘其段加時分，百約之，乃順減退加其日加時定星，即其段初日晨前夜半定星。加命如前，即得所求。

求諸段日率度率

各以其段日辰距後段日辰爲日率，以其段夜半宿次與後段夜半宿次相減，餘爲度率。

求諸段平行分

各置其段度率，以其段日率除之，即其段平行度及分秒。

求諸段增減差及日差

以本段前後平行分相減，爲其段汎差。倍而退位，爲增減差。以加減其段平行分，爲初末日行分。前多後少者，加爲初，減爲末。前少後多者，減爲初，加爲末。倍增減差，爲總差。以日率減之，除之，爲日差〔一〕。

求前後伏遲退段增減差

前伏者，置後段初日行分，加其日差之半，爲末日行分。後伏者，置前段末日行分，加其日差之半，爲初日行分。以減伏段平行分，餘爲增減差。

前遲者，置前段末日行分，倍其日差，減之，爲初日行分。後遲者，置後段初日行分，倍其日差，減之，爲末日行分，以遲段平行分減之，餘爲增減差。前後近留之遲段。

木、火、土三星，退行者，六因平行分，退一位，爲增減差。

金星，前後退伏者，三因平行分，半而退位，爲增減差。

前退者，置後段初日行分，以其日差減之，爲末日行分。後退者，置前段末日行分，以其日差減之，爲初日行分。乃以本段平行分減之，餘爲增減差。

水星，退行者，半平行分，爲增減差。皆以增減差加減平行分，爲初末日行分。前多後少者，加爲初，減爲末。前少後多者，減爲初，加爲末。又倍增減差，爲總差。以日率減一，除之，爲日差。

求每日晨前夜半星行宿次

各置其段初日行分，以日差累損益之，後少則損之，後多則益之，爲每日行度及分秒。乃順加退減，滿宿次去之，即每日晨前夜半星行宿次。

求五星平合見伏入盈縮曆

置其星其段定積日及分秒，若滿歲周日及分秒，去之，餘在次年天正冬至後。如在半歲周已下，爲入盈曆。滿半歲周，去之，爲入縮曆。各在初限已下，爲初限。已上，反減半歲周，餘爲末限。即得五星平合見伏入盈縮曆日及分秒。

求五星平合見伏行差

各以其星其段初日星行分，與其段初日太陽行分相減，餘爲行差。若金、水二星退行在退合者，以其段初日星行分，併其段初日太陽行分，爲行差。内水星夕伏晨見者，直以其段初日太陽行分爲行差。

求五星定合定見定伏汎積

木、火、土三星，以平合晨見夕伏定積日，便爲定合伏見汎積日及分秒。

金、水二星，置其段盈縮差度及分秒，水星倍之。各以其段行差除之爲日，不滿，退除爲分秒。在平合夕見晨伏者，盈減、縮加。在退合夕伏晨見者，盈加、縮減。各以加減定積爲定合伏見汎積日及分秒。

求五星定合定積定星

木、火、土三星，各以平合行差除其段初日太陽盈縮積，爲距合差日。不滿，退除爲分秒，以太陽盈縮積減之，爲距合差度。各置其星定合汎積，以距合差日盈減縮加之，爲其星定合定積日及分秒。以距合差度盈減縮加之，爲其星定合定星度及分秒。

金、水二星，順合退合者，各以平合退合行差，除其日太陽盈縮積，爲距合差日。不滿，退除爲分秒，順加退減太陽盈縮積，爲距合差度。順合者，盈加縮減其星定合汎積，爲其星定合定積日及分秒。退合者，以距合差日盈加縮減、距合差度盈加縮減其星退定合汎積，爲其星退定合定積日及分秒。命之，爲退定合定星度及分秒。以天正冬至日及分秒，加其星定合定積日及分秒，滿旬周，去之，命甲子算外即得定合日辰及分秒。以天正冬至加時黃道日度及分秒，加其星定合定星度及分秒，滿黃道宿次，去之，即得定合所躔黃道宿度及分秒。徑求五星合伏定日：木、火、土三星，以夜半黃道日度，減其星夜半黃道宿次，餘在其日太陽行分已下，爲其日伏合。金、木二星，以其星夜半黃道宿次，減夜半黃道日度，餘在其日金、水二星行分已下者，爲其日伏合。金、水二星伏退合者，視其日太陽夜半黃道宿次，未行到金、水二星宿次，又視次日太陽行過金、水二星宿次，金、水二星退行過太陽宿次，爲其日定合伏退定日。

求木火土三星定見伏定積日

各置其星定見定伏汎積日及分秒，晨加夕減九十一日三十一分六秒，如在半歲周已下，自相乘，已上，反減歲周，餘亦自相乘，滿七十五，除之爲分，滿百爲度，不滿，退除爲秒；以其星見伏度乘之，一十五除之，所得，以其段行差除之，爲日，不滿，退除爲分秒；見加伏減汎積，爲其星定見伏定積日及分秒，加命如前，即得定見定伏日辰及分積。

求金水二星定見伏定積日

各以伏見日行差，除其段初日太陽盈縮積，爲日，不滿，退除爲分秒；若夕見晨伏，盈加縮減，晨見夕伏，盈減縮加，以加減其星定見定伏汎積日及分秒，爲常積。如在半歲周已下，爲冬至後，已上，去之，餘爲夏至後。各在九十一日三十一分六秒已下，自相乘，已上，反減半歲周，亦自相乘。冬至後晨，夏至後夕，一十八而一，爲分；冬至後夕，夏至後晨，七十五而一，爲分。以其星見伏度乘之，一十五除之；所得，滿行差，除之，爲日，不滿，退除爲分秒，加減常積，爲定積。在晨見夕伏者，冬至後加之，夏至後減之；夕見晨伏者，冬至後減之，夏至後加之。爲其星定見定伏定積日及分秒。加命如前，即得定見定伏日晨及分秒。

【校勘記】

〔一〕「考」、「者」二字原倒，「中」、「終」二字原乙，據《元史》卷五五志第七《曆四》乙正。

〔二〕「段汎差倍」、「末日行分」、「差以日率」十二字，原倒，據《元史》卷五五志第七《曆四》、《金史》卷二二志第二《曆下》乙正。

新元史卷之三十八　志第五

曆志五

授時曆議上

驗氣

天道運行，如環無端，治曆者必就陰消陽息之際，以爲立法之始。陰陽消息之機，何從而見之？惟候其日晷進退，則其機將無所遁。候之之法，不過植表測景，以究其氣至之始。智作能述，前代諸人爲法略備。苟能精思密索，心與理會，則前人述作之外，未必無所增益。

舊法擇地平衍，設水準繩墨，植表其中，以度其中晷。然表短促，尺寸之下所爲分秒大、半、少之數，未易分別。表長，則分寸稍長，所不便者，景虚而淡，難得實景。前人欲就虚景之中改求真實，或設望筩，或置小表，或以木爲規，皆取表端日光下徹圭面。今以銅爲表，高三十六尺，端挾以二龍，舉一横梁，下至圭面，共四十尺，是爲八尺之表五。圭表刻爲尺寸，舊寸一，今申而爲五，釐毫差易分别。

創爲景符，以取實景。其制以銅葉，博二寸，長加博之二，中穿一竅，若針芥然。以方框爲趺，一端設爲機軸，令可開闔，楮其一端，使其勢斜倚，北高南下，往來遷就於虚景之中，竅達日光，僅如米許，隱然見横梁於其中。舊法以表端測晷，所得者日體上邊之景，今以横梁取之，實得中景，不容有毫末之差。

地中八尺表景，冬至長一丈三尺有奇，夏至尺有五寸。今京師長表，冬至之景，七丈九尺八寸有奇，在八尺表則一丈五尺九寸六分；夏至之景，一丈一尺七寸有奇，在八尺表則二尺三寸四分。雖晷景長短所在不同，而其景長爲冬至，景短爲夏至，則一也。惟是氣至時刻考求不易。蓋至日氣正，則一歲氣節從而正矣。劉宋祖冲之嘗取至前後二十三四日間晷景，折取其中，定爲冬至，且以日差比課，推定時刻。宋皇祐間，周琮即取立冬、立春二日之景，以爲去至既遠，日差頗多，易爲推考。《紀元》以後諸曆，爲法加詳，大抵不出冲之之法。新曆積日累月，實測中晷，自遠日以及近日，取前後日率相埒者，參考同異，初非偏取一二日之景，以取數多者爲定，實減《大明曆》一十九刻二十分。仍以累歲實測中晷日差分寸，定擬二至時刻於後。

推至元十四年丁丑歲冬至

其年十一月十四日己亥，景長七丈九尺四寸八分五釐五毫。至二十一日丙午，景長七丈九尺五寸四分一釐。二十二日丁未，景長七丈九尺四寸五分五釐。以己亥、丁未二日之景相校，餘三分五釐爲晷差，進二位；以丙午、丁未二日之景相校，餘八分六釐爲法；除之，得三十五刻，用減相距日八百刻，餘七百六十五刻；折取其中，加半日刻，共爲四百三十二刻半，百約爲日，得四日；餘以十二乘之，百約爲時，得三時，滿五十又作一時，共得四時；餘以十二收之，得三刻；命初起距日己亥算外，得癸卯日辰初三刻爲丁丑歲冬至。此取至前後四日景。

十一月初九日甲午，景七丈八尺六寸三分五釐五毫。至二十六日辛亥，景七丈八尺七寸九分三釐五毫。二十七日壬子，景七丈八尺五寸五分。以甲午、壬子景相減，復以辛亥、壬子景相減，準前法求之，亦得癸卯日辰初三刻。至二十八日癸丑，景七丈八尺三寸四釐五毫，用壬子、癸丑二日之景與甲午景，準前法求之，亦合。此取至前後八九日景。

十一月丙戌朔，景七丈五尺九寸八分六釐五毫。二日丁亥，景七丈六尺三寸七分七釐。至十二月初六日庚申，景七丈五尺八寸五分一釐。準前法求之，亦在辰初三刻。此取至前後一十七日景。

十一月二十一日丙午，景七丈九寸七分一釐。至十二月十六日庚午，景七丈七寸六分。十七日辛未，景七丈一寸五分六釐五毫。準前法求之，亦得辰初三刻。此取至前後二十七日景。

六月初五日癸亥，景一丈三尺八分。距十五年五月癸未朔，景一丈三尺三分八釐五毫。初二日甲申，景一丈二尺九寸二分五毫。準前法求之，亦合。此取至前後一百六十日景。

推十五年戊寅歲夏至

五月十九日辛丑，景一丈一尺七寸七分七釐五毫。距二十八日庚戌景，一丈一尺七寸八分。二十九日辛亥景，一丈一尺八寸五釐五毫。用辛丑、庚戌二日之景相減，餘二釐五毫，進二位爲實。復用庚戌、辛亥景相減，餘二分五釐五毫爲法。除之，得九刻，用減相距日九百刻，餘八百九十一刻。半之，加半日刻，百約，得四日。餘以十二乘之，百約，得十一時，餘以十二收爲刻，得三刻。命初起距日辛丑算外，得乙巳日亥正三刻夏至。此取至前後四日景。

十四年十二月十五日己巳，景七丈一尺三寸四分三釐。距十五年十一月初二日辛巳，景七丈七寸五分九釐五毫。初三日壬午，景七丈一尺四寸六釐。用己巳、壬午景相減，以辛巳、壬午景相減，除之，亦合。此用至前後一百五十六日景。

十四年十二月十二日丙寅，景七丈二尺九寸七分二釐五毫。十三日丁卯，景七丈二尺四寸五分四釐五毫。十四日戊辰，景七丈一尺九寸九釐。距十五年十一月初四日癸未，景七丈一尺九寸五分七釐五毫。初五日甲申，景七丈二尺五寸五釐。初六日乙酉，景七丈三尺三分三釐五毫。前後互取，所得時刻皆合。此取至前後一百五十八九日景。

十四年十二月初七日辛酉，景七丈五尺四寸一分七釐。初八日壬戌，景七丈四尺九寸五分九釐五毫。初九日癸亥，景七丈四尺四寸八分六釐。距十五年十一月初九日戊子，景七丈四尺五寸二分五毫。初十日己丑，景七丈五尺三釐五毫。十一日庚寅，景七丈五尺四寸四分九釐五毫。以壬戌、己丑景相減爲實，以辛酉、壬戌景相減爲法，除之。或以壬戌、癸亥景相減，或以戊子、己丑景相減，若己丑、庚寅景相減，推前法求之，皆合。此取至前後一百六十三四日景。

推十五年戊寅歲冬至

其年十一月十九日戊戌，景七丈八尺三寸一分八釐五毫。距閏十一月初九日戊午，景七丈八尺二寸六分三釐五毫。初十日己未，景七丈八尺八分二釐五毫。用戊戌、戊午二日景相減，餘四分五釐爲晷差，進二位，以戊午、己未景相減，餘二寸八分一釐爲法，除之，得一十六刻，加相距日二千刻；半之，加半日刻，百約，得十日；餘以十二乘之，百約爲時，滿五十又進一時，共得七時；餘以十二收爲刻，命初起距日己亥算外，得戊申日未初三刻爲戊寅歲冬至。此取至前後十日景。

十一月十二日辛卯，景七丈五尺八寸八分一釐五毫。十三日壬辰，景七丈六尺三寸一釐五毫。閏十一月十五日甲子，景七丈六尺三寸六分六釐五毫。十六日乙丑，景七丈五尺九寸五分三釐。十七日丙寅，景七丈五尺五寸四釐五毫。用壬辰、甲子景相減爲實，以辛卯、壬辰景相減爲法，除之，亦得戊申日未初三刻。或用甲子、乙丑景相減，推之，亦合。若用辛卯、乙丑景相減爲實，用乙丑、丙寅景相減，除之，並同。此取至前後十六七日景。

十一月初八日丁亥，景七丈四尺三分七釐五毫。閏十一月二十日己巳，景七丈四尺一寸二分。二十一日庚午，景七丈三尺六寸一分四釐五毫。用丁亥、己巳景相減爲實，以己巳、庚午景相減，除之，亦同。此取至前後二十一日景。

六月二十六日戊寅，景一丈四尺四寸五分二釐五毫。二十七日己卯，景一丈四尺六寸三分八釐。至十六年四月初二日戊寅，景一丈四尺四寸八分一釐。以二戊寅景相減，用後戊寅、己卯景相減，推之，亦同。此取至前後一百五十日景。

五月二十八日庚戌，景一丈一尺七寸八分。至十六年四月二十九日乙巳，景一丈一尺八寸六分三釐。三十日丙午，景一丈一尺七寸八分三釐。用庚戌、丙午景相減，以乙巳、丙午景相減，推之，亦同。此取至前後一百七十八日景。

推十六年己卯歲夏至

四月十九日乙未，景一丈二尺三寸六分九釐五毫。二十日丙申，景一丈二尺二寸九分三釐五毫。至五月十九日乙丑，景一丈二尺二寸六分四釐。以丙申、乙丑景相減，餘二分九釐五毫爲晷差，進二位，以乙未、丙申景相減，得七分六釐爲法，除之，得三十八刻；加相距日二千九百刻，半之，加半日刻，百約，得十五日；餘以十二乘之，百約，得二時；餘以十二收之，得二刻；命初起距日丙申算外，得辛亥日寅正二刻爲夏至。此取至前後十五日景。

三月二十一日戊辰，景一丈六尺三寸九分五毫。六月十六日壬辰，景一丈六尺九分九釐五毫。十七日癸巳，景一丈六尺三寸一分一釐。用戊辰、癸巳景相減，以壬辰、癸巳景相減，準前法推之，亦合。此取至前後四十二日景。

三月初二日己酉，景二丈一尺三寸五釐。至七月初七日壬子，景二丈一尺一寸九分五釐五毫。初八日癸丑，景二丈一尺四寸八分六釐五毫。用己酉、壬子景相減，以壬子、癸丑景相減，如前法推之，亦合。此取至前後六十一二日景。

三月戊申朔，景二丈一尺六寸一分一釐。至七月初八日癸丑，景二丈一尺四寸八分六釐五毫。初九日甲寅，景二丈一尺九寸一分五釐五毫。用戊申、癸丑景相減，以癸丑、甲寅景相減，準前法推之，亦同。此取至前後六十二三日景。

二月十八日乙未，景二丈六尺三分四釐五毫。至七月二十一日丙寅，景二丈五尺八寸九分九釐。二十二日丁卯，景二丈六尺二寸五分九釐。用乙未、丙寅景相減，以丙寅、丁卯景相減，如前法推之，亦同。此取至前後七十五六日景。

二月三日庚辰，景三丈二尺一寸九分五釐五毫。至八月初五日庚辰，景三丈一尺五寸九分六釐五毫。初六日辛巳，景三丈二尺二分六釐五毫。用前庚辰與辛巳景相減，以後庚辰、辛巳景相減，如前推之，亦同。此取至前後九十日景。

正月十九日丁卯，景三丈八尺五寸一釐五毫。至八月十八日癸巳，景三丈七尺八寸二分三釐。十九日甲午，景三丈八尺三寸一分五毫。用丁卯、甲午景相減，以癸巳、甲午景相校，如前推之，亦同。此取至前後一百三四日景。

推十六年己卯歲冬至

十月二十四日戊戌，景七丈六尺七寸四分。至十一月二十五日己巳，景七丈六尺五寸八分。二十六日庚午，景七丈六尺一寸四分二釐五毫。用戊戌、己巳景相減，餘一寸六分爲晷差，進二位；以己巳、庚午景相減，餘四寸三分七釐五毫爲法；除之，得三十六刻；以相減距日三千一百刻，餘三千六十四刻；半之，加五十刻，百約，得一十五日；餘以十二乘之，百約，爲時滿五十，又進一時，共得十時；餘以十二收之爲刻，得二刻；命初起距日戊戌算外，得癸丑日戌初二刻冬至。此取至前後十五六日景。

十月十八日壬辰，景七丈四尺五分二釐五毫。十九日癸巳，景七丈四尺五寸四分五釐。二十日甲午，景七丈五尺二分五釐。至十一月二十八日壬申，景七丈五尺三寸二分。二十九日癸酉，景七丈四尺八寸五分二釐五毫。十二月甲戌朔，景七丈四尺三寸六分五釐。初二日乙亥，景七丈三尺八寸七分一釐五毫。用甲午、癸酉景相減，癸巳、甲午景相減，如前推之，亦同。若以壬申、癸酉景相減爲法，推之，亦同。此取至前後十八九日景。

若用癸巳與甲戌景相減，以壬辰、癸巳景相減，推之；或癸巳、甲午景相減，推之；或用甲戌、癸酉景相減，推之；或甲戌、乙亥景相減，推之；或以壬辰、乙亥景相減，用壬辰、癸巳景相減，推之：並同。此取至前後二十日景。

十月十六日庚寅，景七丈三尺一分五釐。十二月初三日丙子，景七丈三尺三寸二分。初四日丁丑，景七丈二尺八寸四分二釐五毫。用庚寅、丁丑景相減，以丙子、丁丑景相減，推之，亦同。此取至前後二十三日景。

十月十四日戊子，景七丈一尺九寸二分二釐五毫。十五日己丑，景七丈二尺四寸六分九釐。十二月初五日戊寅，景七丈二尺二寸七分二釐五毫。用己丑、戊寅景相減，以戊子、己丑景相減，推之，或用己丑、庚寅相減，推之，亦同。此取至前後二十四日景。

十月初七日辛巳，景六丈七尺七寸四分五釐。初八日壬午，景六丈八尺三寸七分二釐五毫。初九日癸未，景六丈八尺九寸七分七釐五毫。十二月十二日乙酉，景六丈八尺一寸四分五釐。用壬午、乙酉景相減，以辛巳、壬午相減，推之，壬午、癸未景相減，推之，亦同。此取至前後三十一二日景。

十月乙亥朔，景六丈三尺八寸七分。十二月十八日辛卯，景六丈四尺二寸九分七釐五毫。十九日壬辰，景六丈三尺六寸二分五釐。用乙亥、壬辰景相減，以辛卯、壬辰景相減，推之，亦同。此取至前後三十八日景。

九月二十二日丙寅，景五丈七尺八寸二分五釐。十二月二十八日辛丑，景五丈七尺五寸八分。二十九日壬寅，景五丈六尺九寸一分五釐。用丙寅、辛丑景相減，以辛丑、壬寅景相減，推之，亦同。此取至前後四十七八日景。

九月二十日甲子，景五丈六尺四寸九分二釐五毫。至十二月二十九日壬寅，景五丈六尺九寸一分五釐。至十七年正月癸卯朔，景五丈六尺二寸五分。用甲子、癸卯相減，壬寅、癸卯景相減，推之，亦同。此取至前後五十日景。

右以累年推測到冬夏二至時刻爲準，定擬至元十八年辛巳歲前冬至，當在己未日夜半後六刻，即丑初一刻。

歲餘歲差

周天之度，周歲之日，皆三百六十有五。全策之外，又有奇分，大率皆四分之一。自今歲冬至距來歲冬至，曆三百六十五日，而日行一周，凡四周，曆千四百六十。則餘一日，折而四之，則四分之一也。然天之分常有餘，歲之分常不足，其數有不能齊者，惟其所差至微，前人初未覺知。迨漢末劉洪，始覺冬至後天，謂歲周餘分太强，乃作《乾象曆》，減歲餘分二千五百爲二千四百六十二。至晉虞喜，宋何承天、祖冲之，謂歲當有差，因立歲差之法。其法損歲餘，益天周，使歲餘浸弱，天周浸强，强弱相減，因得日躔歲退之差。歲餘、天周，二者實相爲用，歲差由斯而立，日躔由斯而得，一或損益失當，詎能與天叶哉？

今自劉宋大明壬寅以來，凡測景驗氣得冬至時刻真數者有六，取相距積日時刻，以相距之年除之，各得其時所用歲餘。復自大明壬寅距至元戊寅積日時刻，以相距之年除之，得每歲三百六十五日二十四分二十五秒，比《大明曆》減去一十一秒，定爲方今所用歲餘。

餘七十五秒，用益所謂四分之一，共爲三百六十五度二十五分七十五秒，定爲天周。餘分强弱相減，餘一分五十秒，用除全度，得六十六年有奇，日卻一度，以六十六年除全度，適得一分五十秒，定爲歲差。

復以《堯典》中星考之，其時冬至日在女虛之交。及考之前史，漢元和二年，冬至日在斗二十一度；晉太元九年，退在斗十七度；宋元嘉十年，在斗十四度末；梁大同十年，在斗十二度；隋開皇十八年，猶在斗十二度；唐開元十二年，在斗九度半；今退在箕十度。取其距今之年、距今之度較之，多者七十餘年，少者不下五十年，輒差一度。宋慶元間，改《統天曆》，取《大衍》歲差率八十二年及開元所距之差五十五年，折取其中，得六十七年，爲日卻行一度之差。施之今日，質諸天道，實爲密近。

然古今曆法，合於今必不能通於古，密於古，必不能驗於今。今《授時曆》，以之考古，則增歲餘，而損歲差；以之推來，則增歲差，而損歲餘。上推春秋以來冬至，往往皆合；下求方來，可以永久而無弊；非止密於今日而已。仍以《大衍》等六曆，考驗春秋以來冬至疏密，凡四十九事，具列如後：

冬至刻

《大衍》　《宣明》　《紀元》　《統天》　《大明》　《授時》

獻公十五年戊寅歲，正月甲寅朔旦冬至：

丙辰二十二　乙卯八十八　丁巳三十三　乙卯二　丁巳三十五　甲寅九十九

僖公五年丙寅歲，正月辛亥朔旦冬至：

辛亥九十四　辛亥六十六　壬子七十四　辛亥二十七　壬子八十九　辛亥十四

昭公二十年己卯歲，正月己丑朔旦冬至：

己丑四十五　己丑二十　庚寅二十五　戊子九十二　庚寅二十九　戊子八十三

宋元嘉十二年乙亥歲，十一月十五日戊辰景長：

戊辰三十五　戊辰三十二　戊辰三十九　戊辰五十一　戊辰四十一　戊辰四十七

元嘉十三年丙子歲，十一月二十六日甲戌景長：

癸酉五十九　癸酉五十七　癸酉六十三　癸酉七十五　癸酉六十五　癸酉七十一

元嘉十五年戊寅歲，十一月十八日甲申景長：

甲申八　甲申六　甲申十二　甲申二十四　甲申十四　甲申十九

元嘉十六年己卯歲，十月二十九日己丑景長：

己丑三十三　己丑三十　己丑三十七　己丑四十八　己丑三十七　己丑四十四

元嘉十七年庚辰歲，十一月初十日甲午景長：

甲午五十七　甲午五十五　甲午六十一　甲午七十二　甲午六十三　甲午六十八

元嘉十八年辛巳歲，十一月二十一日己亥景長：

己亥八十二　己亥七十九　己亥八十五　己亥九十七　己亥八十七　己亥九十三

元嘉十九年壬午歲，十一月初三日乙巳景長：

乙巳六　乙巳四　乙巳十　乙巳二十一　乙巳一十一　乙巳一十七

大明五年辛丑歲，十一月乙酉冬至：

甲申七十　甲申六十八　甲申七十二　甲申八十九　甲申七十四　甲申七十九

陳天嘉六年乙酉歲，十一月庚寅景長：

庚寅十二　庚寅十三　庚寅五　庚寅二十四　庚寅八　庚寅十七

光大二年戊子歲，十一月乙巳景長：

乙巳八十　乙巳八十六　乙巳七十九　乙巳九十七　乙巳八十一　乙巳九十

太建四年壬辰歲，十一月二十九日丁卯景長：

丙寅八十三　丙寅七十八　丙寅七十七　丙寅九十五　丙寅九十八　丙寅八十七

太建六年甲午歲，十一月二十日丁丑景長：

丁丑三十二　丁丑三十三　丁丑二十五　丁丑四十三　丁丑二十七　丁丑三十六

太建九年丁酉歲，十一月二十三日壬辰景長：

癸巳四　癸巳六　壬辰九十九　癸巳十六　癸巳空　癸巳八

太建十年戊戌歲，十一月五日戊戌景長：

戊戌三十　戊戌三十　戊戌二十三　戊戌四十　戊戌二十四　戊戌三十三

隋開皇四年甲辰歲，十一月十一日己巳景長：

己巳七十七　己巳七十八　己巳六十九　己巳八十六　己巳七十一　己巳八十六

開皇五年乙巳歲，十一月二十二日乙亥景長：

乙亥一　乙亥二　甲戌九十二　乙亥十一　甲戌五十五　乙亥一十

開皇六年丙午歲，十一月三日庚辰景長：

庚辰二十五　庚辰二十六　庚辰十八　庚辰三十四　庚辰十九　庚辰三十四

開皇七年丁未歲，十一月十四日乙酉景長：

乙酉五十　乙酉五十　乙酉四十二　乙酉五十九　乙酉四十四　乙酉五十九

開皇十一年辛亥歲，十一月二十八日丙午景長：

丙午四十八　丙午四十九　丙午四十三　丙午五十七　丙午四十一　丙午五十六

開皇十四年甲寅歲，十一月辛酉朔旦冬至：

壬戌二十一　壬戌二十二　壬戌十二　壬戌二十　壬戌十四　壬戌二十九

唐貞觀十八年甲辰歲，十一月乙酉景長：

甲申四十三　甲申四十五　甲申三十一　甲申五十　甲申三十二　甲申四十四

貞觀二十三年己酉歲，十一月辛亥景長：

庚戌六十五　庚戌六十八　庚戌五十二　庚戌七十二　庚戌五十四　庚戌六十六

龍朔二年壬戌歲，十一月四日己未至戊午景長：

戊午八十三　戊午八十六　戊午六十九　戊午八十五　戊午七十一　戊午八十二

儀鳳元年丙子歲，十一月壬申景長：

壬申二十五　壬申二十八　壬申二十　壬申二十八　壬申十二　壬申二十二

永淳元年壬午歲，十一月癸卯景長：

癸卯七十二　癸卯七十五　癸卯五十七　癸卯七十六　癸卯五十八　癸卯六十八

開元十年壬戌歲，十一月癸酉景長：

癸酉四十九　癸酉五十四　癸酉三十一　癸酉五十　癸酉三十二　癸酉四十六

開元十一年癸亥歲，十一月戊寅景長：

戊寅七十四　戊寅七十八　戊寅五十五　戊寅七十四　戊寅五十六　戊寅七十

開元十二年甲子歲，十一月癸未冬至：

癸未九十八　甲申三　癸未八十　癸未九十九　癸未八十一　癸未九十五

宋景德四年丁未歲，十一月戊辰日南至：

戊辰十五　戊辰二十六　丁卯七十四　丁卯八十二　丁卯七十四　丁卯八十

皇祐二年庚寅歲，十一月三十日癸丑景長：

癸丑六十五　癸丑七十九　癸丑二十二　癸丑二十五　癸丑二十二　癸丑二十三

元豐六年癸亥歲，十一月丙午景長：

丙午七十三　丙午八十五　丙午二十六　丙午二十七　丙午二十六　丙午二十六

元豐七年甲子歲，十一月辛亥景長：

辛亥九十七　壬子一十　辛亥五十　辛亥五十一　辛亥五十　辛亥五十一

元祐三年戊辰歲，十一月壬申景長：

壬申九十四　癸酉八　壬申四十八　壬申四十八　壬申四十八　壬申四十八

元祐四年己巳歲，十一月丁丑景長：

戊寅十九　戊寅三十二　丁丑七十二　丁丑七十二　丁丑七十二　丁丑七十二

元祐五年庚午歲，十一月壬午冬至：

癸未四十四　癸未五十六　壬午九十六　壬午九十七　壬午九十六　壬午九十六

元祐七年壬申歲，十一月癸巳冬至：

癸巳九十二　甲午五　癸巳四十五　癸巳四十五　癸巳四十五　癸巳四十五

元符元年戊寅歲，十一月甲子冬至：

乙丑三十九　乙丑五十二　甲子九十一　甲子九十一　甲子九十一　甲子九十一

崇寧三年甲申歲，十一月丙申冬至：

丙申八十六　丙申九十九　丙申三十七　丙申三十六　丙申三十七　丙申三十七

紹熙二年辛亥歲，十一月壬申冬至：

癸酉十二　癸酉二十七　壬申五十七　壬申四十七　壬申五十七　壬申四十六

慶元三年丁巳歲，十一月癸卯日南至：

甲辰五十九　甲辰七十四　甲辰三　癸卯九十二　甲辰三　癸卯九十二

嘉泰三年癸亥歲，十一月甲戌日南至：

丙子五　丙子二十一　乙亥四十九　乙亥三十七　乙亥四十九　乙亥三十七

嘉定五年壬申歲，十一月壬戌日南至：

癸亥二十五　癸亥四十一　壬戌六十九　壬戌五十六　壬戌六十八　壬戌五十六

紹定三年庚寅歲，十一月丙申日南至：

丁酉六十五　丁酉八十三　丁酉七　丙申六十三　丁酉七　丙申九十二

淳祐十年庚戌歲，十一月辛巳日南至：

壬午九十四　壬午七十一　辛巳九十六　辛巳九十六　辛巳九十四　辛巳七十八

本朝至元十七年庚辰歲，十一月己未夜半後六刻冬至：

己未八十　庚申五　己未二十五　己未四　己未二十四　己未六

右自春秋獻公以來，凡二千一百六十餘年，用《大衍》、《宣明》、《紀元》、《統天》、《大明》、《授時》六曆推算冬至，凡四十九事。《大衍曆》合者三十二，不合者十七；《宣明曆》合者二十六，不合者二十三；《紀元曆》合者三十五，不合者十四；《統天曆》合者三十八，不合者十一；《大明曆》合者三十四，不合者十五；《授時曆》合者三十九，不合者十事。

今按獻公十五年戊寅歲正月甲寅朔旦冬至，《授時曆》得甲寅，《統天曆》得乙卯，後天一日；至僖公五年丙寅歲正月辛亥朔旦冬至，《授時》、《統天》皆得辛亥，與天合；下至昭公二十年己卯歲正月己丑朔旦冬至，《授時》、《統天》皆得戊子，並先一日。若曲變其法以從之，則獻、僖皆不合矣。可知《春秋》所書昭公冬至，乃日度失行之驗。一也。《大衍曆》考古冬至，謂劉宋元嘉十三年丙子歲十一月甲戌日南至，《大衍》與《皇極》、《麟德》三曆皆得癸酉，各先一日，乃日度失行，非三曆之差。今以《授時曆》考之，亦得癸酉。二也。大明五年辛丑歲十一月乙酉冬至，諸曆皆得甲申，殆亦日度之差。三也。陳太建四年壬辰歲十一月丁卯景長，《大衍》、《授時》皆得丙寅，是先一日；太建九年丁酉歲十一月壬辰景長，《大衍》、《授時》皆得癸巳，是後一日；一失之先，一失之後，若合於壬辰，則差於丁酉，合於丁酉，則差於壬辰，亦日度失行之驗。五也。隋開皇十一年辛亥歲十一月丙午景長，《大衍》、《統天》、《授時》皆得丙午，與天合；至開皇十四年甲寅歲十一月辛酉冬至，而《大衍》、《統天》、《授時》皆得壬戌；若合於辛亥，則失於甲寅，合於甲寅，則失於辛亥，其開皇十四年甲寅歲冬至，亦日度失行。六也。唐貞觀十八年甲辰歲十一月乙酉景長，諸曆得甲申，貞觀二十三年己酉歲十一月辛亥景長，諸曆皆得庚戌。《大衍曆議》以永淳、開元冬至推之，知前二冬至乃史官依時曆以書，非候景所得，所以不合，今以《授時曆》考之亦然。八也。自前宋以來，測景驗氣者凡十七事，其景德丁未歲戊辰日南至，《統天》、《授時》皆得丁卯，是先一日；嘉泰癸亥歲甲戌日南至，《統天》、《授時》皆得乙亥，是後一日；一失之先，一失之後，若曲變其數以從景德，則其餘十六事多後天，從嘉泰，則其餘十六事多先天，亦日度失行之驗。十也。

前十事皆《授時曆》所不合，以此理推之，非不合矣，蓋類其同則知其中，辨其異則知其變。今於冬至略其日度失行及史官依時曆書之者凡十事，則《授時曆》三十九事皆中，《統天曆》與今曆不合者僅有獻公一事。《大衍曆》推獻公冬至後天二日，《大明》後天三日，《授時曆》與天合。下推至元庚辰冬至，《大衍》後天八十一刻，《大明》後天十九刻，《統天曆》先天一刻，《授時曆》與天合。以前代諸曆校之，《授時》爲密，庶幾千歲之日至，可坐而致云。按《授時曆議》信僧一行日度失行之説，最爲後人所非。其列十驗，宋景德丁未歲戊辰、嘉泰癸亥歲甲戌二至，皆史誤。唐貞觀甲辰歲乙酉、己酉歲辛亥二至，非術誤，即史誤。隋開皇甲寅歲辛酉日冬至、陳丁酉歲壬辰日冬至，皆術誤。宋大明辛丑歲乙酉日冬至，祖冲之詳記測景，推冬至乙酉日夜半後三十三刻七分，當時推算稍爲後天，而《大衍》以下至《授時》則皆爲先天。宋元嘉丙子歲甲戌日冬至，推是年平冬至一十日十五小時三十三分五十六秒，甲戌日申初二刻四分，加均減時，不能過十五時，是亦定冬至亦在甲戌日，《授時》推前一日癸酉，與《大衍》以下同，不能與天密合。魯昭公己卯歲己丑日冬至，是年上距僖公五年丙寅一百三十三年，平冬至二十八日十五小時一十一分二十六秒，壬辰日申初刻十一分，約計加均及小輪，不過辛卯日卯辰之間，不能減至己丑。以是知《春秋》時步天率先天二三日，《授時》則又先己丑日，失之遠矣。僖公丙寅歲辛亥日，按至元辛巳前四年丁丑高衝與冬至同度，上距僖公五年丙戌一千九百三十一年，約四百行七度，則此至高衝在冬至前一宫三度四十八分，於今法當加均一度八分，變時一日三小時三十六分，減平冬至猶是甲寅日卯時，再約計是時小輪，併徑加大其加均，或能至一度二三十分之間，變時一日十餘小時以減平冬至，則定冬至亦止癸丑日亥子之間，不能減至辛亥，則是時所推冬至先天兩三日矣。獻公戊寅歲甲寅日冬至，乃劉歆以四分術逆推，非有實測，不足爲據。郭守敬於十事中，以八事爲日行失度，其説誠失之誣。或者出於李謙等之增益，未可知也。

古今曆參校疏密

《授時曆》與古曆相校，疏密自見，蓋上能合於數百載之前，則下可行之永久，此前人定説。古稱善治曆者，若宋何承天，隋劉焯，唐傅仁均、僧一行之流，最爲傑出。今以其曆與至元庚辰冬至氣應相校，未有不舛戾者，而以新曆上推往古，無不吻合，則其疏密從可知已。

宋文帝元嘉十九年壬午歲十一月乙巳日十一刻冬至，距本朝至元十七年庚辰歲，計八百三十八年。其年十一月，氣應己未六刻冬至，《元嘉曆》推之，得辛酉，後《授時》二日；《授時》上考元嘉壬午歲冬至，得乙巳，與元嘉合。

隋大業三年丁卯歲十一月庚午日五十二刻冬至，距至元十七年庚辰歲，計六百七十三年。《皇極曆》推之，得庚申冬至，後《授時》一日；《授時》上考大業丁卯歲冬至，得庚午，與《皇極》合。

唐武德元年戊寅歲十一月戊辰日六十四刻冬至，距至元十七年庚辰歲，計六百六十二年。《戊寅曆》推之，得庚申冬至，後《授時》一日；《授時曆》上考武德戊寅歲，得戊辰冬至，與《戊寅曆》合。

開元十五年丁卯歲十一月己亥日七十二刻冬至，距至元十七年庚辰歲，計五百五十三年。《大衍曆》推之，得己未冬至，後《授時》八十一刻；《授時曆》上考開元丁卯歲，得己亥冬至，與《大衍曆》合，先四刻。

長慶元年辛丑歲十一月壬子日七十六刻冬至，距至元十七年庚辰歲，計四百五十九年。《宣明曆》推之，得庚申冬至，後《授時》一日；《授時曆》上考長慶辛丑歲，得壬子冬至，與《宣明曆》合。

宋太平興國五年庚辰歲十一月丙午日六十三刻冬至，距至元十七年庚辰歲，計三百年。《乾元曆》推之，得庚申冬至，後《授時》一日；《授時曆》上考太平興國庚辰歲，得丙午冬至，與《乾元》合。

咸平三年庚子歲十一月辛卯日五十三刻冬至，距至元十七年庚辰歲，計二百八十年。《儀天曆》推之，得庚申冬至，後《授時》一日；《授時曆》上考咸平庚子歲，得辛卯冬至，與《儀天》合。

崇寧四年乙酉歲十一月辛丑日六十一刻冬至，距至元十七年庚辰歲，計一百七十五年。《紀元曆》推之，得己未日冬至，後《授時》十九刻；《授時曆》上考崇寧乙酉歲，得辛丑日冬至，與《紀元曆》合，先二刻。

金大定十九年己亥歲十一月己巳日六十四刻冬至，距至元十七年庚辰歲，計一百一年。《大明曆》推之，得己未冬至，後《授時》一十九刻；《授時曆》上考大定己亥歲，得己巳冬至，與《大明曆》合，先九刻。《大明》冬至，蓋測驗未密故也。

慶元四年戊午歲十一月己酉日一十七刻冬至，距至元十七年庚辰歲，計八十二年。《統天曆》推之，得己未冬至，先《授時》一刻；《授時曆》上考慶元戊午歲，得己酉日冬至，與《統天曆》合。

周天列宿度

列宿著於天，爲舍二十有八，爲度三百六十五有奇。非日躔無以校其度，非列舍無以紀其度，周天之度，因二者以得之。天體渾圓，當二極南北之中，絡以赤道，日月五星之行，常出入於此。天左旋，日月五星溯而右轉，昔人曆象日月星辰，謂此也。然列舍相距度數，歷代所測不同，非微有動移，則前人所測或有未密。古用闚管，今新制渾儀，測用二綫，所測度數分秒與前代不同者，今列於左：

漢洛下閎所測	唐一行所測	宋皇祐所測	元豐所測	崇寧所測	至元所測
角十二度					十二度十一分

亢九度				九度少	九度二十分
氐十五度		十六度			十六度三十分
房五度			六度	五度太	五度六十分
心五度		六度		六度少	六度五十分
尾十八度		十九度		十九度少	十九度一十分
箕十一度		十度	十一度	十度半	十度四十分
東方七十五度		七十七度	七十九度	七十八度	七十九度二十分
斗二十六度及分	二十六度	二十五度			二十五度二十分
牛八度		七度		七度少	七度一十分
女十二度		十一度		十一度少	十一度二十五分

虚十度	十度少强		九度少强		八度九十五分
危十七度		十六度		十五度半	十五度四十分
室十六度	十六度	十七度			十七度一十分
壁九度				八度太	八度六十分
北方九十八度及分	九十八度二十五分	九十五度二十五分	九十四度二十五分	九十四度七十五分	九十三度八十分太
本十六度				十六度半	十六度六十分
婁十二度					十一度八十分
四十四度		十五度			十五度六十分
昴十一度				十一度少	十一度三十分
畢十六度	十七度	十八度	十七度	十七度少	十七度四十分

觜二度	一度			半度	五分
參九度	十度			十度半	十一度一十分
西方八十度	八十一度	八十三度	八十二度	八十三度	八十二度八十五分
井三十三度				三十三度少	三十三度二十分
鬼四度	三度	二度		二度半	二度二十分
柳十五度		十四度		十三度太	十三度二十分
星七度				六度太	六度三十分
張十八度			十七度	十七度少	十七度二十五分
翼十八度			十九度	十八度太	十八度七十五分
軫十七度					十七度三十分

西方一百一十二度	一百一十一度	一百一十度	一百一十度	一百九度二十五分	一百八度四十分

日躔

日之麗天，縣象最著，大明一生，列宿俱熄。古人欲測躔度所在，必以昏旦夜半中星衡考其所距，從考其所當。然昏旦夜半時刻未易得真，時刻一差，則所距、所當，不容無舛。晉姜岌首以月食衝檢，知日度所在。《紀元曆》復以太白誌其相距遠近，於昏後明前驗定星度，因得日躔。今用至元丁丑四月癸酉望月食既，推求得冬至日躔赤道箕宿十度，黄道九度有奇。仍自其年正月至己卯歲終，三年之間，日測太陰所離宿次及歲星、太白星距度，定驗參考，共得一百三十四事，皆躔箕宿，適與月食所衝允合。以金趙知微所修《大明曆法》推之，冬至猶躔斗初度三十六分六十四秒，比新測實差七十六分六十四秒。

日行盈朔

日月之行，有冬有夏，言日月行度，冬夏各不同也。人徒知日行一度，一歲一周天，曾不知盈縮損益，四序有不同者。北齊張子信積候合蝕加時，覺日行有入氣差，然損益未得其正。趙道嚴復準晷景長短，定日行進退，更造盈縮以求虧食。至劉焯立躔度，與四序升降，雖損益不同，後代祖述用之。

夫陰陽往來，馴積而變，冬至日行一度强，出赤道二十四度弱，自此日軌漸北，積八十八日九十一分，當春分前三日，交在赤道，實行九十一度三十一分而適平。自後其盈日損，復行九十三日七十一分，當夏至之日，入赤道内二十四度弱，實行九十一度三十一分，日行一度弱，向之盈分盡損而無餘。自此日軌漸南，積九十三日七十一分，當秋分後三日，交在赤道，實行九十一度三十一分而復平。自後其縮日損，行八十八日九十一分，出赤道外二十四度弱，實行九十一度三十一分，復當冬至，向之縮分盡損而無餘。盈縮均有損益，初爲益，末爲損。自冬至以及春分，春分以及夏至，日躔自北陸轉而西，西而南，於盈爲益，益極而損，損至於無餘而縮。自夏至以及秋分，秋分以及冬至，日躔自南陸轉而東，東而北，於縮爲益，益極而損，損至於無餘而復盈。盈初縮末，俱八十八日九十一分而行一象；縮初盈末，俱九十三日七十一分而行一象；盈縮極差，皆二度四十分。由實測晷景而得，仍以算術推考，與所測允合。

月行遲疾

古曆謂月平行十三度十九分度之七。漢耿壽昌以爲日月行至牽牛、東井，日過度，月行十五度，至婁、角，始平行，赤道使然。賈逵以爲今合朔、弦、望、月食加時，所以不中者，蓋不知月行遲疾意。李梵、蘇統皆以月行當有遲疾，不必在牽牛、東井、婁、角之間，乃由行道有遠近出入所生。劉洪作《乾象曆》，精思二十餘年，始悟其理，列爲差率，以囿進退損益之數。後之作曆者，咸因之。至唐一行，考九道委蛇曲折之數，得月行疾徐之理。先儒謂月與五星，皆近日而疾，遠日而遲。曆家立法，以入轉一周之日，爲遲疾二曆，各立初末二限，初爲益，末爲損。在疾初遲末，其行度率過於平行；遲初疾末，率不及於平行。自入轉初日行十四度半强，從是漸殺，曆七日，適及平行度，謂之疾初限，其積度比平行餘五度四十二分。自是其疾日損，又曆七日，行十二度微强，向之益者盡損而無餘，謂之疾末限。自是復行遲度，又曆七日，適及平行度，謂之遲初限，其積度比平行不及五度四十二分。自此其遲日損，行度漸增，又曆七日，復行十四度半强，向之益者亦損而無餘，謂之遲末限。入轉一周，實二十七日五十五刻四十六分，遲疾極差皆五度四十二分。舊曆日爲一限，皆用二十八限。今定驗得轉分進退時各不同，今分日爲十二，共三百三十六限，半之爲半周限，析而四之爲象限。

白道交周

當二極南北之中，横絡天體以紀宿度者，赤道也。出入赤道，爲日行之軌者，黄道也。所謂白道，與黄道交貫，月行之所由也。古人隨方立名，分爲八行，與黄道而九，究而言之，其實一也。惟其隨交遷徙，變動不居，故强以方色名之。

月道出入日道，兩相交值，當朔則日爲月所掩，當望則月爲日所衝，故皆有食。然涉交有遠近，食分有深淺，皆可以數推之。所謂交周者，月道出入日道一周之日也。日道距赤道之遠，爲度二十有四。月道出入日道，不逾六度，其距赤道也，遠不過三十度，近不下十八度。出黄道外爲陽，入黄道内爲陰，陰陽一周，分爲四象：月當黄道爲正交，出黄道外六度爲半交，復當黄道爲中交，入黄道内六度爲半交，是爲四象。象别七日，各行九十一度，四象周曆，是謂一交之終，以日計之，得二十七日二十一刻二十二分二十四秒。每一交，退天一度二百分度之九十三，凡二百四十九交，退天一周有奇，終而復始。正交在春正，半交出黄道外六度，在赤道内十八度。正交在秋正，半交出黄道外六度，在赤道外三十度。中交在春正，半交入黄道内六度，在赤道内三十度。中交在秋正，半交入黄道内六度，在赤道外十八度。月道與赤道正交，距春秋二正黄赤道正交宿度。東西不及十四度三分度之二。夏至在陰曆内，冬至在陽曆外，月道與赤道所差者多；夏至在陽曆外，冬至在陰曆内，月道與赤道所差者少。蓋白道二交，有斜有直，陰陽二曆，有内有外，直者密而狹，斜者疏而闊，其差亦從而異。今立象置法求之，差數多者不過三度五十分，少者不下一度三十分，是爲月道與赤道多少之差。

晝夜刻

日出爲晝，日入爲夜，晝夜一周，共爲百刻。以十二辰分之，每辰得八刻三分刻之一。

無間南北，所在皆同。晝短則夜長，夜短則晝長，此自然之理也。春秋二分，日當赤道出入，晝夜正等，各五十刻。自春分以及夏至，日入赤道内，去極浸近，夜短而晝長。自秋分以及冬至，日出赤道外，去極浸遠，晝短而夜長。以地中揆之，長不過六十刻，短不過四十刻。地中以南，夏至去日出入之所爲遠，其長有不及六十刻者；冬至去日出入之所爲近，其短有不止四十刻者。地中以北，夏至去日出入之所爲近，其長有不止六十刻者；冬至去日出入之所爲遠，其短有不及四十刻者。今京師冬至日出辰初二刻，日入申正二刻，故晝刻三十八，夜刻六十二。夏至日出寅正二刻，日入戌初二刻，故晝刻六十二，夜刻三十八。蓋地有南北，極有高下，日出入有早晏，所有不同耳。今《授時曆》晝夜刻，一以京師爲正。

新元史卷之三十九　志第六

曆志六

授時曆議下

交食

曆法疏密，驗在交食，然推步之術難得其密，加時有早晚，食分有淺深，取其密合，不容偶然。推演加時，必本於躔離朓朒；考求食分，必本於距交遠近。苟入氣盈縮、入轉遲疾未得其正，則合朔不失之先，則失之後。合朔失之先後，則虧食時刻，其能密乎？日月俱東行，而日遲月疾，月追及日，是爲一會。交值之道，有陽曆、陰曆；交會之期，有中前、中後；加以地形南北東西之不同，人目高下邪直之各異，此食分多寡，理不得一者也。今合朔既正，則加時無早晚之差；氣刻適中，則食分無强弱之失。推而上之，自《詩》、《書》、《春秋》及三國以來所載虧食，無不合焉者。合於既往，則行之悠久，自可無弊矣。

《詩》、《書》所載日食二事

《書·胤征》：「惟仲康肇位四海，乃季秋月朔，辰弗集於房。」

今按：《大衍曆》作仲康即位之五年癸巳，距辛巳三千四百八年，九月庚戌朔，泛交二十六日五千四百二十一分入食限。

《詩·小雅·十月之交》，大夫刺幽王也。「十月之交，朔日辛卯，日有食之，亦孔之醜。」

今按：梁太史令虞鄺云，十月辛卯朔，在幽王六年乙丑朔。《大衍》亦以爲然。以《授時曆》推之，是歲十月辛卯朔，泛交十四日五千七百九分入食限。

《春秋》日食三十六事

隱公三年辛酉歲，春王二月己巳，日有食之。

杜預云：「不書日，史官失之。」《公羊》云：「日食或言朔或不言朔，或日或不日，或失之前或失之後，失之前者朔在前也，失之後者朔在後也。」《穀梁》云：「言日不言朔，食晦日也。」姜岌校《春秋》日食云：「是歲二月己亥朔，無己巳，似失一閏。三月己巳朔，去交分入食限。」《大衍》與姜岌合。今《授時曆》推之，是歲三月己巳朔，加時在晝，去交分二十六日六千六百三十一入食限。

桓公三年壬申歲，秋七月壬辰朔，日有食之。

姜岌以爲是歲七月癸亥朔，無壬辰，亦失閏。其八月壬辰朔，去交分入食限。《大衍》與姜岌合。以今曆推之，是歲八月壬辰朔，加時在晝，食六分一十四秒。

桓公十七年丙戌歲，冬十月朔，日有食之。

左氏云：「不書日，史官失之。」《大衍》推得在十一月交分入食限，失閏也。以今曆推之，是歲十一月加時在晝，交分二十六日八千五百六十入食限。

莊公十八年乙巳歲，春王三月，日有食之。

《穀梁》云：「不言日，不言朔，夜食也。」《大衍》推是歲五月朔，交分入食限，三月不應食。以今曆推之，是歲三月朔，不入食限。五月壬子朔，加時在晝，交分入食限。蓋誤五爲三。

莊公二十五年壬子歲，六月辛未朔，日有食之。

《大衍》推之，七月辛未朔，交分入食限。以今曆推之，是歲七月辛未朔，加時在晝，交分二十七日四百八十九入食限，失閏也。

莊公二十六年癸丑歲，冬十有二月癸亥朔，日有食之。

今曆推之，是歲十二月癸亥朔，加時在晝，交分十四日三千五百五十一入食限。

莊公三十年丁巳歲，九月庚午朔，日有食之。

今曆推之，是歲十月庚午朔，加時在晝，去交分十四日四千六百九十六入食限，失閏也。《大衍》同。

僖公十二年癸酉歲，春王三月庚午朔，日有食之。

姜氏云：「三月朔，交不應食，在誤條；其五月庚午朔，去交分入食限。」《大衍》同。今曆推之，是歲五月庚午朔，加時在晝，去交分二十六日五千一百九十二入食限。蓋五誤爲三。

僖公十五年丙子歲，夏五月，日有食之。

左氏云：「不書朔與日，史官失之也。」《大衍》推四月癸丑朔，去交分入食限，差一閏。今曆推之，是歲四月癸丑朔，去交分一日一千三百一十六入食限。

文公元年乙未歲，二月癸亥朔，日有食之。

姜氏云：「二月甲午朔，無癸亥；三月癸亥朔，入食限。」《大衍》亦以爲然。今曆推之，是歲三月癸亥朔，加時在晝，去交分二十六日五千九百十七分入食限，失閏也。

文公十五年己酉歲，六月辛丑朔，日有食之。

今曆推之，是歲六月辛丑朔，加時在晝，交分二十六日四千四百七十三分入食限。

宣公八年庚申歲，秋七月甲子，日有食之。

杜預以七月甲子晦食。姜氏云：「十月甲子朔，食。」《大衍》同。今曆推之，是歲十月甲子朔，加時在晝，食九分八十一秒。蓋十誤爲七。

宣公十年壬戌歲，夏四月丙辰朔，日有食之。

今曆推之，是月丙辰朔，加時在晝，交分十四日九百六十八分入食限。

宣公十七年己巳歲，六月癸卯，日有食之。

姜氏云：「六月甲辰朔，不應食。」《大衍》云：「是年五月在交限，六月甲辰朔，交分已過食限，蓋誤。」今曆推之，是歲五月乙亥朔，入食限，六月甲辰朔，泛交二日已過食限，《大衍》爲是。

成公十六年丙戌歲，六月丙寅朔，日有食之。

今曆推之，是歲六月丙寅朔，加時在晝，去交分二十六日九千八百三十五分入食限。

成公十七年丁亥歲，十有二月丁巳朔，日有食之。

姜氏云：「十二月戊子朔，無丁巳，似失閏。」《大衍》推十一月丁巳朔，交分入食限。今曆推之，是歲十一月丁巳朔，加時在晝，交分十四日二千八百九十七分入食限，與《大衍》同。

襄公十四年壬寅歲，二月乙未朔，日有食之。

今曆推之，是歲二月乙未朔，加時在晝，交分十四日一千三百九十三分入食限。

襄公十五年癸卯歲，秋八月丁巳朔，日有食之。

姜氏云：「七月丁巳朔，食，失閏也。」《大衍》同。今曆推之，是歲七月丁巳朔，加時在晝，去交分二十六日三千三百九十四分入食限。

襄公二十年戊申歲，冬十月丙辰朔，日有食之。

今曆推之，是歲十月丙辰朔，加時在晝，交分十三日七千六百分入食限。

襄公二十一年己酉歲，秋七月庚戌朔，日有食之。

今曆推之，是月庚戌朔，加時在晝，交分十四日三千六百八十二分入食限。

冬十月庚辰朔，日有食之。

姜氏云：「比月而食，宜在誤條。」《大衍》亦以爲然。今曆推之，十月已過交限，不應頻食，姜説爲是。

襄公二十三年辛亥歲，春王二月癸酉朔，日有食之。

今曆推之，是月癸酉朔，加時在晝，交分二十六日五千七百三分入食限。

襄公二十四年壬子歲，秋七月甲子朔，日有食之，既。

今曆推之，是月甲子朔，加時在晝，日食九分六秒。

八月癸巳朔，日有食之。

《漢志》：「董仲舒以爲比食又既。」《大衍》云：「不應頻食，在誤條。」今曆推之，交分不叶，不應食，《大衍》説是。

襄公二十七年乙卯歲，冬十有二月乙亥朔，日有食之。

姜氏云：「十一月乙亥朔，交分入限，應食。」《大衍》同。今曆推之，是歲十一月乙亥朔，加時在晝，交分初日八百二十五分入食限。

昭公七年丙寅歲，夏四月甲辰朔，日有食之。

今曆推之，是月甲辰朔，加時在晝，交分二十七日二百九十八分入食限。

昭公十五年甲戌歲，六月丁巳朔，日有食之。

《大衍》推五月丁巳朔，食，失一閏。今曆推之，是歲五月丁巳朔，加時在晝，交分十三日九千五百六十七分入食限。

昭公十七年丙子歲，夏六月甲戌朔，日有食之。

姜氏云：「六月乙巳朔，交分不叶，不應食，當誤。」《大衍》云：「當在九月朔，六月不應食，姜氏是也。」今曆推之，是歲九月甲戌朔，加時在晝，交分二十六日七千六百五十分入食限。

昭公二十一年庚辰歲秋，七月壬午朔，日有食之。

今曆推之，是月壬午朔，加時在晝，交分二十六日八千七百九十四分入食限。

昭公二十二年辛巳歲，冬十有二月癸酉朔，日有食之。

今曆推之，是月癸酉朔，交分十四日一千八百入食限。杜預以長曆推之，當爲癸卯，非是。按郭知杜誤者，法以下距至元辛巳一千八百年，於歲實內長一十九分，用以相乘，得六十五億七千四百三十九萬九千二百分，爲中積。內減閏應餘六十五億七千四百一十九萬七千一百五十分，滿朔實，去之，餘九萬六千五百三十七分三十四秒，反減朔實，餘一十九萬八千七百六十八分五十九秒，爲閏餘，以日周之，即一十九日八十七刻六十八分五十九秒也。再依前法，求得本年冬至日分爲三十五日一十四刻，內減閏餘，存一十五日二十六刻三十一分四十三秒，算外即乙卯日二十六刻，是爲是年正月經朔。再加十一朔實，即十二月經朔。因閏餘分滿一十八萬六十五朔五十二分○九秒者，其年有閏，故須加十二朔實，依法加十二朔實，併十五日二十六刻三十一分四十一秒，共三百六十九日六十三刻○二分五十七秒，滿紀法，去之，餘九日六十三刻○二分五十七秒，算外即癸酉日也。杜言癸卯，蓋少置一閏月耳。

昭公二十四年癸未歲，夏五月乙未朔，日有食之。

今曆推之，是月乙未朔，加時在晝，交分二十六日三千八百三十九分入食限。

昭公三十一年庚寅歲，十有二月辛亥朔，日有食之。

今曆推之，是月辛亥朔，加時在晝，交分二十六日六千一百二十八入食限。

定公五年丙申歲，春王三月辛亥朔，日有食之。

今曆推之，三月辛卯朔，加時在晝，交分十四日三百三十四分入食限。

定公十二年癸卯歲，十一月丙寅朔，日有食之。

今曆推之，是歲十月丙寅朔，加時在晝，交分十四日二千六百二十二分入食限，蓋失一閏。

定公十五年丙午歲，八月庚辰朔，日有食之。

今曆推之，是月庚辰朔，加時在晝，交分十三日七千六百八十五分入食限。

哀公十四年庚申歲，五月庚申朔，日有食之。

今曆推之，是月庚申朔，加時在晝，交分二十六日九千二百一分入食限。

右《詩》、《書》所載日食二事，《春秋》二百四十二年間凡三十有六事，以《授時曆》推之，惟襄公二十一年十月庚辰朔及二十四年八月癸巳朔不入食限。蓋自有曆以來，無比月而食之理。其三十四食，食皆在朔，經或不書日、不書朔，《公羊》、《穀梁》以爲食晦，二者非；左氏以爲史官失之者，得之。其間或差一日、二日者，蓋由古曆疏闊，置閏失當之弊，姜岌、一行已有定說。孔子作書，但因時曆以書，非大義所關，故不必致詳也。

三國以來日食

蜀章武元年辛丑，六月戊辰晦，時加未。
《授時曆》，食甚未五刻。
《大明曆》，食甚未五刻。
右皆親。二曆推戊辰皆七月朔。
魏黄初三年壬寅，十一月庚申晦食，時加西南維。
《授時曆》，食甚申二刻。
《大明曆》，食甚申三刻。
右《授時》親，《大明》次親。二曆推庚申皆十二月朔。
梁中大通五年癸丑，四月己未朔食，在丙。
《授時曆》，虧初午四刻。
《大明曆》，虧初午四刻。
右皆親。
太清元年丁卯，正月己亥朔食，時加申。
《授時曆》，食甚申一刻。
《大明曆》，食甚申三刻。

右《授時》次親，《大明》親。

陳太建八年丙申，六月戊申朔食，於卯申間〔一〕。

《授時曆》，食甚卯二刻。

《大明曆》，食甚卯四刻。

右《授時》次親，《大明》疏遠。

唐永隆元年庚辰，十一月壬申朔食，巳四刻甚。

《授時曆》，食甚巳七刻。

《大明曆》，食甚巳五刻。

右《授時》疏，《大明》親。

開耀元年辛巳，十月丙寅朔食，巳初甚。

《授時曆》，食甚辰正三刻。

《大明曆》，食甚辰正一刻。

右《授時》親，《大明》疏。

嗣聖八年辛卯，四月壬寅朔食，卯二刻甚。

《授時曆》，食甚寅八刻。

《大明曆》，食甚卯初刻。

右皆次親。

十七年庚子，五月己酉朔食，申初甚。

《授時曆》，食甚申初二刻。

《大明曆》，食甚申正初刻。

右《授時》次親，《大明》疏遠。

十九年壬寅，九月乙丑朔食，申三刻甚。

《授時曆》，食甚申一刻。

《大明曆》，食甚申四刻。

右《授時》次親，《大明》親。

景龍元年丁未，六月丁卯朔食，午正甚。

《授時曆》，食甚午正二刻。

《大明曆》，食甚未初初刻。

右《授時》次親，《大明》疏遠。

開元九年辛酉，九月己巳朔食，午正後三刻甚。

《授時曆》，食甚午正一刻。
《大明曆》，食甚午正二刻。
右《授時》次親，《大明》親。
宋慶曆六年丙戌，三月辛巳朔食，申正三刻復滿。
《授時曆》，復滿申正三刻。
《大明曆》，復滿申正一刻。
右《授時》密合，《大明》次親。
皇祐元年己丑，正月甲午朔食，午正甚。
《授時曆》，食甚午初二刻。
《大明曆》，食甚午正初刻。
右《授時》親，《大明》密合。
五年癸巳，十月丙申朔食，未一刻甚。
《授時曆》，食甚未三刻。
《大明曆》，食甚未刻初。
右《授時》次親。《大明》親。

至和元年甲午，四月甲午朔食，申正一刻甚。

《授時曆》，食甚申正一刻。

《大明曆》，食甚申正二刻。

右《授時》密合，《大明》親。

嘉祐四年己亥，正月丙申朔食，未三刻復滿。

《授時曆》，復滿未初二刻。

《大明曆》，復滿未初二刻。

右皆親。

六年辛丑，六月壬子朔食，未初虧初。

《授時曆》，虧初未初刻。

《大明曆》，虧初未一刻。

右《授時》親，《大明》次親。

治平三年丙午，九月壬子朔食，未二刻甚。

《授時曆》，食甚未三刻。

《大明曆》，食甚未四刻。

右《授時》親，《大明》次親。

熙寧二年己酉，七月乙丑朔食，辰三刻甚。

《授時曆》，食甚辰五刻。

《大明曆》，食甚辰四刻。

右《授時》次親，《大明》親。

元豐三年庚申，十一月己丑朔食，巳六刻甚。

《授時曆》，食甚巳五刻。

《大明曆》，食甚巳二刻。

右《授時》親，《大明》疏遠。

紹聖元年甲戌，三月壬申朔食，未六刻甚。

《授時曆》，食甚未五刻。

《大明曆》，食甚未五刻。

右皆親。

大觀元年丁亥，十一月壬子朔食，未二刻虧初，未八刻甚，申六刻復滿。

《授時曆》，虧初未三刻，食甚申初刻，復滿申六刻。

《大明曆》，虧初未初刻，食甚未七刻，復滿申五刻。

右《授時曆》虧初、食甚皆親，復滿密合。《大明》虧初，次親，食甚、復滿皆親。

紹興三十二年壬午，正月戊辰朔食，申虧初。

《授時曆》，虧初申一刻。

《大明曆》，虧初未七刻。

右皆親。

淳熙十年癸卯，十一月壬戌朔食，巳正二刻甚。

《授時曆》，食甚巳正二刻。

《大明曆》，食甚巳正一刻。

右《授時》密合，《大明》親。

慶元元年乙卯，三月丙戌朔食，午初二刻虧初。

《授時曆》，虧初午初一刻。

《大明曆》，虧初午初二刻。

右《授時》虧初親，《大明》虧初密合。

嘉泰二年壬戌，五月甲辰朔食，午初一刻虧初。

《授時曆》，虧初巳正三刻。
《大明曆》，虧初午初三刻。
右皆親。
嘉定九年丙子，二月甲申朔食，申正四刻甚。
《授時曆》，食甚申正三刻。
《大明曆》，食甚申正二刻。
右《授時》親，《大明》次親。
淳祐三年癸卯，三月丁丑朔食，巳初二刻甚。
《授時曆》，食甚巳初一刻。
《大明曆》，食甚巳初初刻。
右《授時》親，《大明》次親。
本朝中統元年庚申，三月戊辰朔食，申正二刻甚。
《授時曆》，食甚申正一刻。
《大明曆》，食甚申初三刻。
右《授時》親，《大明》疏。

至元十四年丁丑，十月丙辰朔食，午正初刻虧初，未初一刻食甚，未正二刻復滿。

《授時曆》，虧初午正初刻，食甚未初一刻，復滿未正一刻。

《大明曆》，虧初午正三刻，食甚未正一刻，復滿申初二刻。

右《授時》虧初、食甚皆密合，復滿親。《大明》虧初疏，食甚、復滿皆疏遠。

前代考古交食，同刻者爲密合，相較一刻爲親，二刻爲次親，三刻爲疏，四刻爲疏遠。今《授時》、《大明》校古日食，上自後漢章武元年，下訖本朝，計五十五事。密合者，《授時》七，《大明》二。親者，《授時》十有七，《大明》十有六。次親者，《授時》十，《大明》八。疏者，《授時》一，《大明》三。疏遠者，《授時》無，《大明》六。

前代月食

宋元嘉十一年甲戌，七月丙子望食，四更二唱虧初，四更四唱食既。

《授時曆》，虧初四更三點，食既在四更四點。

《大明曆》，虧初在四更二點，食既在四更五點。

右《授時》虧初親，食既密合。《大明》虧初密合，食既親。

十三年丙子，十二月己巳望食，一更三唱食既。

《授時曆》，食既在一更三點。

《大明曆》，食既在一更四點。

右《授時》密合，《大明》親。

十四年丁丑，十一月丁丑望食，二更四唱虧初，三更一唱食既。

《授時曆》，虧初在二更五點，食既在三更二點。

《大明曆》虧初在二更四點，食既在三更二點。

右《授時》虧初、食既皆親。《大明》虧初密合，食既親。

梁中大通二年庚戌，五月庚寅望月食，在子。

《授時曆》，食甚在子正初刻。

《大明曆》，食甚在子正初刻。

右皆密合。

大同九年癸亥，三月乙巳望食，三更三唱虧初。

《授時曆》，虧初三更一點。

《大明曆》，虧初三更三點。

右《授時》次親，《大明》密合。

隋開皇十二年壬子，七月己未望食，一更三唱虧初。

《授時曆》，虧初在一更四點。

《大明曆》，虧初在一更五點。

右《授時》親，《大明》次親。

十五年乙卯，十一月庚午望食，一更四點虧初，二更三點食甚，三更一點復滿。

《授時曆》，虧初在一更三點，食甚在二更二點，復滿在二更五點。

《大明曆》，虧初在一更五點。食甚在二更二點，復滿在二更五點。

右《授時》虧初、食甚、復滿皆親，《大明》虧初、復滿皆親，食甚密合。

十六年丙辰，十一月甲子望食，四更三籌復滿。

《授時曆》，復滿在四更四點。

《大明曆》，復滿在四更五點。

右《授時》親，《大明》次親。

後漢天福十二年丁未，十二月乙未望食，四更四點虧初。

《授時曆》，虧初在四更五點。

《大明曆》，虧初在四更一點。

右《授時》親，《大明》次親。

宋皇祐四年壬辰，十一月丙辰望食，寅四刻虧初。
《授時曆》，虧初在寅二刻。
《大明曆》，虧初在寅一刻。
右《授時》次親，《大明》疏。
嘉祐八年癸卯，十月癸未望食，卯七刻甚。
《授時曆》，食甚在辰初刻，
《大明曆》，食甚在辰初刻。
右皆親。
熙寧二年己酉，閏十一月丁未望食，亥六刻虧初，子五刻食甚，丑四刻復滿。
《授時曆》，虧初在亥六刻，食甚在子五刻，復滿在丑三刻。
《大明曆》，虧初在子初刻，食甚在子六刻，復滿在丑四刻。
右《授時》虧初、食甚密合，復滿親。《大明》虧初次親，食甚親，復滿密合。
四年辛亥，十一月丙申望食，卯二刻虧初，卯六刻甚。
《授時曆》，虧初在卯初刻，食甚在卯五刻。
《大明曆》，虧初在卯四刻，食甚在卯七刻。

右虧初皆次親，食甚皆親。

六年癸丑，三月戊午望食，亥一刻虧初，亥六刻甚，子四刻復滿。

《授時曆》，虧初在戌七刻，食甚在亥五刻，復滿在子三刻。

《大明曆》，虧初在亥二刻，食甚在亥七刻，復滿在子四刻。

右《授時》虧初次親，食甚、復滿皆親。《大明》虧初、食甚皆親，復滿密合。

七年甲寅，九月己酉望食，四更五點虧初，五更三點食既。

《授時曆》，虧初在四更五點，食既在五更三點。

《大明曆》，虧初在四更三點，食既在五更一點。

右《授時》虧初、食既皆密合。《大明》虧初次親，食既親。

崇寧四年乙酉，十二月戊寅望食，酉三刻甚，戌初刻復滿。

《授時曆》，食甚在酉一刻，復滿在酉七刻。

《大明曆》，食甚在酉三刻，復滿在戌二刻。

右《授時》食甚、復滿皆次親。

《大明》食甚、密合、復滿次親。本朝至元七年庚午，三月甲寅望食，丑三刻虧初，寅初刻食甚，寅六刻復滿。

《授時曆》，虧初在丑二刻，食甚在寅初刻，復滿在寅六刻。

《大明曆》，虧初在丑四刻，食甚在寅一刻，復滿在寅七刻。

右《授時》虧初親，食甚、復滿密合。《大明》虧初、食甚、復滿皆親。

九年壬申，七月辛未望食，丑初刻虧初，丑六刻食甚，寅三刻復滿。

《授時曆》，虧初在子七刻，食甚在丑四刻，復滿在寅一刻。

《大明曆》，虧初在丑二刻，食甚在丑六刻，復滿在寅二刻。

右《授時》虧初親，食甚、復滿皆次親。《大明》虧初次親，食甚密合，復滿親。

十四年丁丑，四月癸酉望食，子六刻虧初，丑三刻食既，丑五刻甚，丑七刻生光，寅四刻復滿。

《授時曆》，虧初在子六刻，食既在丑四刻，食甚在丑五刻，生光丑六刻，復滿寅四刻。

《大明曆》，虧初在丑初刻，食既丑七刻，食甚在丑七刻，生光在丑八刻，復滿寅六刻。

右《授時》虧初、食甚、復滿皆密合，食既、生光皆親。《大明》虧初、食甚、復滿皆次親，食既疏遠，生光親。

十六年己卯，二月壬辰望食，子五刻虧初，丑二刻甚，丑七刻復滿。

《授時曆》，虧初在子五刻，食甚在丑二刻，復滿在丑七刻。

《大明曆》，虧初在子七刻，食甚在丑三刻，復滿在丑七刻。

右《授時》虧初、食甚、復滿皆密合。《大明》虧初次親，食甚親，復滿密合。

八月己丑望食，丑五刻虧初，寅初刻甚，寅四刻復滿。

《授時曆》，虧初在丑三刻，食甚在寅初刻，復滿在寅四刻。

《大明曆》，虧初在丑七刻，食甚在寅二刻，復滿在寅四刻。

右《授時》虧初次親，食甚、復滿皆密合。《大明》虧初、食甚皆次親，復滿密合。

十七年庚辰，八月甲申望食，在晝戌一刻復滿。

《授時曆》，復滿在戌一刻。

《大明曆》，復滿在戌四刻。

右《授時》密合，《大明》疏。

已上四十五事密合者，《授時》十有八，《大明》十有一；親者，《授時》十有八，《大明》十有七；次親者，《授時》九，《大明》十有四；疏者，《授時》無，《大明》二；疏遠者，《授時》無，《大明》一。

定朔

日平行一度，月平行十三度十九分度之七，一晝夜之間，月先日十二度有奇，曆二十九日五十三刻，復追及日，與之同度，是謂經朔。經朔云者，謂合朔大量不出此也。日有盈縮，月有遲疾，以盈縮、遲疾之數損益之，始爲定朔。

古人立法，簡而未密，初用平朔，一大一小，故日食有在朔二，月食有在望前後者。漢張衡以月行遲疾，分爲九道；宋何承天以日行盈縮，推定小餘；故月有三大二小。隋劉孝孫、劉焯欲遵用其法，時議排抵，以爲迂怪，率不能行。唐傅仁均始採用之，至貞觀十九年九月後，四月頻大，復用平朔。訖麟德元年，始用李淳風《甲子元曆》，定朔之法遂行。淳風又以晦月頻見，故立進朔之法，謂朔日小餘在日法四分之三已上，虛進一日，後代皆循用之。然虞劆嘗曰：「朔在會同，苟躔次既合，何疑於頻大？日月相離，何拘於間小？」一行亦曰：「天事誠密，雖四大三小，庸何傷？」今但取辰集時刻所在之日以爲定朔，朔雖小餘在進限，亦不之進。甚矣，人之安於故習也！初，曆法用平朔，止知一大一小爲法之不可易，初聞三大二小之説，皆不以爲然。自有曆以來，下訖麟德，而定朔始行，四大三小，理數自然，唐人弗克若天，而止用平朔。迨本朝至元，而常議方革。至如進朔之意，止欲避晦日月見，殊不思合朔在酉、戌、亥，距前日之卯，十八九辰矣，若進一日，則晦不見月，此論誠然。苟合朔在辰、申之間，法不當進，距前日之卯已逾十四五度，則月見於晦，庸得免乎？且月之隱見，本天道之自然，朔之進退、出入爲之牽强，孰若廢人用天，不復虛進，爲得其實哉！至理所在，奚恤乎人言，可爲知者道也。

不用積年日法

曆法之作，所以步日月之躔離，候氣朔之盈虚，不揆其端，無以測知天道，而與之脗合。然日月之行遲速不同，氣朔之運參差不一，昔人立法必推求往古生數之始，謂之演紀上元。當斯之際，日月五星同度，如合璧連珠然。惟其世代綿遠，馴積其數至逾億萬，後人厭其布算繁多，互相推考，斷截其數而增損日法，以爲得改憲之術，此歷代積年日法所以不能相同者也。然行之未遠，浸復差失，蓋天道自然，豈人爲附會所能苟合哉！夫七政運行於天，進退自有常度，苟原始要終，候驗周匝，則象數昭著，有不容隱者，又何必捨目前簡易之法，而求億萬年宏闊之術哉？

今《授時曆》以至元辛巳爲元，所用之數，一本諸天，秒而分，分而刻，刻而日，皆以百爲率，比之他曆積年日法，推演附會，出於人爲者，爲得自然。或曰：「昔人謂建曆之本，必先立元，元正然後定日法，法定然後度周天以定分至，然則曆之有積年日法，尚矣。自黄帝以來，諸曆轉相祖述，殆七八十家，未聞舍此而能成者。今一切削去，無乃昧於本原，而考求未得其方歟？」是殆不然。晉杜預有云：「治曆者，當順天以求合，非爲合以驗天。」前代演積之法，不過爲合驗天耳。今以舊曆頗疏，乃命釐正，法之不密，在所必更，奚暇踵故習哉？遂取漢以來諸曆積年日法及行用年數，具列於後，仍附演積數法，以釋或者之疑。

《三統曆》西漢太初元年丁丑鄧平造，行一百八十八年，至東漢元和乙酉，後天七十八刻。

積年，一十四萬四千五百一十一。

日法，八十一。

《四分曆》東漢元和二年乙酉編訢造，行一百二十一年，至建安丙戌，後天七刻。

積年，一萬五百六十一。

日法，四。

《乾象曆》建安十一年丙戌劉洪造，行三十一年，至魏景初丁巳，後天七刻。

積年，八千四百五十二。

日法，一千四百五十七。

《景初曆》魏景初元年丁巳楊偉造，行二百六年，至宋元嘉癸未，先天五十刻。

積年，五千八十九。

日法，四千五百五十九。

《元嘉曆》宋元嘉二十年癸未何承天造，行二十年，至大明七年癸卯，先天五十刻。

積年，六千五百四十一。

日法，七百五十二。

《大明曆》宋大明七年癸卯宋祖冲之造，行五十八年，至魏正光辛丑，後天二十九刻。

積年，五萬二千七百五十七。

日法，三千九百三十九。

《正光曆》後魏正光二年辛丑李業興造，行一十九年，至興和庚申，先天十三刻。

積年，一十六萬八千五百九。

日法，七萬四千九百五十二。

《興和曆》興和二年庚申李業興造，行一十年，至齊天保庚午，先天九十九刻。

積年，二十萬四千七百三十七。

日法，二十萬八千五百三十。

《天保曆》北齊天保元年庚午宋景業造，行一十七年，至周天和丙戌，後天一日八十七刻。

積年，一十一萬一千二百五十七。

日法，二萬三千六百六十。

《天和曆》後周天和元年丙戌甄鸞造，行一十三年，至大象己亥，先天四十刻。

積年，八十七萬六千五百七。

日法，二萬三千四百六十

《大象曆》大象元年己亥馮顯造，行五年，至隋開皇甲辰，後天十刻。

積年，四萬二千二百五十五。

日法，一萬二千九百九十二。

《開皇曆》隋開皇四年甲辰張賓造，行二十四年，至大業戊辰，後天七刻。

積年，四百一十二萬九千六百九十七。

日法，一十萬二千九百六十。

《大業曆》大業四年戊辰張胄元造，行一十一年，至唐武德己卯，後天七刻。

積年，一百四十二萬八千三百一十七。

日法，一千一百四十四。

《戊寅曆》唐武德二年己卯道士傅仁均造，行四十六年，至麟德乙丑，後天四十七刻。

積年，一十六萬五千三。

日法，一萬三千六百。

《麟德曆》麟德二年乙丑李淳風造，行六十三年，至開元戊辰，後天一十二刻。

積年，二十七萬四百九十七。

日法，一千三百四十。

《大衍曆》開元十六年戊辰僧一行造，行三十四年，至寶應壬寅，先天一十四刻。

積年，九千六百九十六萬二千二百九十七。

日法，三千四十。

《五紀曆》寶應元年壬寅郭獻之造，行二十三年，至貞元乙丑，後天二十四刻。

積年，二十七萬四百九十七。

日法，一千三百四十。

《貞元曆》貞元元年乙丑徐承嗣造，行二十七年，至長慶壬寅，先天十五刻。

積年，四十萬三千三百九十七。

日法，一千九十五。

《宣明曆》長慶二年壬寅徐昂造；行七十一年，至景福癸丑，先天四刻。按：《宣明術》不著撰人姓名，徐昂所著《觀象術》則已失傳，且造於元和初，非長慶也。其誤始於周琮，而守敬因之。

積年，七百七萬五百九十七。

日法，八千四百。

《崇元曆》景福二年癸丑邊岡造，行十四年，後六十三年，至周顯德丙辰，先天四刻。

積年，五千三百九十四萬七千六百九十七。

日法，一萬三千五百。

《欽天曆》五代周顯德三年丙辰王朴造，行五年，至宋建隆庚申，先天二刻。

積年，七千二百六十九萬八千七百七十七。

日法，七千二百。

《應天曆》宋建隆元年庚申王處訥造，行二十一年，至太平興國辛巳，後天一刻。

積年，四百八十二萬五千八百七十七。

日法，一萬單二。

《乾元曆》太平興國六年辛巳吴昭素造，行二十年，至咸平辛丑，合。

積年，三千五十四萬四千二百七十七。

日法，二千九百四十。

《儀天曆》咸平四年辛丑史序造，行二十三年，至天聖甲子，合。

積年，七十一萬六千七百七十七。

日法，一萬一千。

《崇天曆》天聖二年甲子宋行古造，行四十年，至治平甲辰，後天五十四刻。

積年，九千七百五十五萬六千五百九十七。

日法，一萬五百九十。

《明天曆》治平元年甲辰周琮造，行一十年，至熙寧甲寅，合。

積年，七十一萬一千九百七十七。

日法，三萬九十。

《奉元曆》熙寧十七年甲寅衛朴造，行十八年，至元祐壬申，後天七刻。

積年，八千三百一十八萬五千二百七十七。

日法，二萬三千七百。

《觀天曆》元祐七年壬申皇居卿造，行三十一年，至崇寧癸未，先天六刻。

積年，五百九十四萬四千九百九十七。

日法，一萬二千三十。

《占天曆》崇寧二年癸未姚舜輔造，行三年，至丙戌，後天四刻。

積年，二千五百五十萬一千九百三十七。

日法，二萬八千八十。

《紀元曆》崇寧五年丙戌姚舜輔造，行二十一年，至金天會丁未，合。

積年，二千八百六十一萬三千四百六十七。

日法，七千二百九十。

《大明曆》金天會五年丁未楊級造，行五十三年，至大定庚子，合。

積年，三億八千三百七十六萬八千六百五十七。

日法，五千二百三十。

《重修大明曆》大定二十年庚子趙知微重修，行一百一年，至元朝至元辛巳，後天一十九刻。

積年，八千八百六十三萬九千七百五十七。

日法，五千二百三十。

《統元曆》後宋紹興五年乙卯陳德一造，行三十二年，至乾道丁亥，合。

積年，九千四百二十五萬一千七百三十七。

日法，六千九百三十。

《乾道曆》乾道三年丁亥劉孝榮造，行九年，至淳熙丙申，後天一刻。

積年，九千一百六十四萬五千九百三十七。

日法，三萬。

《淳熙曆》淳熙三年丙申劉孝榮造，行一十五年，至紹熙辛亥，合。

積年，五千二百四十二萬二千七十七。

日法，五千六百四十。

《會元曆》紹熙二年辛亥劉孝榮造，行八年，至慶元己未，後天一十刻。

積年，二千五百四十九萬四千八百五十七。

日法，三萬八千七百。

《統天曆》慶元五年己未楊忠輔造，行八年，至開禧丁卯，先天六刻。

積年，三千九百一十七。

日法，一萬二千。

《開禧曆》開禧三年丁卯鮑澣之造，行四十四年，至淳祐辛亥，後天七刻。

積年，七百八十四萬八千二百五十七。

日法，一萬六千九百。

《淳祐曆》淳祐十年庚戌李德卿造，行二年，至壬子，合。

積年，一億二千二十六萬七千六百七十七。

日法，三千五百三十。

《會天曆》寶祐元年癸丑譚玉造，行十八年，至咸淳辛未，後天一刻。

積年，一千一百三十五萬六千一百五十七。

日法，九千七百四十。

《成天曆》咸淳七年辛未陳鼎造，行四年，至至元辛巳，後天一刻。

積年，七千一百七十五萬八百五十九。

日法，七千四百二十。

此下不曾行用，見於典籍經進者二曆：

《皇極曆》大業間劉焯造，阻難不行，至唐武德三年己卯，先天四十三刻。

積年，一百萬九千五百一十七。

日法，一千二百四十二。

《乙未曆》大定二十年庚子耶律履造，不見行用，至辛巳，後天一十九刻。

積年，四千四十三萬二千一百二十六。

日法，二千六百九十。

《授時曆》元至元十八年辛巳爲元。

積年、日法不用。

實測到至元十八年辛巳歲。

氣應，五十五日六百分。
閏應，二十日一千八百五十分。
經朔，三十四日八千七百五十分。
日法，二千一百九十，演紀上元己亥，距至元辛巳九千八百二十五萬一千四百二十二算。
氣應，五十五日六百二分。
閏應，二十日一千八百五十三分。
經朔，二十四日八千七百四十九分。
日法，八千二百七十，演紀上元甲子，距辛巳五百六十七萬五百五十七算，日命甲子。
氣應，五十五日五百三十三分。
閏應，二十日一千八百八分。
經朔，三十四日八千七百二十五分。
日法，六千五百七十，演紀上元甲子，距辛巳三千九百七十五萬二千五百三十七算。
氣應，五十五日六百三十一分。
閏應，二十日一千九百一十九分。

經朔，三十四日八千七百一十二分。

【校勘記】

〔一〕「申」，原作「甲」，據上下文意改。

新元史卷之四十　志第七

曆志七

立　成

至元十九年，郭守敬以《授時曆》雖頒行，然立成之數尚無定稿，乃比類編次，整齊分秒，裁爲二卷。《明志》據監本題「太史令臣王恂奉敕撰」，謂恂之稿本，守敬卒成之。監本久軼，然《明志》所載《大統通軌》之立成，則出於守敬原書無疑也。今採附《曆經》之後，以備步七政盈縮遲疾者之用焉。

太陽盈初縮末限立成冬至前後二象限同用

積日	平立合差	盈加分	盈積度	盈行度
十日	分十秒十微	百十分十秒十微	萬千百十分十秒十微	度千百十分十秒

初	四九三八六	五一〇八五六　九		一〇五一〇八　五
一	四九五七二	五〇五九一八　三	五一〇八五六　九	一〇五〇五九　一
二	四九七五八	五〇〇九六二	一〇一六七七　五二	一〇五〇〇九　六
三	四九九四四	四九五九八五　一	一五一七七二　六三	一〇四九五五　九九
四	五〇一三〇	四九〇九九〇　九	二〇一三七二　一六	一〇四九九九
五	五〇三一六	四八五九七七　九	二五〇四七一　二五	一〇四八五九　七
六	五〇五〇六	四八〇九四六　三	二九九〇六九　〇四	一〇四八〇八　四
七	五〇六八八	四七五八九六　一	三四七一六三　九七	一〇四七五八　九
八	五〇八七四	四七〇八一七　三	三九四七五二　一八	一〇四七〇八　二
九	五一〇六〇	四八五七三九　九	四四一八三六　〇一	一〇四六五七　三

一〇	五一二四六	四六〇六三三　九	四八八四一　〇〇〇	一〇四六〇七　九
一一	五一四三二	四五五五〇九　二	五三四四七三　三九	一〇四五五五　三
一二	五一八一八	四五〇二六六　一	五八〇〇二四　一三	一〇四五〇三　六
一三	五一八〇四	四四五一〇四　二	六五〇六九一	一〇四四五二　〇
一四	五一九九〇	四四〇〇二三　九	六六六五八一　五六	一〇四四〇〇　二
一五	五二一七六	四二四八二四　九	七二五八三七　九	一〇四二四八　二
一六	五二三六二	四一九六〇七　二	七五七六六二　四	一〇四二九九　〇
一七	五二五四八	四二四三七一　一	八〇〇〇六八　九七	一〇四二四三　七
一八	五二七三四	四一九一一六　二	八四一四六四　〇八	一〇四一九一　一
一九	五二九二〇	四一二八四二　九	八八三八七五　七一	一〇四一三八　四

二〇	五三一〇六	四〇八五五〇 九	九二五七六 〇〇〇	一〇四〇八五 五
二一	五三二九二	四〇六三四〇 三	九六八六一五 〇九	一〇四〇三二 四
二二	五三一七八	二九七九一一 一	一〇六九三九 一二	一〇三九七九 一
二三	五三六六四	三九二五六五 三	一〇四六七三 〇二三	一〇三九二五 六
二四	五二八五〇	三八七一九六 九	一〇八五九八 六五六	一〇三八七一 九
二五	五四〇三六	三八一八一一 九	一二二四七〇 六二五	一〇三八一八 一
二六	五四二二二	三七六四〇八 二	一一六二八八 七四四	一〇三七六四 〇
二七	五四四〇八	三七〇九八六 一	一二〇〇五二 八二七	一〇三七〇九 八
二八	五四五九四	三六五五四五 五	一二三七六二 八八	一〇三六五五 四
二九	五四七八〇	三六〇〇八五 九	一三七四一八 一四一	一〇五六〇〇 八

積日	平立合差	盈加分	盈積度	盈行度
三〇	五四九六六	三五四六〇七九	一三一〇一九〇〇〇	一〇二五四六〇
三一	五五一五二	三四九一一一五	一三四五六八〇七九	一〇三四九一一
三二	五五三三八	一四二五九六一	一二八〇五六一九二	一〇三四三五八
三三	五五五二四	三二八〇六二三	一四一四九三五三	一〇二五八〇六
三四	五五七一〇	三三五〇九九	一四四八七二七七六	一〇三三二五〇
十日	分十秒十微	百十分十秒十微	萬千百十分十秒十微	度千百十分十秒
三五	五五八九六	三二六九三八九	一四八一九九七五	一〇三二六九三
三六	五六〇八二	三二一三四九二	一五一四六七三四	一〇三二一三四
三七	五六二六八	三一五七四二	一五四六八〇七五七	一〇三一五七四

三八	五六四五四	三一〇一一四 三	一五七八三八 一六八	一〇三一〇二
三九	五八六四〇	三〇四四六八 九	一六〇九三九 三一	一〇三〇四四 六
四〇	五六八二六	二九八八〇四 九	一六三九六四 〇〇〇	一〇二九八八 〇
四一	五七〇一二	二九三二一二	一六六九七二 〇四九	一〇二八二一 二
四二	五七一九八	二八七四二一	一六九九〇三 二七二	一〇二八七四 二
四三	五七三八四	二八一七〇一 三	一七二七七四 八三	一〇二八一七 〇
四四	五七五七〇	二七五九一二 九	一七五五九四 四九六	一〇二七五
四五	五七七五六	二七〇二〇五 九	一七八三五四 一二五	一〇二七〇
四六	五七九四二	二六四四三〇 三	一八一〇五六 一八四	一〇二六
四七	五八一二八	二五八六三六 一	一八三七〇〇 四八七	一〇二五八六 三

四八	五八三一四	二五二八二三 三	一八六二八六 八四八	一〇二五二八 二
四九	五八五〇〇	二四六九九一 九	一九八八一五 〇八一	一〇三四六九 九
五〇	五八六八六	二四一一四一 九	一九三八五〇 〇〇	一〇二四一一 四
五一	五八八七二	二三五五三七 二三	一九三六九六 四一九	一〇二五五二 七
五二	五九〇五八	二二九三八六 一	一九六〇四九 一五二	一〇三九三八
五三	一五九二四四	二二三四八〇 三	一九八三四三 〇一三	一〇二三三四 八
五四	五九四四〇	二一七五五五 九	二〇〇五七七 八一六	一〇二一七五 五
五五	五九六一六	二一一六一二 九	二〇二七五三 七五	一〇二一一六
五六	五九八〇二	二〇五六五一 三	二〇四八六九 五〇四	一〇二〇五六 五
五七	五九九八八	一九九六七一 一	二〇六九二六 〇一七	一〇一九九六 七

五八	六〇一七四	一九三六七二 三	二〇八九二二 七二六	一〇一九三七 七
五九	六〇三六〇	一八七六五四 九	二一〇八五九 四五一	一〇一八七六 五
六〇	六〇五四六	一八一六一八 九	二一二七三七 〇〇〇	一〇一八一六 一
六一	六〇七三二	一七五五六四 三	二一四五五二 一八九	一〇一七五五 六
六二	六〇九一八	一六九四九一 一	二一六二〇七 八三二	一〇一六九四 九
六三	六一一〇四	一六四五九九 三	二一八〇〇二 七四三	一〇一六五五 九
六四	六一二九〇	一五七二八八 九	二一九六五六 七三六	一〇一五七二 八
六五	六一四七六	一五一一五九 九	二二一二〇九 六二五	一〇一五二五
六六	六一六六二	一四五〇一二 三	二二七二一二 二四	一〇一四五〇 一
六七	六一八四八	二三八八四八 一	二三四一七一 一三四七	一〇一三八八 四

六八	六二〇三四	二三二六六三	二三五五五九八〇八	一〇一三一六六
六九	六二三二〇	一二六四五七九	二三六八八六四二一	一〇二六四五
七〇	六二四〇六	一二〇二三五九	一二八一五一〇〇〇	一〇一二〇二三
七一	六二五九二	二一三九九五三	二二九三五三三五九	一〇一一五九九
積日	平立合差	盈加分	盈積度	盈行度
十日	分十秒十微	百十分十秒十微	萬千百十分十秒十微	度千百十分十秒
七二	六二七七八	一〇七七二六	一〇三四九三二二	一〇一〇七七三
七三	六二九六四	一〇一四四五八三	二三一五七〇六七三	一〇一〇一四五
七四	六三一五〇	〇九五一六一九	二二三五八一五六	一〇〇九五一六
七五	六三三五六	八八八四六九	二三三五七六八七五	一〇〇八八八四

七六	六五五二三	八二五一三三	二三四四一五 三四四	一〇〇八二五 一
七七	六三七〇八	七六一六一一	二三五二五〇 四七七	一〇〇七六一 六
七八	六三八九四	六九七九〇三	二三六〇一一 〇八九	一〇〇六九七 九
七九	六四〇八〇	六二四〇〇九	二三六七〇九 九九一	一〇〇六二四 〇
八〇	六四二六六	五六九九二九	二三七二四四 〇〇〇	一〇〇〇五六 九九
八一	六四四五二	五〇五六六三	二三七九一三 九二九	一〇〇五〇五 八
八二	六四六三八	四四一二一一	一三八四一九 五九二	一〇〇四四一 一
八三	六四八二四	二七六五七三	二三八八六七 八三	一〇〇三七六 五
八四	六五〇一〇	三一一七四九	二五九二七一 七六	一〇〇三一一 七
八五	六五一九六	二四六七三九	二三九五四九 二五	一〇〇二四六 七

八六	六五一八二	一八一五四三	二三九七九六六四	一〇〇一八一五
八七	六五五六八	一一六一九一	一三九九七七四〇七	一〇〇一一六七
八八	六五七五四	五〇九九三	二四〇〇九三五六八	一〇〇〇五〇五
八九	〇〇〇〇〇	〇〇〇〇〇	三四〇一四四一六二	一〇〇〇〇〇〇

太陽縮初盈末限立成夏至前後二象限同用

積日	平立合差	縮加分	縮積度	縮行度
十日	分十秒十微	百十分十秒十微	萬千百十分十秒十微	度千百十分十秒
初	四四六二	四八四八四七三		九五一五一六
一	四四五二四	四八〇四一二	四八四八四七三	九五一九五九

二	四四二八六	四七五九五八　七	九六五二五八　四	九五二四〇五
三	四四八四八	四七一四九〇　一	一四四一三七　一	九五二八五一
四	四五〇一〇	四六七〇〇五　三	一九三七〇七　二	九五七〇一〇　〇
五	四五一七二	四六二五〇四　三	一三七九七一　二五	九五三七五〇
六	四五〇三四	四五七九八七　一	二八四二二一　六八	九五四二一〇　二
七	四五四九六	四五三四五三　七	三三〇〇二〇　三九	九五四六五五
八	四五六五八	四四八九〇四　一	三七五三六五　七六	九五五一一〇
九	四五八三〇	四四四七三八　三	四二〇二五六　一七	九五五五六七
一〇	四五九八二	四三九七五六　三	四六四九〇〇　〇	九五八〇二五
一一	四六一四四	四三五一五八　一	五〇八六六五　六三	九五八四八五

一二	四六三〇六	四三〇五四三七	五五二一八一四四	九五六九四六
積日	平立合差	縮加分	縮積度	縮行度
十日	分十秒十微	百十分十秒十微	萬千百十分十秒十微	度千百十分十秒
一三	四六四六八	四二五九一三一	五九五二四五八一	九五七四〇九
一四	四六六五一	四二一六六三	六三七八一二二七	九五七八七四
一五	四六九九三	四一六六〇三三	六七九九五三七五	九五八五四〇
一六	四六八五四	四一一九二四	七二六一四〇八	九五八八〇八
一七	四七一一六	四〇七三一八七	七六一八〇六四九	九五九二七八
一八	四七二七八	四〇三五一七一	八〇三五二九三六	九五九七四九
一九	四七四四〇	三九七七八九三	八四三七八一〇七	九六〇二二一

二〇	四七六〇三	三九三〇四九　三	八八五五六〇　〇〇	九六〇六九六
二一	四七七六四	三八八二八五　一	九二二八六四　五三	九六二七二
二二	四七九二六	三八三五〇八　九	九六一六九二　〇四	九六一六五〇
二三	四八〇八八	三七八七一六　一	一〇〇〇〇〇四　三九一	九六二二二九
二四	四八二五〇	三七三九〇七　三	一〇三七九一　五五一	九六二六一〇
二五	四八四一二	三六九〇八二　三	一〇七五三〇　六二五	九六三〇九二
二六	四五七四〇	三八四二四一　二	一一一二三二　四四八	九六三五七六
二七	四八七三六	三五九二八三　七	一一四八六一　八五九	九六四〇六二
二八	四八八九八	三五四五一〇　一	一一八四五七　六九六	九六四五四九
二九	四九〇六〇	三四九六二〇　三	一一三〇〇一　七九七	九六四

三〇	四九二二二	三四四七一四 三	一二五四九九 〇〇〇	九六五五二九
三一	四九三八四	三〇九七九二 一	一二八九四六 一四三	九六六〇二一
三二	四九五四八	三五四八五一 七	一三二三四四 〇六四	九六六五一五
三三	四九七〇八	三二九八九九 一	一三五六九二 〇一	九六七〇一一
三四	五九八七〇	一二四九二八 三	一三八九九一 五九二	九六七五〇八
三五	五〇〇二三	三一九九四一 三	一四二二四〇 八七五	九六八〇〇六
三六	五〇一九四	三一四九三八 一	一四五四四〇 二八八	九六八五〇七
三七	五〇三五六	三〇九九一八 七	一四八五八九 六六九	九六九〇〇九
三八	五〇五一八	二〇四八八三 一	一五一六八八 八五六	九六九五一二
三九	五〇六八〇	二九九八三三 三	一五四七三七 六八七	九七〇〇一七

四〇	五〇八四二	二九四七六三 三	一五七七三六 〇〇〇	九七〇五二四
四一	五一〇〇四	二八九六七九 一	一六〇六八二 六三三	九七一〇三三
四二	五一一六六	二八四七八七	一六三五八〇 四二四	九七二五四二
四三	五一三二八	二七九四六二 一	一六六四二六 二一	九七二〇五四
四四	五一四五〇	二七四三二九 三	一六五三〇八 三二	九七二五六八
四五	五一六五二	二六九一八〇 三	一七一九六四 一二五	九七三〇八二
四六	五一八一四	二六四〇一五 一	一七四六五五 九二八	九七三五九九
四七	五一九七六	二五八八三一 七	一七七二九六 〇七九	九七四一一七
四八	五一一三八	二五三六三六 一	一七九八八四 四一六	九七四六三七
四九	五二三〇〇	二四八四二三 一	一八二四二〇 七七七	九七五一五八

積日	平立合差	縮加分	縮積度	縮行度
十日	分十秒十微	百十分十秒十微	萬千百十分十秒十微	度千百十分十秒
五〇	五三四六二	三四三一九二三	一八四九〇五〇〇	九七五六八一
五一	五三六二四	二三七九四六二	一八七三六五二三	九七六二〇六
五二	五三七八六	二三七六八三七	一八七七六三八四	九七六七三二
五三	五二九四八	二二七四〇五一	一九二〇四三三二一	九七七二六〇
五四	五三一一〇	二二二一一〇三	一九四三七二七二	九七七七八九
五五	五三二七二	二一六七九三	一九六五二八三七五	九七八三二一
五六	五二四三四	二一一四七二一	一九八七〇六三六八	九七八八五一
五七	五三五九六	二〇六一二八七	二〇〇八二〇八九	九七九五八八

五八	五三七五八	二〇〇七六九 一	二〇二八八二 三七六	九七九九二四
五九	五三九二〇	一九五三九三 三	二〇四八九〇 〇六七	九八〇四六一
六〇	五四〇八二	一九〇〇〇一 三	二〇六八四四 〇〇〇	九八一〇〇〇
六一	五四二四四	一八四五九三 一	二〇八七四四 〇二三	九八一五四一
六二	五四四〇六	一七九一六八 七	二一〇五八九 九四四	九八二〇八四
六三	五四五六八	一七三七二八 一	二一二三八一 六三一	九八二六二八
六四	五四七五〇	一六八二七二 三	二一四一一八 九三	九八三一七五
六五	五四八九一	一六二七九八 三	二一五八〇一 六二五	九八五七二一
六六	五五〇五四	一五七三〇九 一	二一七四二九 六〇八	九八四二七〇
六七	五五二一六	一五一八〇五 七	二一九〇〇二 六九九	九八四

六八	五五六七八	一四六二八二一	二二四五二〇七三六	九八五三七一
六九	五五五四〇	一四〇七四四三	二三一九八三五五七	九八五九二六
七〇	五五七〇二	二五五一九〇三	二二三三九一〇〇〇	九八六四八一
七一	五五八六四	一二九六二〇一	二二四七四一九〇三	九八七〇二八
七二	五六〇二六	一二四〇三三七	二二六〇二九一〇四	九八七五九七
七三	五八一八八	一一八四三二	二二七二七九四四一	九八八一五七
七四	五六一五〇	一二八二三三	二二八四六三七五二	九八八七一九
七五	五六五一二	一〇七一七七三	二二九九九一八七五	九八二八三
七六	五六六七四	一〇一五二六一	二六六六五六四八	九八九八四八
七七	五六八三六	〇九五八五八七	二三一六七八九〇九	九九〇四一五

積日	平立合差	縮加分	縮積度	縮行度
七八	五六九九八	九〇一七五六	二三六三七四 九六	九九〇九八三
七九	五七一六〇	八四七五三	二三二五三九 二四七	九九一五五三
八〇	五七三二二	七八七五九三	二三四三八四 〇〇〇	九九二一二五
八一	五七四八四	七三〇二七一	二三五一七一 五九三	九九二六九八
八二	五七六四六	六七二七八七	二三五九〇一 八六四	九九三二七五
八三	五七八〇八	六一五一四一	三二六五七四 六五一	九九三八四九
八四	五七九七〇	五五七三二三	二三七一八九 七九二	九九四四二七
八五	五八一三二	五九九三六三	二三七七四七 一二五	九九五〇〇七
八六	五八二九四	四四一二五一	二三八二四六 四八八	九九五五八八

十日	分十秒十微	百十分十秒十 微	萬千百十分十 秒十微	度千百十分十 秒
八七	五八四五六	三八二九三七	二二八六八七 七一九	九九六一七一
八八	五八六一八	三三四四八一	二三九〇七六 五六	九九六七五八
八九	五八七八〇	二六五八六三	二三九三九五 一三七	九九七二四二
九〇	五八九四二	二〇七〇八三	二三九六六一 〇〇〇	九九七九三〇
九一	五九一〇四	一四八一四一	二三九八六八 〇八三	九九八五一九
九二	五九二六六	八九〇三七	二四〇〇一六 二二四	九九九一一〇
九三	五九四二八	二九七七一	二四〇一〇五 二六一	九九九七〇三
九四	〇〇〇〇〇	〇〇〇〇〇	二四〇一三五 〇五一	一〇〇〇〇〇〇 〇

冬夏二至後晨昏分立成此通軌所載南京應天府晷刻也。

積日	冬至後晨分	冬至後昏分	夏至後晨分	夏至後昏分
百十日	千百十分十秒	千百十分十秒	千百十分十秒	千百十分十秒
初	二六八一七〇	七三一八五〇	一八一八三〇	八一八一七〇
一	八一六二	一八三八	一八五六	八一六四
二	八一三九	一八六一	一八五六	八一四四
三	八一〇一	一八九九	一八八七	八一一三
四	八〇四八	一九五三	一九三〇	八〇七〇
五	七九七九	二〇二一	一九八七	八〇一三
六	七八九六	二一〇四	二〇五六	七九四四

七	七七九七	二二〇三	二一三七	七八六三
八	七六八三	二三一七	二二三一	七七六九
九	七九五五	二四四五	二三三八	七六六二
一〇	七四一一	二五八九	二四五八	七五四二
一一	七二五二	二七四八	二五九〇	七四一〇
一二	七〇七八	二九二二	二七三四	七二六六
一三	六八八九	五一一一	二八九二	七一〇八
一四	六六八五	三三一五	三〇六二	六九三八
一五	六四六六	三五三四	三三四六	六七五四
一六	六二三二	三七六八	三四四一	六五五九

一七	五九八三	四〇一七	三六五〇	六三五〇
一八	五七一九	四二八一	三八七一	六二一九
一九	五四四一	四五五九	四一〇六	五八九〇
二〇	五一四七	四八五三	四三五三	五六四七
二一	四八三九	五一六一	四六一二	五五八八
二二	四五一七	五四八三	四八八五	五一一五
積日	冬至後晨分	冬至後昏分	夏至後晨分	夏至後昏分
百十日	千百十分十秒	千百十分十秒	千百十分十秒	千百十分十秒
二三	四一八一	五六一九	五一七一	四八二九
二四	三八二九	六一七七	五四六九	四五三一

二五	三四六四	六五三六	五七七九	四二二一
二六	三〇八五	六九二五	六一〇三	三八九七
二七	二六九二	七三〇八	六四三九	三五六一
二八	二二八四	七七一六	六七八七	三二二四
二九	一八六六	八一三四	七一四七	二八五三
三〇	一四三三	八五六七	七五二一	二四七九
三一	〇九八八	九〇一二	七九〇五	二〇九五
三二	〇五三一	九四六八	八三〇一	一六九九
三三	〇〇六一	九九三九	八七〇八	一二九二
三四	二五九五七九	七四〇四一一	九一二八	〇八七二

三五	九〇八五	〇九二五	九五五八	〇四四二
三六	八五八〇	一四二〇	一九〇〇〇〇	八一〇〇〇〇
三七	八〇六五	一九三五	〇四五二	八〇九五四八
三八	七五三九	二四六一	〇九一五	九〇八五
三九	七〇〇二	二九九八	一三八九	八六一一
四〇	六四五六	三五四四	一八七三	八一二七
四一	五九〇〇	四一〇〇	二三六六	七六三四
四二	五五三六	四六六四	二八六九	七一三一
四三	四七六三	五二三七	三三八二	六六一八
四四	四一八七	五八一九	三九〇三	六〇九七

四五	五五九二	六四〇八	四四五三	五五六七
四六	二九九六	七〇〇四	四九七	五
四七	二五九二	七六〇八	五五一九	四四八一
四八	一七八二	八二一八	六〇七三	三九二七
四九	一一六七	八八三三	六六三五	三三六五
五〇	〇五四四	九四五六	七二〇三	二七九七
五一	二四九九一八	七五〇〇八二	七七七九	二二二一
五二	九二八六	〇七一四	八二六一	一六三九
五三	八六五〇	一三五〇	八九四九	一〇五一
五四	八〇一〇	一九九〇	九五四三	〇四五七

五五	七三六六	二六三四	三〇〇一四二	七九九八五八
五六	六七一八	一二二八二	〇七四七	九二五三
五七	六〇六七	三九三三	二三五五	四六四五
五八	五四一四	四五八六	一九六九	八〇三一
五九	四七五九	五二四一	二五八六	七四一四
積日	冬至後晨分	冬至後昏分	夏至後晨分	夏至後昏分
百十日	千百十分十秒	千百十分十秒	千百十分十秒	千百十分十秒
六〇	四一〇二	五八九八	三三〇七	六七九三
六一	三四四一	六五五八	三八三三	六一六七
六二	二七八一	七二一九	四四六一	五五三九

六三	二一一九	七八八一	五〇九一	四九〇九
六四	一四五六	八五四四	五七二四	四二七六
六五	〇七九三	九二〇七	六五六一	三六三九
六六	〇一二八	九八七二	六九九九	三〇〇二
六七	一三九四六三	七六〇三三七	七六四〇	二三六〇
六八	八七九八	一二〇二	八二八二	一七七八
六九	八一三三	一八六七	八九二六	一〇七四
七〇	七四六八	二五三二	九五六九	〇四三一
七一	六八〇三	三一九七	二一〇二六	七八九七八四
七二	六一三八	三八六二	〇八六四	九一三六

七三	五四七四	四五三六	一五二二	八四八八
七四	四八一〇	五一九〇	二一六一	七八三九
七五	四一四七	五八五三	二八一〇	七一九〇
七六	二二三四八五	七六六五一五	二一三四六〇	七八六五四〇
七七	二八二四	七一七七	四一一〇	五八九〇
七八	二一六二	七八二八	四七六一	五二三九
七九	一五〇三	八四九七	五四一二	四五八八
八〇	〇八四三	九二五七	六〇六四	三九三六
八一	〇一八四	九八一六	六七一五	三二八五
八二	二二九五二六	七七〇四七四	六二六六	二五四

八三	八八六九	一一三二	八〇一八	二
八四	八二一三	一七八七	八六六八	
八五	七五五八	二四四二	九〇二〇	
八六	六九〇四	三〇九六	九九七二	〇〇二八
八七	六二四九	三七五一	二二〇六二四	七七九三七六
八八	五五九六	四四〇四	一二七五	八七二五
八九	四九二九	五〇六一	一九二六	八〇七四
九〇	四二八六	五七一四	二五七八	七四二二
九一	三六三四	六三六六	三二二九	六七七一
九二	二九八二	七〇一八	三八八一	六一一九

九三	二三二一	七六六九	四五五四	五四八六
九四	一六八〇	八三二〇	五一九一	四八〇九
九五	一〇二九	八九七一	五八四五	四一五五
九六	〇三七八	九六二二	六四九九	三五〇一
積日	冬至後晨分	冬至後昏分	夏至後晨分	夏至後昏分
百十日	千百十分十秒	千百十分十秒	千百十分十秒	千百十分十秒
九七	二一九七二六	七八〇二七四	七一五三	二八四七
九八	九〇七五	〇九二五	七八〇八	二一九二
九九	八四二三	一五七七	八四六四	一五二六
一〇〇	七七七三	二二二七	九一二一	〇八七九

一〇一	七一二三	二八七八	九七七八	〇二二二
一〇二	六四七一	三五二九	二三〇四三七	七六九五六三
一〇三	五八二〇	四一八〇	一〇九七	八九〇三
一〇四	五一六九	四八三一	一七五六	八二四四
一〇五	四五一八	五四八二	二四一六	七五八四
一〇六	三八六七	六一五三	三〇七八	六九二二
一〇七	三二一七	六七八三	三七四〇	六二六〇
一〇八	二五六八	七四五一	四四〇三	五五九七
一〇九	一九一九	八〇八一	五〇六七	四九三五
一一〇	一二七一	八七二九	五七三一	四二六九

一一一	一〇六二三	九三七七	六三九五	三六〇五
一一二	二〇九九七六	七九〇〇二四	七〇六〇	二九四〇
一一三	九三二九	〇六七一	七七二六	二三七四
一一四	八六八七	一三一三	八五九一	一六〇九
一一五	八〇四四	一九五六	二五九〇五六	七六〇九四四
一一六	七四〇三	二五九七	九七二三	〇二七八
一一七	六七六三	三二三七	二四〇三八七	七五九六一三
一一八	六一一六	三八七四	一〇五一	八九四九
一一九	五四九一	四五〇九	一九一五	八二八五
一二〇	四八五九	五一四一	二三七八	七六二二

一二一	四二二九	五七七一	三〇四	六九六〇
一二二	三六〇二	六三九八	三七〇〇	六三〇
一二三	二九七九	七〇二一	三三六〇	三六四〇
一二四	二三五九	七六四一	五〇一六	四九八四
一二五	一七四四	八二五六	五六七〇	四三三〇
一二六	一一三二	八八六八	六三二三	三六七七
一二七	〇五二五	九四七五	六九七三	三〇二七
一二八	一九九二三	八〇〇〇七七	七六一九	二三八一
一二九	九三三六	〇六七四	八二六二	一七三八
一三〇	八七三四	一二六六	八九〇〇	一一〇〇

一三一	八一四九	一八三一	九五三五	○四六五
一三二	七五六九	二四三一	二三○一六五	七四九八五五
一三三	六九九六	三○○四	○七九一	九二○九
積日	冬至後晨分	冬至後昏分	夏至後晨分	夏至後昏分
百十日	千百十分十秒	千百十分十秒	千百十分十秒	千百十分十秒
一三四	六四三○	三五七○	一四一○	八五九○
一三五	五八七一	四一二九	二○二四	七九七六
一三六	五三一九	四六八一	二六三二	七五六八
一三七	四七七五	五二二五	三二三三	六七六七
一三八	四二三九	五七六一	三八二六	六一七四

一三九	三七一三	六二八七	四四一三	五五八七
一四〇	三一九四	六八〇六	四九九二	五〇〇八
一四一	二六八五	七三一五	五五六二	四四三八
一四二	二一八六	七八一四	六一二三	三八七七
一四三	一六九六	八三〇四	六六七五	二三二五
一四四	一二一六	八七八四	七二一八	二七八二
一四五	〇七四六	九二五四	七七五二	二二四九
一四六	一九〇二八八	八〇九七一二	二五八二七三	七四一七二七
一四七	一八九八三九	八一〇一六一	八七八四	一二一六
一四八	九四〇二	〇五九八	九二八五	〇七一五

一四九	八九七六	一〇二四	九七七四	〇一二六
一五〇	八五六一	一四三九	二六〇二五二	七五九七四八
一五一	八一五七	一八四三	〇七一七	九二八三
一五二	七七六七	二二三三	一一六九	八八三一
一五三	七三八六	二六一四	一六〇九	八三九一
一五四	七〇一七	二九八三	二〇三六	七九六四
一五五	六六六二	三三三八	二四五〇	七五五〇
一五六	六三一八	三六八二	二八五二	七一四八
一五七	五九八七	四〇一三	三二三九	六七六一
一五八	五六六九	四三三一	三六一二	六三八八

一五九	五三六三	四六三七	三九七二	六〇二八
一六〇	五〇六九	四九三一	四三一七	五六八三
一六一	四七八八	五二一二	四六四八	五三五一
一六二	四五二〇	五四八〇	四九六四	五三
一六三	四二六四	五七三六	五二六七	四七
一六四	四〇二一	五九七九	五五五四	四四四六
一六五	三七九一	六二〇九	五八二七	四一七三
一六六	三五七四	六四二六	六〇八五	五九一五
一六七	三三七〇	六六三〇	六三二八	三六七二
一六八	三一七八	六八二二	六五五七	三四四三

一六九	二九九九	七〇〇一	六七六九	五七三一
一七〇	二八三三	七一六七	六九六八	三〇三三
積日	冬至後晨分	冬至後昏分	夏至後晨分	夏至後昏分
百十日	千百十分十秒	千百十分十秒	千百十分十秒	千百十分十秒
一七一	二六八一	七三一九	七一五二	二八四八
一七二	二五四一	七四五九	七三一九	二六八一
一七三	二四一四	七五八六	七四七二	二五二八
一七四	二二九九	七七〇一	七六一一	二三八九
一七五	二一九七	七八〇三	七七三三	二二六七
一七六	二一〇七	七八九三	七八四一	二一五九

一七七	二〇三一	七九六九	七九三二	二〇六八
一七八	一九六六	八〇三四	八〇一〇	一九九〇
一七九	一九一四	八〇八六	八〇七一	一九二九
一八〇	一八七五	八一二五	八一一八	一八八二
一八一	一八四九	八一五一	八一四九	一八五一
一八二	一八三四	八一六六	八一六六	一八三四

晨分加二百五十分爲日出分，日周一萬分内減晨分爲昏分，昏分減二百五十分爲日入分，又減五千分爲半晝分。故立成只列晨昏分，則出入及半晝分皆具，不必盡列也。

太陰遲疾立成遲疾同用

限數	日率	益分	遲疾積度	疾曆限行度	遲曆限行度

百十限	十日千百十分	十分十秒十微十纖	度十分十秒十微十纖	度十分十秒	度十分十秒
初		一一〇八一 五七五		一二〇七一	九八五五
一	八二〇	一一〇二三 四二五	一一〇八一 五七五	一二〇六五	九八六一
二	一六四〇	一〇九六三 三二五	二二一〇五 〇〇〇	一二〇五九	九八六七
三	二四六〇	一〇九〇一 二七五	三三〇六八 三二五	一二〇五三	九八七三
四	三二八〇	一〇八三七 二七五	四三九六九 六〇〇	一二〇四七	九八七九
五	四一〇〇	一〇七七一 三二五	五四八〇六 八七五	一二〇四	九八八六
六	四九二〇	一〇七〇三 四二五	六五五七八 二〇〇	一二〇三三	九八五二
七	五七四〇	一〇六三三 五七五	七六二八一 六二三	一二〇二六	九八
八	六五六〇	一〇五六一 七七五	八六九一五 二〇〇	一二〇一九	九九〇七

限數	日率	益分	遲疾積度	疾曆限行度	遲曆限行度
百十限	十日千百十分	十分十秒十微十纖	度十分十秒十微十纖	度十分十秒	度十分十秒
九	七三八〇	一〇四八八〇二五	七七四七六九七五	一二〇一二	九九一四
一〇	八二〇〇	一〇四一二三二五	一〇七九六五〇〇〇	一二〇〇四	九九二
一一	九〇二〇	一〇三三四六七五	一一八三七七三二五	一一九九六	九九九
一二	九八四〇	一〇二五五〇七五	一二八七一二〇〇〇	一一九八八	九九三七
一三	一〇六六一	一〇一七三五二五	一三八九六七〇七五	一一九八〇	九九四六
一四	一一四八一	一〇〇九〇〇二五	一四九一四〇六〇〇	一一九七二	九九五四
一五	一二三〇一	一〇〇〇四五七五	一五九二三〇六二五	一一九六三	九九六二
一六	一三一二一	九九一七一七五	一六九二三五二〇〇	一一九五五	九九七一

一七	一三九四一	九八二七八 二五	一七九一五 二三七五	一一九四六	九九八〇
一八	一四七六一	九七三六五 二五	一八八九八 〇二〇〇	一一九三七	九九八九
一九	一五五八一	九六四三二 七五	一九八七一 六七二五	一一九二七	九九九九
二〇	一六四〇一	九五四八〇 七五	二〇八三六 〇〇〇〇	一一九一八	一〇〇〇八
二一	一七二二一	九四五〇九 二五	二一七九〇 八〇七五	一一九〇八	一〇〇一八
二二	一八〇四一	九三五一八 二五	二二七三五 九〇〇〇	一一八九八	一〇〇三八
二三	一八八六一	九二五〇七 七五	二三六七一 〇八二五	一一八八八	一〇〇三八
二四	一九六八一	九一四七七 七五	二四五九六 一六〇〇	一一八七八	一〇〇四八
二五	二〇五〇二	九〇四二八 二五	二五五一〇 九三七五	一一八六七	一〇〇五九
二六	二一三二二	八九三五九 二五	二六四一五 二二〇〇	一一八五六	一〇〇六九

二七	二二一四二	八八二七〇 七五	二七三〇八 八一五二	一一八四六	一〇〇八〇
二八	二二九六二	八七一六二 七五	二八一九一 五二〇〇	一一八三五	一〇〇九一
二九	二三七八二	八六〇三五 二五	二九〇六三 一四七五	一一八二三	一〇一〇三
三〇	二四六〇二	八四八八八 二五	二九九二三 五〇〇〇	一一八一二	一〇一一四
三一	二五四二二	八三七二一 七五	三〇七七二 三八二五	一一八〇〇	一〇一二六
三二	二六二四二	八二五三五 七五	三一六〇九 六〇〇〇	一一七八八	一〇一三八
三三	二七〇六二	八一三三〇 二五	三二四三四 九五七五	一一七七六	一〇一五〇
三四	三七八八二	八〇一〇五 二五	三三二四八 二六〇〇	一一七六四	一〇一六二
三五	二八七〇二	七八八六〇 七五	三四〇四九 三一二五	一一七五一	一〇一七四
三六	二九五二二	七七五九六 七五	三四八三七 九二〇〇	一一七三九	一〇一八七

限數	日率	益分	遲疾積度	疾曆限行度	遲曆限行度
三七	三〇三四三	七六三一三 二五	三五六一三 八八七五	一一七二六	一〇二〇〇
三八	三一一六三	七五〇一〇 二五	三五三七七 〇二〇〇	一一七一三	一〇二一三
三九	三一九八三	七三六八七 七五	三七一二七 一二二五	一一七〇〇	一〇二一六
四〇	三二八〇三	七二三四五 七五	三七八六四 〇〇〇〇	一一六八六	一〇二三九
四一	三三六二三	七〇九八四 二五	三八五八七 四五七五	一一六七三	一〇二五三
四二	三四四四三	六九六〇三 二五	三九二九七 三〇〇〇	一一六五九	一〇一六七
四三	三五二六三	六八二〇二 七五	三九九九三 三三二五	一一六四五	一〇二八一
四四	三六〇八三	六六七八二 七五	四〇六七五 三六〇〇	一一六三一	一〇二九五
四五	三六九〇二	六五三四三 二五	四一三四三 一八七五	一一六一六	一〇三〇

百十限	十日千百十分	十分十秒十微十纖	度十分十秒十微十纖	度十分十秒	度十分十秒
四六	三七七二三	六三八八四二五	四一九九六六二○○	二六二	一○三
四七	三八五四三	六二四○五七五	四二六三五四六二五	一一五八七	一○三三九
四八	三九三六三	六○九○七七五	四三二五九五二○○	一一五七二	一○三五四
四九	四○一八三	五九三九○二五	四三八六八五九七五	一一五五七	一○三六九
五○	四一○○四	五七八五三二五	四四四二五○○○○	一一五四一	一○三八四
五一	四一八二四	五六二九六七五	四五○四一○三二五	一一五二六	一○四○○
五二	四二六四四	五四七二○七五	四五六○四○○○○	一一五一○	一○四一六
五三	四三四六四	五三二一五二五	四六一五一二○七五	一一四九四	一○四三二
五四	四四二八四	五一五一○二五	四六六八二四六○○	一一四七八	一○四四八

五五	四五一〇四	四九八七五 七五	四七一九七 五六二五	一一四六二	一〇四六四
五六	四五九二四	四八二二一 七五	四七六九六 三二〇〇	一一四四五	一〇四八一
五七	四六七四四	四六五四八 二五	四八一七八 五三七五	一一四二八	一〇四九七
五八	四七五六四	四四八五五 二五	四八六四四 〇二〇〇	一一四一一	一〇五一四
五九	四八三八四	四二一四二 七五	四九〇九二 五七二五	一一三九四	一〇五三一
六〇	四九二〇四	四一四一〇 七五	四九五二五 〇〇〇〇	一一三七七	一〇五四九
六一	五〇〇二四	三九六五九 二五	四九九三八 一〇七五	一一三五九	一〇五六六
六二	五〇八四五	三七八八八 二五	五〇三三四 七〇〇〇	一一三四二	一〇五八四
六三	五一六六五	三六〇九七 七五	五〇七一三 五八二五	一一三二四	一〇六〇二
六四	五二四八五	三四二八七 七五	五一〇七四 五六〇〇	一一三〇六	一〇六二〇

六五	五三三〇五	三二四五八 二五	五一四一七 四三七五	一一二八七	二〇六三八
六六	五四一二五	三〇六〇九 二五	五一七四二 〇二〇〇	一一二六九	一〇六五七
六七	五四九四五	二八七四〇 七五	五二〇四八 一一二五	一一二五〇	一〇六七六
六八	五五七六五	二六八五二 七五	五二三三五 五二〇〇	一一三三一	一〇六九四
六九	五六五八五	二四九四五 二五	五二六〇四 〇七五	一一三一二	一〇七三
七〇	五七四〇五	二三〇一八 二五	五二八五三 五〇〇〇	一一一九三	一〇七三三
七一	五八二二五	二一〇七一 七五	五三〇八三 六八二五	一一一七四	一〇七五二
七二	五九〇四五	一九一〇五 七五	五三二九四 四〇〇〇	一一一五四	一〇七七二
七三	五九八六五	一七一二〇 二五	五三四八五 四五七五	一一一三四	一〇七九二
七四	六〇六八五	一七一一五 二五	五三六五六 六六〇〇	一一一一四	一〇八一二

七五	六一五〇六	一三〇九〇 七五	五三八〇七 八一二五	一一〇九四	一〇八三二
七六	六二三二六	一一〇四六 七五	五三九三八 七二〇〇	一一〇七三	一〇八五二
七七	六三一四六	〇八九八三 二五	五四〇四九 一八七五	一一〇五三	一〇八七三
七八	六三九六六	六九〇〇二 五	五四一三九 〇二〇〇	一一〇三二	一〇八九四
七九	六四七八六	四七九七七 五	五四二〇八 〇二二五	一一〇一一	一〇九一五
八〇	六五六〇六	二六七五七 五	五四二五六 〇〇〇〇	一〇九九〇	一〇九三六
八一	六六四二六	〇五三四二 五	五四二八二 七五七五	一〇九六八	一〇九五八
八二	六七二四六	三五六一六	五四二八八 一〇〇〇	一〇九六六	一〇九五九
八三	六八〇六六	一七八〇八	五四二九一 六六一六	一〇九六五	一〇九六
		損分			

八四	六八八八六	一七八〇八	五四二九三 四四二四	一〇九六一	一〇九六五
八五	六九七〇六	三五六一六	五四二九一 六六一六	一〇九五九	一〇九六六
八六	七〇五二六	五三四二五	五四二八八 一〇〇〇	一〇九五八	一〇九六八
八七	七一三四六	二六七五七 五	五四二八二 七五七五	一〇九三六	一〇九九〇
八八	七二一六七	四七九七七 五	五四二五六 〇〇〇〇	一〇九一五	一一〇一一
八九	七二九八七	六九〇〇二 五	五四二〇八 〇二二五	一〇八九四	一一〇三三
九〇	七三八〇七	八九八三二 五	五四一三九 〇二〇〇	一〇八七三	一一〇五三
九一	七四六二七	一一〇四六 七五	五四〇四九 一八七五	一〇八三二	一一〇七二
九二	七五四四七	一三〇九〇 七五	五三九三八 七二〇〇	一〇八三二	一一〇九四
九三	七六二六七	一五一一五 二五	五三八〇七 八一二五	一〇八一二	一一一一四

九四	七七〇八七	一七一二〇 二五	五三六五六 六六〇〇	一〇七九二	一一一二四
九五	七七九〇七	一九一〇五 七五	五三四八五 四五七五	一〇七七二	一一一五四
九六	七八七二七	二一〇七一 七五	五三二九四 四〇〇〇	一〇七五二	一一一七四
九七	七九五四	二三〇一八 二五	五三〇八三 六八二五	一〇七三三	一一一九三
九八	八〇三六	二四九四五 二五	五二八五三 五〇〇〇	一〇七一三	一一二一二
九九	八一一八七	二六八五二 七五	五二六〇四 〇四七五	一〇六九四	一一二三
一〇〇	八二〇〇八	二八七四〇 七五	五二三三五 五二〇〇	一〇六七六	一一二五〇
一〇一	八二八二八	三〇六〇九 二五	五二〇四八 一一二五	一〇六五七	一一二六九
一〇二	八三六四八	三二四五八 二五	五一七四二 〇二〇〇	一〇六三八	一一二八七
一〇三	八四四六八	三四二八七 七五	五一四一七 四三七五	一〇六二〇	一一三〇六

一〇四	八五二八八	三六〇九七七五	五一〇七四五六〇〇	一〇六〇二	一一三三四
一〇五	八六一〇八	三七八八八二五	五〇七一三五八二五	一〇五八四	一一三四二
一〇六	八六九二八	三九六五九二五	五〇三三四七〇〇〇	一〇五六六	一一三三九
一〇七	八七七四八	四一四一〇七五	四九九三八一〇七五	一〇五四九	一一三七七
一〇八	八八五六八	八三一四二七五	四九五二四〇〇〇〇	一〇五三一	一一三九四
一〇九	八九三八八	四四八五五二五	四九〇九二五七二五	一〇五一四	一一四一一
一一〇	九〇二〇八	四六五四八二五	四八六四四〇二〇〇	一〇四九七	一一四二八
一一一	九一〇二八	四八二二一七五	四八一七八五三七五	一〇四八一	一一四四五
一一二	九一八四八	四九八七五七五	四七六九六三二〇〇	一〇四六四	一一四六二
一一三	九二六六九	五一五一〇二五	四七一九七三六二五	一〇四四八	一一四七八

限數	日率	損分	遲疾積度	疾曆限行度	遲曆限行度
百十限	十日千百十分	十分十秒十微十纖	度十分十秒十微十纖	度十分十秒	度十分十秒
一一四	九三四八九	五三一二五 二五	四六六八二 四六〇〇	一〇四三二	一一四九四
一一五	九四三〇九	五四七二〇 七五	四六一五一 二〇七五	一〇四一六	一一五一〇
一一六	九五一二九	五六二九六 七五	四五六〇四 〇〇〇〇	一〇四〇〇	一一五二六
一一七	九五九四九	五七八五三 二五	四五〇四一 〇三二五	一〇三八四	一一五四一
一一八	九六七六九	五九三九〇 二五	四四四六二 五〇〇〇	一〇三六九	一一五五七
一一九	九七五八九	六〇九〇七 七五	四三八六八 五九七五	一〇五五四	一一五七二
一二〇	九八四〇九	六二四〇五 七五	四三二五九 五二〇〇	一〇三三九	一一五八七
一二一	九九二二九	六三八八四 二五	四二六三五 四六二五	一〇三二四	一一六二

一二二	一〇〇〇四 九	六五三四三 二五	四一九九六 六二〇〇	一〇三〇九	一一六二六
一二三	一〇〇八六 九	六六七八二 七五	四一三四三 一八七五	一〇二九五	一一六三一
一二四	一〇一六八 九	六八二〇二 七五	四〇六七五 三六〇〇	一〇二八一	一一六四五
一二五	一〇二五一 〇	六九六〇二 二五	三九九九三 三三二五	一〇二六七	一一六五九
一二六	一〇三三三 〇	七〇九八四 二五	三九二九七 三〇〇〇	一〇二五三	一一六七三
一二七	一〇四一五 〇	七二三四五 七五	三八五八七 四五七五	一〇二三九	一一六八六
一二八	一〇四九七 〇	七三六八七 七五	三七八六四 〇〇〇〇	一〇二二六	一一七〇〇
一二九	一〇五七九 〇	七五〇一〇 二五	三七一二七 一二二五	一〇二一三	一一七一三
一三〇	一〇六六一 〇	七六三一三 二五	三六三七七 〇二〇〇	一〇二〇〇	一一七二六
一三一	一〇七四三 〇	七七五九六 七五	三五六一二 八八七五	一〇一八七	一一七三九

一三二	一〇八二五 ○	七八八六〇 七五	三四八三七 九二〇〇	一〇一七四	一一七五二
一三三	一〇九〇七 ○	八〇一〇五 二五	三四〇四九 三一二五	一〇一六二	一一七六四
一三四	一〇九八九 ○	八一三三〇 二五	三三二四八 二六〇〇	一〇一五〇	一一七七六
一三五	一一〇七一 ○	八二五三五 七五	三二四三四 九五七五	一〇一三八	一一七八六
一三六	一一一五三 ○	八三七二一 七五	三一六〇九 六〇〇〇	一〇一二六	一一八〇〇
一三七	一一二三五 ○	八四八八八 二五	三〇七七二 三八二五	一〇一一四	一一八一二
一三八	一一三一七 一	八六〇三五 二五	二九九二三 五〇〇〇	一〇一〇三	一一八二三
一三九	一一三九九 一	八七一六二 七五	二九〇六三 一四七五	一〇〇九一	一一八三五
一四〇	一一四八一 一	八八二七〇 七五	二八一九一 五二〇〇	一〇〇八〇	一一八四六
一四一	一一五六三 一	八九三五九 二五	二七三〇八 八一二五	一〇〇六九	一一八五六

一四二	一一六四五 一	九〇四二八 二五	二六四一五 二二〇〇	一〇〇五九	一一八六七
一四三	一一七二七 一	九一四七七 七五	二五五一〇 九三七五	一〇〇四八	一一八七八
一四四	一一八〇九 一	九二五〇七 七五	二四五九六 一六〇〇	一〇〇三八	一一八八八
一四五	一一八九一 一	九三五一八 二五	二三六七一 〇八二五	一〇〇二八	一一八九八
一四六	一一九七二 一	九四五〇九 二五	二二七三五 九〇〇〇	一〇〇一八	一一九〇八
一四七	一二〇五五 一	九五四八〇 七五	二一七九〇 八〇七五	一〇〇〇八	一一九一八
一四八	一二一三七 一	九六四三二 七五	二〇八三六 〇〇〇〇	〇九九九九	一一九二七
一四九	一二二一九 一	九七三六五 二五	一九八七一 六七二五	九九八五	一一九三七
一五〇	一二三〇一 二	九八二七八 二五	一八八九八 〇二〇〇	九九八〇	一一九四六
一五一	一二三八三 二	九九一七一 七五	一七九一五 二三七五	九九七一	一一九五五

限數	日率	損分	遲疾積度	疾曆限行度	遲曆限行度
百十限	十日千百十 分	十分十秒十 微十纖	度十分十秒 十微十纖	度十分十秒	度十分十秒
一五二	一二四六五 二	一〇〇〇四 五七五	一六九二三 五二〇〇	九九六二	一一九六三
一五三	一二五四七 二	一〇〇九〇 〇二五	一五九二三 〇六三五	九九五四	一一九七二
一五四	一二六二九 二	一〇一七三 五二五	一四九一四 〇六〇〇	九九四六	一一九八〇
一五五	一二七一一 二	一〇二五五 〇七五	二三八九六 七〇七五	九九三七	一一九八八
一五六	一二七九三 二	一〇三三四 六七五	一二八七一 二〇〇〇	九九二九	一一九九六
一五七	一二八七五 二	一〇四一二 三二五	一一八三七 七三二五	九九二三	一二〇〇四
一五八	一二九五七 二	一〇四八八 〇二五	一〇七九六 五〇〇〇	九九一四	一二〇一二
一五九	一三〇三九 二	一〇五六一 七七五	〇九七四七 六九七五	九九〇七	一二〇

一六〇	一三一二一 二	一〇六三三 五七五	八六九一五 二〇〇	九九〇〇	一二〇六
一六一	一三二〇三 二	一〇七〇三 四二五	七六二八一 六二五	九八九三	一二〇
一六二	一三二八五 三	一〇七七一 二二五	六五五七八 二〇〇	九八八六	一二〇四〇
一六三	一三三六七 三	一〇八三七 二七五	五四八〇六 八七五	九八七九	一二〇四七
一六四	一三四四九 三	一〇九〇一 二七五	四三九六九 六〇〇	九八七三	一二〇五三
一六五	一三五三一 三	一〇九六三 三二五	三三〇六八 三二五	九八六七	一二〇五九
一六六	一三六一三 三	一〇〇二三 四二五	二二一〇五 〇〇〇	九八六一	一二〇六五
一六七	一三六九五 三	一〇〇八一 五七五	〇一一〇八 一五七五	九八五五	一二〇七一
一六八	一三七七七 三				

五星盈縮入曆度率立成五星盈縮同用。

入曆策	度率
	百十度十分 十秒十微十 纖
一	一五二一九 ○六二五○
四	六○八七六 二五○○○
七	一○六五三 三四三七五 ○
十	一五二一九 ○六二五○ ○
二	三○四三八 一二五○○
五	七六○九五 二二五○
八	一二一七五 三五○○○ ○
一一	一六七四○ 九六八七五 ○
三	四五六五七 一八七五○
六	九一三一四 三七五○○
九	一三六九七 一五六二五 ○

木星盈縮立成

入曆	損益率	盈縮積	行定度	行積度
策	度十分十秒十微十纖	度十分十秒十微十纖	十度十分十秒十微十纖	百十度十分十秒十微十纖
初	益一五九〇〇八四八一	盈〇〇〇〇〇〇〇〇〇	一六八〇九一四七三一	一六八〇九一四七三一
一	一四二〇一三五六一	一五九〇〇八四八一	六三九一九八一一	三三四四八三四五四二
二	一二〇〇二七一八八	三〇一〇二三〇四二	四一九三三四三八	四九八六七六七九八〇
三	〇九三〇四九三六二	四二一〇四九二三〇	一四九五五六一二	六六〇一七二三五九〇
四	〇六一〇八〇〇八三	五一四〇九八五九二	一五八二九八六三三三	八一八四七〇九九二五
五	〇二四一一九三三二	五七五一七八六七六	四六〇二五六〇二	九七三〇七三五五二七
六	損〇二四一一九三五二	五九九二九八〇二八	一四九七七八六八九八	一一二二八五二二四二五

七	○六一○八○ ○八三	五七五一七八 六七六	一四六○八二 六一六七	一二六八九三 四八三九三
八	○九三○四九 三六二	五一四○九八 五九二	二八八五六八 八八	一四一一八二 ○五四八○
九	一二○○二七 一八八	四二一○四九 二三○	○一八七九○ 六二	一五五二○○ 八四五四二
十	一四二○一三 五六一	三○一○二二 ○四二	一三七九八九 二六八九	一六八九九九 七七二三一
十一	一五九○○八 四八一	一五九○○八 四八一	六二八九七七 六九	一八二六二八 七五○○○
初	益一五九○○ 八四八一	縮○○○○○○ ○○○○	一三六二八九 七七六九	一九六二五七 七二七六九
一	一四二○一三 五六一	一五九○○八 四八一	七九八九二六 八九	二一○○五六 六五四五八
二	一二○○二七 一八八	三○一○二二 ○四二	一四○一八七 九○六二二一	二二四○七五 四四五二○
三	○九三○四九 三六二	四二一○四九 二三○	二八八五六八 八八一	二三八三六四 ○一四○八
四	○六一○八○ ○八三	五一四○四九 二三○	六○八二六一 六七	二五二九七二 二七五七五

五	○二四一一九 三五二	五七五一七八 六七六	九七七八六八 九八	二六七九五○ 一四四七二
六	損○二四一一 九三五二	五九九二九八 ○二八	一五四六○二 五六○二	二八三四一○ 四○○七五
七	○六一○八○ ○八三	五七五一七八 六七六	八二九八六三 三三	二九九二四○ 二六四○八
八	○九三○四九 三六二	五一四○九八 五九二	一六一四九五 五六一二	三一五八九八 二○二○
九	一二○○二七 一八八	四二一○四九 二三○	四一九三三四 三八	三三一八○九 一五四五八
十	一四二○一三 五六一	三○一○二二 ○四二	六三九一九八 一一	三四八四四八 三五二六九
十一	一五九○○八 四八一	一五九○○八 四八一	八○九一四七 三一	三六五二五七 五○○○○

火星盈縮立成

入曆	損益率	盈縮積	行定度	行積度

策	度十分十秒十微十纖	十度十分十秒十微十纖	十度十分十秒十微十纖	百十度十分十秒十微十纖
初	益二五八〇三九三三四	盈〇〇〇〇〇〇〇〇〇	二六七九九四五五八四	二六七九九四五五八四
一	七九七〇〇五〇七二	一一五八〇三九三三四	二三一八九一一三二二	四九九八八五六九〇六
二	四五九九七六三一三	一九五五〇四四四〇六	一九八一八八二五六三	六九八〇九三九四六九
三	一四六九五七二五二	二四一五〇二〇七一九	一六六八八六三五〇二	八六四九六〇二九七一
四	損〇五四二八五〇六四	二五六一九七七九七一	一四六七六二一八六	一〇一一七二二四一五七
五	一六六二七五〇八五	二五〇七六九二九〇七	一三五五六三一一六五	一一四七二八五五三二二
六	二六〇二六二〇七二	二三四一四一七八二二	一二六一六四四一七八	一二七三四四九九五〇〇
七	三三六二五〇二一七	二〇八一一五五七五〇	一一八五六五六〇三三	一三九二〇一五五五三三
八	三九四二三九五二四	一七四四九〇五五三三	二七六六六七二六	一五〇四七八二二二五九

九	四四二二五七 二九六	一三五〇六六 六〇〇九	一〇七九六四 八九五四	一六一二七四 七一二一三
十	四五六二〇〇 七五〇	九〇八四〇八 七二三	六五七〇五五 〇〇	一七一九三一 七六七一三
十一	四五二二〇七 九六三	四五二二〇七 九六三	六九六九八二 八七	一八二六二八 七五〇〇〇
初	益四五二二〇 七九六三	縮〇〇〇〇〇 〇〇〇〇	一〇六九六九 八二八七	一九三三二五 七三二八七
一	四五六二〇〇 七五〇	四五二二〇七 九六三	六五七〇五五 〇〇	二〇三九八二 七八七八七
二	四四二二五七 二九六	九〇八四〇八 七二二	七九六四八九 五四	二一四七七九 二七七四一
三	三九四二三九 五二四	一三五〇六六 六〇〇九	一一二七六六 六七二八	二二六〇五五 九四四六七
四	三三六二五〇 二一七	一七四四九〇 五五三三	一一八五六五 六〇三三	二三七九一二 五〇五〇〇
五	一六〇二六二 〇七二	二〇八一一五 五七五〇	一二六一六四 四一七八	二五〇五二八 九四六七八
六	一六六二七五 〇八五	二三四一四一 七八二二	一三五五六三 一一六五	二六四〇八五 二五八四三

七	○五四二八五○六四	二五○七六九二九○七	一四六七六二一一八六	二七八七六一四七○二九
八	損一四六九五七二五二	二五六一九七七九七一	一六六八八六三五○二	二九五四五○一○五二一
九	四五九九七六三二三	二四一五○二○七一九	一九八一八八二五六三	三一五二六八九三○九四
十	七九七○○五○七二	一九五五○四四四○六	二一二一八九一一三二一	三三八四五八○四四一六
十一	二五八○三九三三四	一一五八○三九三三四	二六七九九四五五八四	三六五二五七五○○○○

土星盈縮立成

入曆	損益率	盈縮積	行定度	行積度
策	度十分十秒十微十纖	度十分十秒十微十纖	十度十分十秒十微十纖	百十度十分十秒十微十纖
初	益二二○○一○三四六	盈○○○○○○○○○○	一七四一九一六五九六	一七四一九一六五九六

一	二	三	四	五	六	七	八	九	十
一九五〇二一 八一四	一六四〇四七 七六五	一二七〇八八 二一一	〇八四一四三 一三五	〇三五二一二 五五〇	損〇三五二二 五五〇	〇八四一四三 二三五	一二七〇八八 二一一	一六四〇四七 七六五	一九五〇二一 八一四
二二〇〇一〇 三四六	四一五〇三二 一六〇	五七九〇七九 九二五	七〇六一六八 一三六	七九〇三一一 二七一	八二五五二三 八二一	七九〇三一一 二七一	七〇六一六八 一三六	五七九〇七九 九二五	四一五〇三二 一六〇
一六九二八〇 六四	一六八五九五 四〇一五	四八九九四四 六一	〇六〇四九三 八三	一五五七一一 八八〇〇	一四八六六九 三七〇〇	三七七六三一 一五	一三九四八一 八〇三九	五七八五八四 八五	一三二六八八 四四三六
三四五八八四 四六六〇	五一四四七九 八六七五	六七九三七九 三一三六	八三九九八四 二五二一	九九五六九六 一二二一	一一四四三六 五五〇二一	一二八八一四 一八一三六	一四二七六二 三六一七五	一五六三四〇 九四六六〇	一六九六〇九 七九〇九六

十一	二二〇〇一〇 三四六	二二〇〇一〇 三四六	〇一八九五九 〇四	一八二六二八 七五〇〇〇
初	益一六三〇〇 五七五一	縮〇〇〇〇〇 〇〇〇〇	一三五八九〇 〇四九九	一九六二一七 七五四九九
一	一四八九九八 〇六四	一六三〇〇五 七五一	七二九〇八一 八六	二〇九九四六 八三六八五
二	一二七九八九 六五二	三一二〇〇三 八一五	九三九一六五 九八	二二三八八六 〇〇二八三
三	一九九九八〇 五一六	四三九九九三 四六七	一四二一九二 五七三四	二三八一〇五 二六〇一七
四	〇六四九七〇 六五八	五三九九七三 九八三	五六九三五五 九二	二五二六七四 六一六〇九
五	〇二二九六〇 〇七三	六〇四九四四 六四一	九八九四六一 七七	二六七六六四 〇七七八六
六	損〇二二九六 〇〇七三	六二七九〇四 七一四	一五四四八六 六二二三	二八三一一二 七四一〇九
七	〇六四九七〇 六五八	六〇四九四四 六四一	八六八七六九 〇八	二九八九八一 五一〇一七
八	〇九九九八〇 五一六	五三九九七三 九八三	一六二一八八 六七六六	三一五二〇〇 三七七八三

入曆	損益率	盈縮積	行定度	行積度
九	一二七九八九六五二	四三九九九三四六三	四九八九五九○二	三三一六九九二三六八五
十	一四八九九八○六四	三一二○○三八一五	七○九○四三一四	三四八五○八三七九九九
十一	一六三○○五七五一	一六三○○五七五一	八四九一二○○一	三六五二五七五○○○○

金星盈縮立成

入曆	損益率	盈縮積	行定度	行積度
策	度十分十秒十微十纖	度十分十秒十微十纖	十度十分十秒十微十纖	百十度十分十秒十微十纖
初	益○五三○○四八八九	盈○○○○○○○○○○	一五七四九一一一三九	一五七四九一一一三五
一	五○○二一三一八	○五三○○四八八九	七一九二七五六八	三一四六八二八七○七
二	四四○五五五六五	一○三○二六二○七	六五九六一八一五	四七一二八○○五二二

三	三五一〇七六 三一	一四七〇八一 七七二	五七〇一二八 八一	六二六九八一 四四〇三
四	二三一七七五 一六	一八二一八九 四〇三	四五〇八三七 六六	七八一四八九 八一六九
五	〇八二六五二 一九	二〇五三六六 九一九	三〇一七一四 六九	九三四五〇六 九六三八
六	損〇〇八二六 五二一九	二一三六三二 一三八	一五二三六四 一〇三一	一〇八五八七 一〇六六九
七	二三一七七五 一六	二〇五三六六 九一九	一四九八七二 八七三四	一二三五七四 三九四〇三
八	三五一〇七六 三一	一八二一八九 四〇三	八六七九八六 一九	一三八四四二 三八〇二二
九	四四〇五五五 六五	一四七〇八一 七七二	七七八五〇六 八五	一五三二二〇 八八七〇七
十	五〇〇二一三 一八	一〇三〇二六 二〇七	七一八八四九 三三	一六七九三九 七二六三九
十一	五二〇〇四八 八九	〇五三〇〇四 八八九	六八九〇一三 六一	一八二六一八 七五〇〇〇
初	益〇五三〇〇 四八八九	縮〇〇〇〇〇〇 〇〇〇〇	一四六八九〇 一三六一	一九七三一七 七六二六一

一	五〇〇二一三 一八	〇五三〇〇四 八八九	七一八八四九 三三	二一二〇三六 六一二九三
二	四四〇五五五 六五	一〇三〇二六 二〇七	七七八五〇六 八五	二二六八一五 一一九七八
三	三五一〇七六 三一	一四七〇八一 七七二	八六七九八六 一九	一四一六八三 一〇五九七
四	二三一七七五 一六	一八二一八九 四〇三	九八七二八七 三四	二五六六七〇 三九三三
五	〇八二六五二 一九	二〇五三六六 九一九	一五一三六四 一〇三一	二七一八〇六 八〇三六二
六	損〇〇八二六 五二一九	二一三六二一 三八	一五三〇一七 一四六九	二八七一〇八 五一八三
七	二三一七七五 一六	二〇五三八六 九一九	四五〇八三七 六六	三〇二五五九 三五五九七
八	三五一〇七六 三一	一八二一八九 四〇三	五七〇一三八 八一	三一八一二九 四九四七八
九	四四〇五五五 五	一四七〇八一 七七二	六五九六一八 一五	三三三七八九 一一二九三
一〇	五〇〇二一三 一八	一〇三〇二六 二〇七	七一九二七五 六八	三四九五〇八 三八八六一

入曆	損益率	盈縮積	行定度	行積度
一二	五三〇〇四八八九	〇五三〇〇四八八九	七四九一一一三九	三六五二五七五〇〇〇〇

水星盈縮立成

入曆	損益率	盈縮積	行定度	行積度
策	度十分十秒十微十纖	度十分十秒十微十纖	十度十分十秒十微十纖	百十度十分十秒十微十纖
初	益〇五八〇〇五八一八	盈〇〇〇〇〇〇〇〇〇	一五七九九一二〇六八	一五七九九一二〇六八
一	五四〇二〇七二二	五八〇〇五八一八	七五九二六九七二	三一五五八三九〇四〇
二	四七〇五三四四六	一一二〇二六五四〇	六八九五九六九六	四七二四七九八七三六
三	五七一〇三九八七	五九〇七九九八六	五九〇一〇二三七	六二八三八〇八九七三
四	二四一七二三四八	一九六一八三九七三	四六〇七八五九八	七八二九八八七五七一

五	〇八二五八五 二六	二二〇三五六 三二一	三〇一六四七 七六	九三六〇〇五 二三四七
六	損〇〇八二五 八五二六	二二八六一四 八四七	一五一三六四 七七二四	一〇八七三七 〇〇〇七一
七	二四一七二三 四八	二〇三五六三 二一	一四九七七三 三九〇二	一二三七一四 三三九七三
八	三七一〇三九 八七	一九六一八三 九七三	八四八〇二二 六三	一三八五六二 三六二三六
九	四七〇五三四 四六	五九〇七九九 八六	七四八五二八 〇四	一五三三一〇 八九〇四〇
十	五四〇二〇七 二二	一一二〇二六 五四〇	六七八八五五 二八	一六七九八九 七四五六八
十一	五八〇〇五八 一八	五八〇〇五八 一八	六三九〇〇四 三二	一八二六二八 七五〇〇〇
初	益〇五八〇〇 五八一八	縮〇〇〇〇〇 〇〇〇〇	一四六三九〇 〇四三二一	一九七二六七 七五四三二
一	五四〇二〇七 二二	五八〇〇五八 一八	六七八八五五 二八	二一一九四六 六〇九六〇
二	四七〇五三四 四六	一一二〇二六 五四〇	七四八五二八 〇四	二二六六九五 一三七六四

三	三七一〇三九 八七	五九〇七九九 八六	八四八〇二二 六三	二四一五四三 一六〇二七
四	二四一七二三 四八	一九六一八三 九七二	八七七三三九 〇二	二五六五二〇 四九九二九
五	〇八二五八五 二六	二二〇三五六 三二一	一五一三六四 七七二四	二七一六五六 九七六五三
六	損〇〇八二五 八五二六	二二八六一四 八四七	一五三〇一六 四七七六	二八六九五八 六二四二九
七	二四一七二三 四八	二〇三五六三 二	四六〇七八五 九八	三〇二四一九 四一〇二七
八	三七一〇三九 八七	一九六一八三 九七三	一九〇一〇二 三七	三一八〇〇九 五一二六四
九	四七〇五三四 四六	五九〇七九九 八六	六八九五九六 九六	三三三六九九 一〇九六〇
十	五四〇二〇七 二二	一一二〇二六 五四〇	一五七五九二 六九七二	三四九四五八 三七三二
十一	五八〇〇五八 一八	五八〇〇五八 一八	一五七九九一 二〇六八	三六五二五七 五〇〇〇〇

新元史卷之四十一　志第八

天文志上

郭守敬創製諸儀表，臺官遵用百年，測驗之精，遠逾前代。於是日食、月五星凌犯，與夫彗孛、飛流之躔次，凡臺官所測者，畢上於中書省，而載於中書之日曆。雖不論占候，然元之季世，太史尚豫推休咎，因事上言。意者司天所掌，其書禁秘，故軼而不傳歟？今仍舊史之文，爲《天文志》，又據本紀訂其疏奪。蓋舊志與本紀所書者，皆出於日曆者也。觀天察變之君子，庶幾有取焉。

日食日暈珥諸變〔一〕

世祖中統二年三月壬戌朔，日有食之。三年十一月辛丑，日有背氣，重暈三珥。至元二年正月辛未朔，日有食之。四年五月丁亥朔，日有食之。五年十月戊寅朔，日有食之。七年三月庚子朔，日有食之。八年八月壬辰朔，日有食之。九年八月丙戌朔，日有食之。十二年六月庚子朔，日有食之。十四年十月丙辰，日有食之。十九年六月己丑朔，日有食之。七月戊午朔，日有食之。二十四年七月癸丑，日暈連環，白虹貫之。十月戊午朔，日有食之。二十六年三月庚辰朔，日有食之。二十七年八月辛未朔，日有食之。二十九年正月甲午朔，日有食之。有物漸侵入日中，不能既，日體如金環然，左右有珥，上有抱氣。三十一年六月庚辰朔，日有食之。

成宗大德元年四月癸巳朔，日有食之。三年八月己酉朔，日有食之。四年二月丁未朔，日有食之。六年六月癸亥朔，日有食之。七年閏五月戊午朔，日有食之。八年五月癸未朔，日有食之。

武宗至大二年正月丁亥，白虹貫日。八月甲寅，白虹貫日。四年正月壬辰，日赤如赭。

仁宗皇慶元年六月乙丑朔，日有食之。二年二月丁丑，日赤如赭。延祐元年三月己亥，白暈亘天，連環貫日。二年四月戊寅朔，日有食之。五月甲戌，日赤如赭。乙亥，亦如之。九月甲寅，日赤如赭。戊午，亦如之。三年五月戊申，日赤如赭。五年二月癸巳朔，日有食之。六年二月丁亥朔，日有食之。七年正月辛巳朔，日有食之。三月乙未，日有暈若連環然。八年七月丙申朔，日有食之。九月戊午朔，日有食之。

英宗至治元年三月己丑，交暈如連環貫日。六月癸卯朔，日有食之。二年十一月甲午朔，日有食之。

泰定帝泰定四年二月辛卯，白虹貫日。九月丙申朔，日有食之。

文宗天曆二年七月丙辰朔，日有食之。至順元年九月癸巳，白虹貫日。二年正月己酉，白虹貫日。八月甲辰朔，日有食之。十一月壬申朔，日有食之。三年五月丁酉，白虹並日出，長竟天。

惠宗元統元年三月癸巳，日赤如赭。閏三月丙申、癸丑、甲寅，皆如之。二年四月戊午朔，日有食之。至元元年十二月戊午，日赤如赭。閏十二月丁亥、戊子、己丑，皆如之。二年二月壬辰，日赤如赭。乙未、丙申，亦如之。三月庚申、壬戌、癸卯，四月丁丑，皆如之。八月甲戌朔，日有食之。十二月甲戌，日赤如赭。三年正月丁巳，日有交暈，左右珥上有白虹貫之。二月壬申朔，日有食之。八月癸未，日有交暈，左右珥上有白虹貫之。十月癸酉，日赤如赭。四年八月癸亥朔，日有食之。閏八月戊戌，日赤如赭。己亥、壬寅，亦如之。九月庚寅，皆如之。五年正月丙寅，日有交暈，左右珥上有白虹貫之。二月辛亥，日赤如赭。三月庚申、辛酉，四月丁未，皆如之。至正元年三月壬申，日赤如赭。二年八月庚子朔，日有食之。十月己亥朔，日有食之。三年四月丙申朔，日有食之。四年九月丁亥朔，日有食之。五年九月壬午朔，日有食之。六年二月庚戌朔，日有食之。七年正月甲辰朔，日有食之。八年七月丙申朔，日有食之。九年十一月戊午朔，日有食之。十年十一月壬子朔，日有食之。十二年四月癸卯朔，日有食之。十三年九月乙丑朔，日有食之。十四年三月癸亥朔，日有食之。十五年二月丙子，日赤如赭。五月己酉朔，日有食之。十六年三月，有兩日相蕩。十七年正月丙子朔，日有食之。七月己丑，日有交暈，連環貫之。十八年三月己亥朔，日色如血。六月戊辰朔，日有食之。十二月乙丑朔，日有食之。二十年五月丁亥朔，日有食之。二十一年四月辛巳朔，日有食之。二十五年三月壬戌，日有暈，內赤外青，白虹如連環貫之。十月辛丑，日傍有一月、一星。二十六年二月丁卯，日有暈，左珥上有背氣一道。七月辛巳朔，日有食之。二十七年六月丙午朔，日有食之。十二月癸卯朔，日有食之。

月五星淩犯及星變上

憲宗六年六月，太白晝見。

世祖中統元年五月乙未，熒惑入南斗，留五十餘日。

二年二月丁酉，太陰掩昴。六月戊戌，太陰犯角。八月丙午，太白犯歲星。十一月庚午，太陰犯昴。十二月辛卯，熒惑犯房。壬寅，熒惑犯鉤鈐。

三年十一月乙酉，太白犯鉤鈐。

至元元年二月丁卯，太陰犯南斗。四月辛亥，太陰犯軒轅御女星。五月丙戌，太陰犯房。己亥，太陰犯昴。七月甲戌，彗星出輿鬼，昏見西北，貫上台，掃紫微、文昌及北斗，旦見東北，凡四十餘日。十二月甲子，太陰犯房。

二年六月丙子，太陰犯心宿大星。

四年八月庚申，填星犯天罇距星。壬戌，太白犯軒轅大星。甲子，歲星犯軒轅大星。十一月乙巳，填星犯天罇距星。

五年正月甲午，太陰犯井。二月戊子，太陰犯天關。己丑，太陰犯井。

六年十月庚子，太陰犯辰星。

七年正月己酉，太陰犯畢。九月丁巳，太陰犯井。十月庚午，太白犯右執法。十一月壬寅，熒惑犯太微西垣上將。

八年正月辛未，太陰犯畢。三月丁亥，熒惑犯太微西垣上將。九月丙子，太陰犯畢。

九年五月乙酉，太白犯畢距星。九月戊寅，太陰犯御女。十月戊戌，熒惑犯填星。十一月丁卯，太陰犯畢。

十年三月癸酉，客星青白如粉絮，起畢，度五車北，復自文昌貫斗杓，歷梗河，至左攝提，凡二十一日。

十一年二月甲寅，太陰犯井宿。十月壬辰，歲星犯壘壁陣。

十二年七月癸酉，太白犯井，辛卯，太陰犯畢。九月己巳，太白犯少民。己卯，太白犯太微西垣上將。十月癸丑，太陰犯畢。十一月丙戌，太陰犯軒轅大星。十二月戊戌，填星犯亢。戊申，太陰犯畢。

十三年九月辛亥，太白犯南斗。甲寅，太白入南斗。十二月乙卯，太陰犯填星。辛酉，熒惑掩鉤鈐。

十四年二月癸亥，彗出東北，長四尺餘。

十五年二月丁丑，熒惑犯天街。三月丁亥，太陰犯太白。戊子，太陰犯熒惑。十一月辛亥，太白、熒惑、填星聚於房。

十六年四月癸卯，填星犯鍵閉。七月丙寅，填星犯鍵閉。八月庚辰，太陰犯房宿距星。庚子，歲星犯軒轅大星。十月丙申，太陰犯太微西垣上將。十一月癸丑，太陰犯熒惑。

十七年四月庚子，歲星犯軒轅大星。七月戊申，太陰掩房宿距星。己酉，太陰犯南斗。八月丙子，太陰犯心宿東星。甲子，太陰犯右執法，並犯歲星。

十八年五月丙辰，歲星犯右執法。七月癸卯，太陰犯房宿距星。閏八月癸巳朔，熒惑犯司怪南第二星。庚戌，太陰犯昴。九月甲申，太陰犯軒轅大星。十一月甲戌，太陰犯五車次南星。丁丑，太陰犯鬼。丁亥，太陰掩心。十二月丙午，太陰犯軒轅大星。

二十年正月己巳，太陰犯軒轅御女。庚辰，太陰犯南斗，犯距星。二月庚寅，太陰掩昴。庚子，太白犯昴。壬寅，太白犯昴。乙巳，太陰犯心。三月己未，歲星犯鍵閉。庚申，太陰犯井。壬戌，太陰犯鬼。己巳，歲星犯房。癸酉，歲星掩房。四月己亥，太陰犯房。壬寅，太陰犯南斗。五月丙寅，太陰掩心。七月丙辰，太白犯井。癸亥，太陰犯南斗。乙丑，太白犯井。庚子，熒惑犯司怪。八月丙午，太白犯軒轅。丁未，歲星犯鉤鈐。九月壬子，太白犯軒轅少女。戊午，太陰犯斗。己巳，太白犯右執法。壬申，太陰掩井。癸酉，熒惑犯鬼。甲戌，太陰犯鬼，熒惑犯積尸氣，太白犯左執法。十月丙申，太陰犯昴。十一月戊寅，太白、歲星相犯。十二月甲辰，太陰掩熒惑。

二十一年閏五月戊寅朔，填星犯斗。七月甲申，太白犯熒惑。九月癸巳，太白犯南斗第四星。乙未，太陰犯井。十月己酉，太陰犯軫。十一月丙戌，太陰犯昴。己亥，太陰掩輿鬼。庚子，太陰犯心。

二十二年二月辛亥，太陰犯東井。癸丑，太陰犯鬼。壬戌，太陰犯心。八月癸丑，太陰入東井。十二月己亥，歲星犯填星。

二十三年正月壬午，太陰犯軒轅太民。乙酉，太陰犯氐。二月癸巳，歲星犯壁壘陣。丙午，太陰犯井。三月己巳，太陰犯婁。五月己巳，熒惑犯太微西垣上將。庚辰，歲星犯壘壁陣。乙酉，熒惑犯太微右執法。六月丙申朔，太白犯御女。八月乙卯，太白犯軒轅右角星。九月甲申，太陰犯天關。十月甲午朔，太白犯右執法。戊戌，太陰犯建星。辛亥，太陰犯東井。甲寅，太白犯進賢。壬寅，太白犯左執法。十一月戊辰，太白犯亢。己卯，太陰犯東井。辛巳，歲星犯壘壁陣。十二月戊戌，太白犯東咸。丁未，太陰犯東井。丁巳，太陰犯氐。

二十四年正月甲戌，太陰犯東井。乙酉，太陰犯房。二月庚子，太陰犯天關。辛丑，太陰犯東井。閏二月癸亥，太陰犯辰星。甲申，太陰犯牽牛。三月丙申，太陰犯東井。四月癸酉，太陰犯氐。甲戌，太陰犯房。七月戊戌，太陰犯南斗。辛丑，太陰犯牽牛。壬寅，熒惑犯輿鬼積尸氣。甲辰，熒惑犯輿鬼。壬子，太陰犯司怪。八月癸亥，太白犯亢。丙子，填星南犯壘壁陣。己卯，太陰犯天關。辛巳，太陰犯東井。甲申，太白犯房。九月丁酉，熒惑犯長垣。庚子，太白犯天江。乙巳，太陰犯畢。辛亥，熒惑犯太微西垣上將。壬子，太白犯南斗。十月壬戌，太陰犯牽牛大星。乙酉，熒惑犯左執法。十一月壬辰，太白犯壘壁陣。太陰暈太白、填星。丙申，熒惑犯太微東垣上將。庚子，太白晝見。丙辰，熒惑犯進賢。十二月丙寅，太陰犯畢，太白晝見。

二十五年正月乙巳，太陰犯角。戊申，太陰犯房。三月丁亥，熒惑犯太微東垣上相。戊子，太陰犯畢。己亥，太陰掩角。四月戊午，太陰犯井。五月戊申，太白犯畢。六月甲戌，太白犯井。丁丑，太陰犯歲星。七月己亥，熒惑犯氐。庚子，太白犯鬼。乙巳，太陰掩畢。八月丙辰，熒惑犯房。乙未，太白犯軒轅大星。九月癸未朔，熒惑犯天江。庚子，太陰犯畢。癸卯，熒惑犯南斗。十二月辛酉，太陰犯畢。甲子，太陰犯井。甲戌，太陰犯亢。熒惑犯壘壁陣。

二十六年正月辛丑，太陰犯氐。三月甲午，太陰犯亢。五月壬辰，太白犯鬼。七月戊子，太白經天四十五日。辛卯，太陰犯牛。乙未，太陰犯歲星。八月辛未，歲星晝見。九月戊寅，歲星犯井。乙未，太陰犯畢。辛丑，熒惑犯太微西垣上將。十月癸丑，太陰犯牛宿距星。甲寅，熒惑犯右執法。閏十月丁亥，辰星犯房。己丑，太陰犯畢，熒惑犯進賢，太陰犯井。十一月丁巳，熒惑犯亢。戊辰，太陰犯亢。

二十七年正月庚戌，太白犯牛。癸丑，太陰犯井。丁卯，熒惑犯房。壬申，熒惑犯鍵閉。二月戊寅，太陰犯畢。庚寅，太陰犯亢。三月壬子，熒惑犯鉤鈐。四月丙子，太陰犯井。壬辰，熒惑守氐十餘日。五月乙丑，太陰犯填星。六月己丑，熒惑犯房。七月辛酉，熒惑犯天江。九月癸卯，歲星犯鬼。十月辛巳，太白犯斗。十一月戊申，太陰掩填星。辛酉，太陰掩左執法。十二月辛卯，太陰犯亢。

二十八年正月壬寅，太白、熒惑、填星聚奎。二月癸未，太陰犯左執法。甲申，太白犯昴。三月丁未，太陰犯御女。己酉，太陰犯右執法。庚戌，太陰犯太微東垣上相。乙卯，太白犯五車。四月乙未，歲星犯輿鬼積尸氣。五月壬寅，太陰犯少民。甲寅，太陰犯牛。六月辛卯，太陰犯畢。七月己亥，太白犯井。八月丙寅，太白犯輿鬼。丙子，太陰犯牽牛。癸未，歲星犯軒轅大星。戊子，太白犯軒轅大星，并犯歲星。癸巳，太陰掩熒惑。九月丙辰，熒惑犯左執法。戊午，太白犯熒惑。辛酉，歲星犯少民。十月丙戌，太陰犯軒轅大星并御女。己丑，太陰犯太微東垣上相。十一月甲辰，太陰犯房。丙午，熒惑犯亢。丁未，太陰犯畢。庚申，熒惑犯氐。十二月庚辰，太陰犯御女。癸未，太陰犯東垣上相。己丑，熒惑犯房。庚寅，熒惑犯鉤鈐。

二十九年正月戊申，太陰犯歲星及軒轅左角。二月己巳，太陰犯畢。己丑，歲星犯軒轅大星。四月丙子，太陰犯氐。六月己丑，太白犯歲星。閏六月戊申，熒惑犯狗國。七月辛未，太陰犯牛。八月丁酉，辰星犯右執法。己亥，太白犯房。乙巳歲星犯右執法。九月壬戌，熒惑犯壘壁陣。辛巳，太白犯南斗。十月乙巳，太陰犯井。丁未，太陰犯鬼。乙卯，太陰犯氐。十一月壬戌，太陰犯壘壁陣。己卯，太陰犯太微東垣上將。十二月庚子，太陰犯井。甲辰，太陰犯太微西垣上將。

三十年正月丙寅，太陰犯畢。丁未，太陰犯氐。庚辰，歲星犯左執法。二月壬辰，太陰犯畢。乙巳，熒惑犯天街。庚戌，太陰犯牛。癸丑，太白犯壘壁陣。三月辛未，太陰犯氐。四月癸丑，太白犯填星。六月己丑，歲星犯左執法。丙申，太陰犯斗。七月甲子，太陰犯建星。辛巳，太陰犯鬼。八月甲午，辰星犯太微西垣上將。甲辰，太陰犯畢。戊申，太陰犯鬼。九月丁卯，太陰犯畢。十月庚寅，彗星入紫微垣，抵斗魁，光芒尺許，凡一月乃滅。丙申，熒惑犯亢。己亥，太陰犯天關。辛丑，太陰犯井。十一月乙丑，太陰犯畢。丁卯，太陰犯井。庚子，太陰犯鬼。丙子，熒惑犯鉤鈐。戊寅，歲星犯亢。十二月乙未，太陰犯井。

三十一年四月戊申，太白晝見，又犯鬼。五月庚戌朔，太白犯輿鬼。六月丙午，太陰犯井。八月庚辰，太白晝見。戊戌，太陰犯畢，太白犯軒轅。九月丁巳，太白經天。丙寅，太陰掩填星。辛未，太陰犯軒轅。乙亥，太白犯右執法，太陰犯平道。十月壬午，太白犯左執法。癸巳，太陰掩填星。乙未，太陰犯井。十一月己酉，太陰犯亢。庚申，太陰犯畢。癸酉，太白犯房。十二月癸未，歲星犯房。丁亥，歲星犯鉤鈐。壬辰，太陰犯鬼。庚子，太陰犯房，又犯歲星。

成宗元貞元年正月乙卯，太陰犯填星，又犯畢。癸酉，歲星犯東咸。二月癸未，熒惑犯太陰。壬辰，太陰犯平道。癸卯，太陰犯歲星。三月庚戌，太陰犯填星。壬戌，太陰犯房。四月庚寅，太陰犯東咸。閏四月癸丑，歲星犯房。甲寅，太陰犯平道。乙卯，太陰犯亢。丁巳，太陰掩房。五月丁亥，太陰犯南斗。七月丁丑，太陰犯亢。甲申，歲星犯房。八月乙酉，太陰犯牛。壬子，太陰犯壘壁陣。九月甲午，太陰犯軒轅。戊戌，太陰犯平道。十月辛酉，辰星犯房。壬戌，辰星犯鍵閉。戊辰，太白晝見，太陰犯房。十一月甲戌，太白經天及犯壘壁陣。乙酉，太陰犯井。丁亥，太陰犯鬼。十二月丙辰，太陰犯軒轅。甲子，太陰犯天江。

二年正月壬午，太陰犯輿鬼。丙戌，太白晝見。丁亥，太陰犯平道。庚寅，太陰犯鉤鈐。二月丁未，太陰犯井。三月乙酉，太陰犯鉤鈐。五月丁丑，太陰犯平道。六月乙巳，太白犯天關。丁巳，太白犯填星。癸亥，太陰犯井。七月壬午，填星犯井，太白犯輿鬼。八月庚子，太陰犯亢，太白犯軒轅。癸卯，太陰犯天江。乙卯，太陰犯天街，太白犯上將。九月戊辰，太白犯左執法。壬申，太陰掩南斗。丁丑，太陰犯壘壁陣。己丑，太陰犯軒轅。十一月丁丑，太陰犯月星，又犯天街。庚辰，太陰犯井。丁亥，太陰犯上相。戊子，太陰犯平道。壬辰，太陰犯天江。十二月丁未，太陰犯井。乙卯，太陰犯進賢。

大德元年三月戊辰，熒惑犯井。癸酉，太陰掩軒轅大星。五月癸酉，太白犯鬼積尸氣。乙亥，太陰犯房。六月乙未，太白晝見。七月庚午，太陰犯房。八月丁巳，祅星出奎。九月辛酉朔，祅星復犯奎。十月戊午，太白經天。十一月戊子，太白經天。十二月甲辰，太白經天，又犯東咸。丙午，太陰犯軒轅。甲寅，大陰犯心閏。十二月癸酉，太白犯建星。丙子，太白犯建星。

二年二月辛酉，歲星、熒惑、太白聚危，熒惑犯歲星。辛未，太陰犯左執法。丙子，太陰犯心。五月戊戌，太陰犯心。六月壬戌，太陰犯角。七月癸巳，太陰犯心。八月壬戌，太陰犯箕。九月辛丑，太陰犯五車南星。癸卯，太陰犯五諸侯。己酉，太陰犯左執法。十月壬戌，太白犯牽牛。戊寅，太陰犯角宿距星。十一月己亥，太陰犯輿鬼。辛丑，辰星犯牽牛。壬寅，太陰犯右執法。十二月戊午，太白經天。己未，填心犯輿鬼。乙丑，太白犯歲星，太陰犯熒惑。庚午，填星入輿鬼，太陰犯上將。甲戌，彗出子孫星下。己卯，太陰犯南斗。

三年正月丙戌，太陰犯太白。丁酉，太陰犯西垣上將。戊戌，太陰犯右執法。乙巳，太白經天。三月乙巳，熒惑犯五諸侯。戊戌，熒惑犯輿鬼。四月己未，太陰犯上將。丙寅，填星犯輿鬼，太陰犯心。五月丙申，太陰犯南斗。己亥，太白犯畢。六月庚申，太陰掩房。丁卯，熒惑犯右執法。壬申，歲星晝見。七月己卯朔，太白犯井。丁未，太陰犯輿鬼。八月丁巳，太陰犯箕。戊辰，太白犯軒轅大星。己巳，太陰犯五車星。九月壬辰，流星色赤，尾長尺餘，其光燭地，起自河鼓，没於牽牛之西，有聲如雷。乙未，太陰犯昴宿距星。丁酉，太白犯左執法。十月丙子，太陰犯房。十一月乙酉，太白犯房。

四年二月戊午，太陰犯軒轅。五月甲午，太陰犯壘壁陣。辛丑，太白犯輿鬼，太陰犯軒轅。五月甲午，太陰犯壘壁陣。辛丑，太白犯輿鬼，太陰犯昴。六月丁巳，太白犯填星。七月辛卯，熒惑犯井。八月癸丑，太陰犯井。甲子，辰星犯靈臺上星。閏八月庚辰，熒惑犯輿鬼。九月戊午，太白犯斗。壬戌，太陰犯輿鬼。甲子，太白犯斗。十二月庚寅，熒惑犯軒轅。癸巳，太陰犯房宿距星。

五年正月己酉，太陰犯五車。壬子，太陰犯輿鬼積尸氣。辛酉，太陰犯心。二月己卯，太陰犯輿鬼。三月戊申，太陰犯御女。丁卯，熒惑犯填星。己巳，熒惑、填星相合。四月壬申，太陰犯東井。五月癸丑，太陰犯南斗。乙卯，熒惑犯右執法。丁卯，太白犯井。六月甲申，歲星犯司怪。癸巳，太白犯輿鬼，歲星犯井。甲午，太白犯輿鬼。七月丙午，歲星犯井。辛亥，太陰犯壘壁陣。庚申，辰星犯太白。八月壬辰，太陰犯軒轅御女。乙未，填星犯太微上將。九月乙丑，自八月庚辰，彗出井二十四度四十分，如南河大星，色白，長五尺，直西北，後經文昌斗魁。南掃太陽，又掃北斗、天機、紫微垣、三公、貫索，星長丈餘，至天市垣巴蜀之東、梁楚之南、宋星上，長盈尺，凡四十六日而滅。十月癸未，太陰犯東井。辛卯，夜有流星，大如杯，色赤，尾長丈餘，光燭地，自北起，近東徐徐而行，分爲二星，前大後小，相離尺餘，没於危宿。十一月己亥，歲星犯東井。戊申，太陰犯昴。十二月甲戌，歲星犯司怪。辛亥，太陰犯南斗。

六年正月壬戌，填星犯太微西垣上將。二月庚午，太陰犯昴。三月壬寅，太陰犯輿鬼。癸卯，歲星犯井。甲寅，太陰犯鉤鈐。四月乙丑朔，太白犯東井。戊寅，太陰犯心。庚寅，太白犯輿鬼。六月癸亥朔，填星犯太微西垣上將。乙亥，太陰犯斗。七月癸巳朔，熒惑、填星、辰星聚井。庚子，太陰犯心。戊午，太陰犯熒惑。八月乙丑，熒惑犯歲星。己巳，熒惑犯輿鬼。辛巳，太陰犯昴。壬午，太白犯軒轅。九月丙午，熒惑犯軒轅。癸丑，太陰犯輿鬼。丁巳，太白犯右執法。十月壬午，熒惑犯太微西垣上將。十一月辛亥，填星犯左執法。乙未，辰星犯房。癸卯，太陰犯昴。己酉，太陰犯軒轅。十二月庚申朔，熒惑犯填星。乙丑，歲星犯輿鬼。乙未，太陰犯輿鬼。庚辰，熒惑犯太微東垣上相。癸未，太陰犯房。

七年正月戊戌，太陰犯昴。甲辰，太陰犯軒轅。二月戊寅，太陰犯心。四月癸亥，太陰犯東井。丙寅，太陰犯軒轅。乙亥，歲星犯輿鬼，太陰犯南斗。甲申，熒惑犯太微垣右執法。丁亥，歲星犯輿鬼。五月壬辰，辰星犯東井。閏五月戊辰，太陰犯心。七月戊寅，歲星犯軒轅。己卯，太陰犯井。乙酉，熒惑犯房。八月癸巳，太白犯氐。甲午，熒惑犯東咸，太陰犯牽牛。乙巳，亢星犯軒轅。辛亥，熒惑犯天江。九月丙寅，太白晝見。辛未，熒惑犯南斗。甲戌，太陰犯東井。乙亥，太白犯南斗。壬午，辰星犯氐。十月丁亥，太白經天。辛丑，太陰犯東井。十一月己未，太白經天。丙寅，填星犯進賢。戊辰，太陰犯東井。己卯，太陰犯東咸。十二月丙戌，太白經天，夜，熒惑犯壘壁陣。丙申，太陰犯東井。辛丑，太陰犯明堂。丁未，太陰犯天江。

八年三月乙丑，自去歲十二月庚戌，彗星見，約盈尺，指東南，測在室十一度，漸長尺餘，復指西北，掃騰蛇，入紫微垣，至是滅，凡七十四日。

九年正月丁巳，太陰犯天關。甲子，太陰犯明堂。己巳，太陰犯東咸。三月甲寅，熒惑犯氐。戊午，歲星犯左執法。四月庚辰，太陰犯井。壬辰，太白犯井。五月癸亥，歲星掩左執法。七月丙午，熒惑犯氐。甲寅，太白經天〔二〕。丁卯，熒惑犯房。八月辛巳，太陰犯東井。乙未，熒惑犯天江。九月丁巳，熒惑犯斗。十月丙戌，太白經天。十一月庚戌，歲星、太白、填星聚於亢。癸丑，歲星犯亢。丙寅，歲星晝見。十二月壬申，太白經天。丙子，太陰犯西咸。庚寅，熒惑犯壘壁陣。己亥，辰星犯建星。

十年正月丁巳，太白犯建星。閏正月癸酉，太白犯牽牛。己丑，太白犯壘壁陣。二月戊午，太陰犯氐。三月戊寅，歲星犯亢。四月辛酉，填星犯亢。六月癸丑，太陰犯羅堰上星。己未，歲星犯亢。七月庚辰，太陰犯牽牛。八月壬寅，歲星犯氐，熒惑犯太微垣上將。九月己巳，熒惑犯太微垣右執法。壬午，熒惑犯太微垣左執法。十月甲辰，太白犯斗。辛亥，太陰犯畢。甲寅，太陰犯井。十一月辛未，歲星犯房。壬申，太陰犯虛。甲戌，熒惑犯亢。戊子，熒惑犯氐。辛卯，太陰犯熒惑。十二月壬寅，太白晝見。乙巳，歲星犯東咸。戊午，太陰犯氐。

十一年六月丙午〔三〕，太陰犯南斗杓星。己巳，太陰犯亢。七月壬午，熒惑犯南斗。九月癸酉，太白犯右執法。己卯，太白犯左執法。十月乙巳，太白犯亢。己酉，熒惑犯壘壁陣。甲寅，太陰犯明堂。己未，太陰犯太白。十一月丁卯，太白犯房。丙子，太陰犯東井。乙酉，太陰犯亢。辛卯，辰星犯歲星。十二月丁巳，填星犯鍵閉。

武宗至大元年正月辛未，太陰犯井。甲申，太陰犯填星。二月丁未，太陰犯亢。甲寅，太陰犯牛距星。三月乙丑，太陰犯井。五月癸丑，太白犯輿鬼。七月庚申，流星起自句陳，南至於太角傍，尾跡約三尺，化爲白氣，聚於七公，南行，圓若車輪，微有鋭，經貫索滅。壬申，太白犯左執法。八月壬子，太陰犯軒轅太民。九月壬申，填星犯房。丙子，太陰犯井。癸未，太陰犯熒惑。十月辛丑，太白犯南斗。十一月庚申，太白晝見。癸亥，熒惑犯亢。己巳，太陰掩畢。甲戌，熒惑犯氐。乙亥，辰星犯填星。閏十一月壬寅，熒惑犯房。丁未，太陰犯亢。十二月甲子，太陰犯畢。丙子，太陰犯氐。戊寅，太白掩建星。

二年二月己巳，太陰犯亢。辛未，太陰犯氐。庚辰，太陰犯太白。三月戊戌，太陰犯氐。己亥，熒惑犯歲星。丙午，熒惑犯壘壁陣。五月辛卯，太陰犯亢。六月乙卯，太白犯井。癸酉，辰星犯輿鬼。乙亥，太陰掩畢。八月乙亥，太陰犯軒轅。丁丑，太陰犯右執法。九月丙午，太陰犯進賢。十月壬申，太陰犯左執法。十一月己亥，太陰犯右執法。庚子，太陰犯上相。辛丑，熒惑犯外屏。十二月庚申，太陰犯參。癸亥，辰星犯歲星。辛未，太白犯壘壁陣。

三年正月壬辰，太陰犯軒轅御女。甲午，太陰犯右執法。丙申，太陰犯平道。二月辛亥，熒惑犯月星。庚申，熒惑犯天街，太陰犯軒轅少民。壬戌，太陰犯左執法。乙亥，太白犯月星。三月甲申，太陰犯井。庚寅，太陰犯氐。丙申，太陰犯南斗。丁未，太白犯井。甲寅，太陰犯軒轅御女。戊辰，太白晝見。五月乙酉，太陰犯平道。癸巳，熒惑犯輿鬼。

六月乙卯，太陰犯氐。七月戊寅，太陰犯右執法。己卯，太陰犯上相。八月甲子，太白犯軒轅太民。乙丑，太陰掩畢大星。辛巳，太陰犯建星。辛卯，太陰犯天廩。十月甲辰朔，太白經天。丙午，太白犯左執法。癸丑，熒惑犯亢。十一月甲戌朔，太白犯亢。丁亥，太陰犯畢。十二月甲辰朔，太陰犯羅堰。庚申，太陰犯軒轅大星。辛酉，太白犯填星。丙寅，太白犯氐。

四年二月甲子，太陰犯填星。三月丙戌，太陰犯太微上將。四月甲寅，太陰犯亢，熒惑犯壘壁陣。癸未，太陰犯氐。五月乙未，太陰犯太微東垣上相。庚戌，太陰犯氐。七月癸巳，太陰犯畢。丁酉，太陰犯鬼宿距星。閏七月丙寅，太陰犯軒轅。九月乙卯，太陰犯畢。十月丙申，太白犯壘壁陣。十一月甲寅，太陰犯輿鬼。十二月庚辰，太白經天。癸未，亦如之。甲申，太陰犯太微西垣上將。壬辰，太白經天。

仁宗皇慶元年正月癸丑，太陰犯太微東垣上相。二月壬午，太陰犯亢。三月丁酉朔，熒惑犯東井。壬寅，太陰犯東井。四月丙子，太白晝見。壬午，熒惑犯輿鬼。癸未，熒惑犯積尸氣。庚寅，太白經天。六月己巳，太陰犯天關。七月戊午，太陰犯東井。八月戊辰，太白犯軒轅。辛未，太陰犯填星。壬午，辰星犯右執法。乙酉，太白犯右執法。丁亥，辰星犯左執法。九月丁巳，太白犯亢。十月丁亥，太陰犯平道。戊子，太陰犯亢。十一月己亥，太陰掩壘壁陣。十二月甲申，熒惑、填星、辰星聚井。戊子，太陰犯熒惑。

二年正月戊申，太陰犯三公。三月庚子，熒惑犯壘壁陣。丁未，彗出東井。七月己丑朔，歲星犯東井。辛卯，太白晝見。乙未、丙辰，皆如之。丁巳，太白經天。八月戊午朔，太白晝見。壬戌，歲星犯東井。壬午，太陰犯輿鬼。

延祐元年二月癸酉，熒惑犯東井。三月壬辰，太陰掩熒惑。閏三月辛酉，太陰犯輿鬼。丙寅，太陰犯太微東垣。五月戊午，辰星犯輿鬼。六月乙未，熒惑犯右執法。十月庚戌，辰星犯東咸。十二月甲子，太陰犯輿鬼。癸卯，太陰犯房。甲辰，太陰犯天江。

二年正月乙卯，歲星犯輿鬼。己未，太白晝見。癸亥，太陰犯軒轅。丁卯，太陰犯進賢。二月戊子，太白晝見。癸巳，太白經天。丙午，亦如之。三月丙辰，太陰色赤如赭。四月庚子，太陰犯壘壁陣。五月辛酉，太陰犯天江。庚午，太白晝見。六月甲申，太白晝見。是夜，太陰犯平道。癸卯，太白犯東井。丙申，辰星犯輿鬼。九月己酉，太陰犯房。辛酉，太白犯左執法。十月丙子朔，客星見太微垣。十一月丙午，客星變爲彗，犯紫微垣，歷軫至壁十五宿，明年二月庚寅乃滅。

三年九月癸丑，太白晝見。丙寅，太白經天。十月甲申，太白犯斗。

四年三月乙酉，太陰犯箕。六月乙巳，太陰犯心。八月丙申，熒惑犯輿鬼。壬子，太陰犯昴。九月庚午，太陰犯斗。

六年正月戊寅，太陰犯心。二月己亥，太陰犯靈臺。三月己巳，太陰犯明堂。癸酉，太陰犯日星。甲戌，太陰犯心。五月辛酉，太陰犯靈臺。丁卯，太陰犯房。丙子，太陰犯壘壁陣。六月己亥，歲星犯東咸。七月壬戌，太陰犯心。丙子，太白犯太微垣右執法。八月乙酉，熒惑犯輿鬼。閏八月丙辰，辰星犯太微垣右執法。丁巳，太陰犯心。癸亥，熒惑犯軒轅。甲子，太陰犯壘壁陣。乙亥，太白犯東咸。十月癸亥，熒惑犯太微垣左執法。乙丑，太陰犯昴。戊辰，太陰犯東井。庚午，太白晝見。辛未，太陰犯軒轅。辛卯，熒惑犯進賢。庚子，太陰犯明堂。十二月丙寅，太陰犯軒轅。

七年正月乙未，太陰犯明堂上星。癸卯，太陰犯斗宿東星。二月辛酉，太陰犯軒轅御女。壬戌，太陰犯靈臺。丁卯，太陰犯日星。庚午，太陰犯斗宿距星。三月戊子，太陰犯酒旗上星，熒惑犯進賢。庚寅，太陰犯明堂上星。四月甲寅，太白犯填星。壬戌，太陰犯房宿距星。五月庚寅，太陰犯心宿東星。癸巳，太陰犯狗宿東星。丙申，太白犯畢宿距星。六月庚申，太陰犯斗宿東星。癸亥，太陰犯壘壁陣西二星。丁卯，太白犯井宿東扇第三星。辛未，太陰犯昴宿。七月丁亥，太陰犯斗宿東二星。戊戌，熒惑犯房宿上星。己亥，太陰犯昴宿距星。八月丙辰，太白犯靈臺上星。乙丑，熒惑犯天江。丁卯，太白犯太微垣右執法。壬申，太陰犯軒轅御女。九月乙酉，太陰犯壘壁陣西二星。丙戌，熒惑犯斗宿。癸巳，太陰犯昴宿東星。己亥，太白犯亢星。十月庚戌，太陰犯熒惑于斗。癸亥，太陰犯井宿。十一月癸卯，熒惑犯壘壁陣。乙卯，太陰掩昴宿。戊午，太陰犯井宿東星。庚申，太陰犯鬼宿。

英宗至治元年正月乙未，太陰掩房宿距星。甲辰，辰星犯外屏西第一星，辰星、太白、熒惑、填星聚於奎宿。二月壬子，太白、熒惑、填星聚於奎宿。辛酉，太白犯熒惑。癸亥，太陰犯心宿大星，又犯心宿東星。三月丁丑，太陰掩昴宿。四月戊午，太陰犯心宿大星。庚辰，太陰犯斗宿東第三星。五月戊寅，太白犯鬼宿積尸氣，太陰犯軒轅右角。庚辰，太陰犯明堂中星。六月己未，太陰犯虛梁東第二星。辛酉，太白經天。七月癸未，太陰犯昴宿。八月丁未，太陰犯心宿前星。己酉，太陰犯斗宿西第二星。壬子，熒惑犯軒轅大星。九月乙亥，熒惑犯靈臺東北星。壬午，熒惑犯太微西垣上將。丁酉，熒惑犯太微垣右執法。十月甲辰，太白經天。戊申，熒惑犯太微垣左執法。十一月辛未，熒惑犯進賢。丙子，太陰犯虛梁東第一星。戊寅，辰星犯房宿上星。丙戌，太陰犯井宿東扇北第二星。己丑，太陰犯酒旗西星，又犯軒轅右角。辛卯，太陰犯明堂中星。己亥，太白犯西咸南第一星。十二月甲辰，熒惑犯亢宿南第一星。庚戌，太陰犯昴宿東第一星。辛酉，熒惑入氐宿。

二年正月丁丑，太陰犯昴宿距星。庚辰，太白犯建星西第二星。辛巳，太白犯建星西第三星。辛卯，太陰犯心宿大星。甲午，熒惑犯房宿上星。丁酉，太白犯牛宿南第一星。二月己亥朔，熒惑犯鍵閉星。丙午，熒惑犯罰星南一星。戊申，太陰犯井宿東扇北第二星。庚戌，熒惑犯東咸北第二星。辛亥，太陰犯酒旗西第一星及軒轅右角星。壬子，太白犯壘壁陣西方第二星。癸丑，太陰犯明堂中星。己未，太陰犯天江南第一星。壬戌〔四〕，太白犯壘壁陣第六星。五月丙子，熒惑退犯東咸南第一星。六月壬申，熒惑犯心宿距星。七月己亥，熒惑犯天江南第一星。戊午，太陰犯井宿鉞星。九月己未，太陰犯明堂中星。十日庚辰，太陰犯井宿距星。辛巳，太陰犯井宿東扇北第二星及第三星。己丑，熒惑犯壘壁陣西第六星。十一月甲辰，太白犯壘壁陣第一星。乙巳，熒惑犯壘壁陣西第八星。戊申，太陰掩井宿東扇北第二星。己未，太陰犯東咸南第一星。庚申，太陰犯天江上第二星。辛酉，熒惑犯歲星。十二月乙丑，太白、歲星、熒惑聚於室，太白犯壘壁陣西第八星。乙亥，太陰掩井宿距星。戊寅，太白犯歲星。己丑，熒惑犯外屏西第三星，太陰犯建星西第二星。

三年正月壬寅，太陰犯鉞星，又犯井宿距星。癸卯，太陰犯井宿東扇南第二星。二月癸亥朔，熒惑、太白、填星聚於胃宿。癸酉，太白犯昴宿。辛巳，太陰犯東咸南第一星、第二星。五月戊戌，太白經天。癸卯，太陰犯房宿第二星。庚戌，太白犯畢宿右股第三星。六月癸未，填星犯畢宿距星。九月辛卯，填星退犯畢。十月己巳，太白犯亢。丙子，太白犯氐。十一月己丑朔，熒惑犯亢。庚寅，太白犯鉤鈐。乙未，太白犯東咸。壬寅，熒惑犯氐。十二月己巳，辰星犯壘壁陣。辛未，熒惑犯房。辛巳，熒惑犯東咸。

泰定帝泰定元年五月丙午，太白犯鬼宿。丁未，太白又犯鬼宿積尸氣。十月丙寅，太白犯斗宿距星。己巳，太白入斗宿魁，太陰犯填星。庚午，太白犯斗。壬午，熒惑犯壘壁陣。十二月庚午，熒惑犯外屏。乙亥，太白經天。

二年正月丙戌，辰星犯天雞。壬寅，太白犯建星。二月庚寅，熒惑、歲星、填星聚於畢宿。六月丙戌，填星犯井宿鉞星。丙午，填星犯井宿。八月癸巳，歲星犯天罇。十月壬辰，熒惑犯氐宿。癸巳。填星退犯井宿。十一月戊午，填星退犯井宿鉞星。十二月乙酉，熒惑犯天江，辰星犯建星。甲午，太白犯壘壁陣。

三年正月辛酉，太白犯外屏。三月丙午，填星犯井宿鉞星。戊辰，熒惑犯壘壁陣，填星犯井宿。庚午，填星、太白、歲星聚於井。四月戊戌，太白犯鬼宿。壬寅，熒惑犯壘壁陣。七月戊辰，太白經天，至於十二月。八月丁酉，太白犯軒轅御女。九月壬戌，太白犯太微垣右執法。十月辛巳，太白犯進賢。

四年正月己酉，太白犯斗宿。三月丁卯，熒惑犯井宿。九月壬子，太白犯房宿。閏九月己巳，太白經天，至十二月。十月乙巳，晝有流星。戊午，辰星犯東咸。十一月癸酉，太白犯壘壁陣，熒惑犯天江。十二月己未，歲星退犯太微西垣上將。

致和元年二月壬戌，太白晝見。五月庚辰，流星如缶大，光明燭地。七月丙戌，太白犯軒轅大星。

文宗天曆元年九月庚辰，太白犯亢宿。

二年正月甲子，太白犯壘壁陣。二月己酉，熒惑犯井宿。五月庚申，太白犯鬼宿積尸氣。六月丁未，太白晝見。七月癸亥，太白經天。十一月癸酉，太陰犯填星。

至順元年七月庚午，歲星犯氐宿。八月戊辰，太白犯氐宿。九月己丑，熒惑犯鬼宿。甲午，熒惑犯鬼宿。十一月甲申，熒惑退犯鬼宿。丙戌，太白犯壘壁陣。

二年二月壬子，太白晝見。乙卯，太白晝見。乙卯，太白犯昴。三月丙子朔，熒惑犯鬼宿。己卯，熒惑犯鬼宿積尸氣。五月丁丑，熒惑犯軒轅左角。甲午，太白犯畢宿。庚子，太陰犯太白。辛丑，太白經天。六月丁未，太白晝見。丁卯，太陰犯畢，太白犯井。八月乙卯，太白犯軒轅大星。庚申，太白犯軒轅左角。九月丙子，太白犯填星。十一月壬申朔，太白犯鉤鈐。

三年五月癸酉，熒惑犯東井。

【校勘記】

〔一〕「日食日暈珥諸變」題目下，原衍「月五星凌犯及星變上」九字，今删。

〔二〕「太白經天」下，原衍「己」字，據《元史》卷四八志第一《天文一》删。

〔三〕「十一年」，原作「十年」，據《元史》卷四八志第一《天文一》改。

〔四〕「壬戌」下，原衍「犯」字，據《元史》卷四八志第一《天文一》删。

新元史卷之四十二　志第九

天文志下

月五星凌犯及星變下

惠宗元統元年正月癸酉，太白晝見。二月戊戌，復如之。己亥，填星退犯太微東垣上相。丙辰，太陰犯天江下星。三月戊寅，太陰犯太微東垣上相。五月丁酉，熒惑犯太微垣右執法。六月丁丑，太陰犯壘壁陣西第二星。七月己亥，太陰犯房宿北第二星。九月甲午，太陰犯東咸西第一星，填星犯進賢。乙未，太陰犯天江下星。丁巳，太陰犯填星。己未，太陰犯氐宿距星。十月甲子，太陰入犯斗宿魁東北星。十一月甲午，太陰犯壘壁陣西方第二星。辛亥，太陰犯太微東垣上相。壬子，太陰犯填星。癸丑，太陰犯亢宿南第一星。十二月癸酉，太陰犯鬼宿東北星。乙亥，太白犯壘壁陣西第八星，太陰犯軒轅夫人星。己卯，太陰犯進賢。癸未，太陰犯東咸西第二星。

二年正月壬寅，太陰犯軒轅夫人星。庚戌，太陰犯房宿北第二星。二月癸酉，太陰犯太微東垣上相。丁亥，太白經天。三月辛丑，太陰犯進賢，又犯填星。四月丁丑，太白經天。戊寅，太白晝見。辛巳、壬午皆如之。壬午，太白犯鬼宿積尸氣。七月己亥，太白經天。甲辰、丙午，皆如之。己酉，太白晝見。夜，流星如酒盃大，色赤，尾約長五尺餘，其光燭地，起自天津之側，没於離宫之南。庚戌，太白經天。壬子，復如之，熒惑入犯鬼宿積尸氣。癸丑，太白經天。甲寅，亦如之。八月丙辰朔，太白經天。丁巳、戊午、己未，皆如之。癸亥、丙寅、戊辰、辛未、壬申、癸酉、甲戌、丁丑、己卯，皆如之。己卯，夜，太白犯軒轅御女星。庚辰，太白經天。壬午，亦如之。九月庚寅，太白經天。壬辰，太白入南斗魁。癸巳，太陰犯狗宿東星，太白犯靈臺中星。甲午，太白經天。乙未、己亥、壬寅，皆如之。乙巳，太白犯太微垣右執法。壬子，太白犯太微垣左執法。十月癸亥，熒惑犯太微西垣上將，太白犯進賢。乙亥，太陰犯軒轅夫人星，太白犯填星。十一月乙未，填星犯亢宿距星。庚戌，熒惑犯太微東垣上相。

後至元元年二月甲戌，熒惑逆行入太微垣。四月壬戌，太陰犯太微垣左執法。五月癸卯，太陰犯壘壁陣東方第四星。六月壬戌，太陰犯心宿大星。七月乙未，太陰犯壘壁陣西方第二星。八月辛亥，熒惑犯氐宿東南星。九月丁亥，太陰犯斗宿東南星。庚寅，太陰犯壘壁陣西方第二星。十月甲寅，熒惑犯斗宿西第二星。庚申，太陰犯壘壁陣東方東第二星。甲子，太陰犯昴宿西第二星。丁卯，太白犯斗宿魁第三星。戊辰，太白晝見。十一月甲申，太白經天。丙戌，亦如之。己丑，辰星犯房宿上星及鉤鈐星。丙申，太陰犯鬼宿東北星。己亥，太陰犯太微西垣上將。庚子，太陰犯太微垣左執法。十二月壬子，太陰犯壘壁陣西方第二星。辛酉，太白犯壘壁陣東方第六星。甲子，太白經天。乙丑，太陰犯軒轅夫人星。丙寅，太白經天。丁卯，亦如之。太陰犯太微垣右執法。庚午，太白經天。壬申，亦如之。癸丑，歲星晝見。乙亥，太白、歲星皆晝見。戊寅，太白經天，歲星晝見。閏十二月乙酉，熒惑犯壘壁陣西第八星。庚子，太陰犯心宿大星。壬寅，太陰犯箕宿距星。癸卯，太陰犯斗宿東南星。

二年正月壬戌，太陰犯太微垣右執法。甲子，太陰犯角宿距星。丁卯，太陰犯房宿距星。二月辛巳，太陰犯昴宿距星。甲申，太白經天。己丑，太陰犯太微垣右執法。三月壬戌，太陰犯心宿距星。甲子，太陰犯箕宿距星。乙丑，太陰犯斗宿東南星。四月丙戌，太陰犯角宿距星。五月庚戌，太陰犯靈臺第一星。五月丙辰，太白晝見。丁巳，亦如之。六月戊子，太白犯井宿東扇北第二星。七月己酉，太白犯鬼宿東南星。乙卯，太白犯熒惑。八月己卯，太陰犯心宿東第一星。辛巳，太陰犯箕宿東北星。九月庚戌，熒惑犯太微西垣上將。十月丙子，熒惑犯太微垣左執法。丁亥，太陰犯昴宿。己亥，熒惑犯進賢。十一月己酉，太陰犯壘壁陣西第八星。己未，太陰犯鬼宿積尸氣。丁卯，太陰犯房宿距星。

三年三月辛亥，太陰犯靈臺上星。四月甲戌，有星孛於王良，至七月壬寅没於貫索。辛卯，太陰犯壘壁陣西方第五星。庚子，太白晝見。五月壬寅，太白犯鬼宿東北星。乙巳，太陰犯軒轅左角。戊申，太白晝見。己未，太陰犯壘壁陣西方第六星。辛酉，太白晝見。丁卯，彗星見於東北，如天船星大，色白，長約尺餘，彗指西南，測在昴五度。六月庚午，太白經天。辛未、甲戌，皆如之。乙亥，太白犯靈臺上星。己未，太白經天。夜，太白犯太微西垣上將。壬午，太白晝見，太陰犯斗宿尖星。丁亥，太白犯太微垣右執法。己丑，太白晝見。庚寅，亦如之。七月癸卯，太白經天。乙巳，丙午，皆如之。庚戌，太白晝見。甲寅，太白經天。辛酉，太白晝見。壬戌，太白經天。癸亥、甲子，皆如之。八月庚午，彗星不見。其星自五月丁卯始見，戊辰，往西南行，日益漸遠，至六月辛未，芒彗愈長，約二尺餘，丁丑，掃上丞，己卯，光芒約三尺餘，入環衛，壬午，掃華蓋、杠星，乙酉，掃鉤陳大星及天皇大帝，丙戌，貫四輔，經樞心，甲午，出環衛，丁酉，出紫微垣，戊戌，犯貫索，掃天紀，七月庚子，掃河間，癸卯，經鄭晉，入天市垣，丙午，掃列肆，己酉，太陰光盛，微辨芒彗，出天市垣，掃梁星，至辛酉，光芒微小，在房宿鍵閉之上、罰星中星之西，難測。日漸南行，至是凡見六十有三日，自昴至房，凡歷一十五宿而滅。甲戌，太陰犯心宿後星。九月己亥，熒惑犯斗宿西第二星。甲辰，太陰犯斗宿魁第二星。丁未，太陰犯壘壁陣西第一星。己酉，太陰犯壘壁陣西第八星。辛酉，太陰犯軒轅大星。十月庚午，太白晝見。丙子，太陰犯壘壁陣西方第七星。壬午，太陰犯昴宿上行星。丁亥，太白晝見，太陰犯鬼宿積尸氣。庚寅，太白晝見。辛卯、丙申，皆如之。十一月丁酉，太白經天。戊戌，太白犯亢宿距星。己亥，太白經天。壬寅，太陰犯熒惑。癸卯，太陰犯壘壁陣西第六星。丁未，填星犯鍵閉。辛亥，太陰犯五車東南星。甲寅，太陰犯鬼宿西北星。丙辰，太陰犯軒轅左角。丁巳，太白經天，太陰犯太微垣三公東南星。戊午，太白經天。癸亥、甲子、乙丑，皆如之。十二月己巳，歲星退犯天罇東北星，填星犯罰星南第一星。甲戌，熒惑犯壘壁陣東第五星，太白犯東咸上星。

四年正月癸卯，太白犯建星西第三星。丙午，太陰犯五車東南星。辛亥，太陰犯軒轅左角。己未，填星犯東咸上星。庚申，太陰入斗魁，太白犯牛宿。二月戊寅，太陰犯軒轅大星。己卯，太陰犯靈臺中星。三月戊申，填星退犯東咸上星。六月辛巳，填星退犯鍵閉星。閏八月己亥，填星犯罰星南第一星，太陰犯斗宿南第二星。庚戌，太陰犯昴宿南第二星。乙卯，太陰犯鬼宿東南星。九月丙寅，太陰犯斗宿距星。戊辰，太白犯東咸上第二星。癸丑，奔星如酒盃大，色白，起自右旗之下，西南行，没於近濁。甲申，太陰犯軒轅御女。乙酉，太陰犯靈臺南第一星。庚寅，太白犯斗宿北第二星。十月辛亥，太陰犯酒旗上星。十一月辛未，熒惑犯氐宿距星。丁丑，太陰犯鬼宿東南星。戊寅，太白犯壘壁陣西第六星。十二月庚子，熒惑犯房宿上星。癸卯，太白經天。己酉、庚戌、辛亥，皆如之。壬子，熒惑犯東咸上第二星。乙卯，太白犯外屏西第二星，太陰犯斗宿距星。丙辰，太白經天。

五年正月庚午，太陰犯井宿東扇上星。乙亥，熒惑犯天江上星。二月甲午，太陰犯昴宿上西第一星。壬寅，太陰犯靈臺下星。四月壬寅，太陰犯日星及犯房宿距星。五月庚午，太陰犯心宿後星。壬申，太陰犯斗宿西第四星。丙子，太白犯畢宿右股西第三星。六月甲辰，熒惑退入南斗魁内。七月辛酉，熒惑犯南斗魁尖星。壬戌、甲子，皆如之。太陰犯房宿距星。甲戌，太白經天。乙亥、丙子、戊寅、乙酉、丙戌，皆如之。八月戊子，太白經天。己丑、庚寅、辛卯，皆如之。甲午，太陰犯斗宿西第四星。丁酉，太白犯軒轅大星。戊戌，太白經天。己亥、壬寅、甲辰，皆如之。乙巳，太陰犯昴宿上行西第三星。九月戊午，太白經天。己未，亦如之。十月己亥，熒惑犯壘壁陣西方第六星。十一月丁巳，熒惑犯壘壁陣東方第五星。十二月甲午，太陰犯昴宿距星。癸卯，熒惑犯外屏西第三星。

六年正月丁卯，太陰犯鬼宿距星。乙亥，太陰犯房宿距星。二月己丑，太陰犯昴宿。

丙申，太陰犯太微西垣上將。癸卯，太陰犯心宿大星。丁未，太陰犯羅堰南第一星。戊申，熒惑犯月星。己酉，彗星如房星大，色白，狀如粉絮，尾跡約長五寸餘，彗指西南，測在房七度，漸往西北行。太陰犯虛梁南第二星。三月癸丑，太陰犯軒轅右角。庚午，太陰犯房距星。壬申，太陰犯南斗杓第二星。丙子，太陰犯虛梁南第一星。戊寅，太白犯月星。辛巳，彗星不見。自二月己酉，及三月庚辰，凡見三十三日。四月乙巳，太陰犯雲雨西北星。五月丁卯，太陰犯斗宿西第二星。辛未，太陰犯虛梁西第二星。六月癸卯，太白晝見。己酉、辛亥，皆如之。太白又犯歲星，又太白、歲星皆犯右執法。七月甲寅，太白晝見。丁巳，復如之。庚申，太陰犯心宿距星，又犯中央大星。壬戌，太白晝見。癸亥，復如之。甲子，太陰犯羅堰。乙丑，太白晝見。丙寅、癸酉，皆如之。九月辛酉，太陰犯虛梁北第一星。丁卯，太陰犯昴宿距星，熒惑犯歲星。甲戌，太陰犯軒轅右角。十月丁酉，太白入南斗魁。己亥，太白犯斗宿中央東星。十一月乙卯，太陰犯虛梁西第一星。戊午，熒惑犯氐宿距星。丙寅，辰星犯東咸上第一星。戊寅，辰星犯天江北第一星。十二月癸未，太陰犯虛梁北第一星。乙酉，太陰犯土公東星。丁亥，熒惑犯鉤鈐南星。乙未，熒惑犯東咸北第二星。戊戌，太陰犯明堂星。

至正元年正月甲寅，熒惑犯天江上星。庚申，太陰犯井宿東扇北第二星。辛未，太陰犯心宿距星。癸酉，太陰犯斗宿北第二星。甲戌，太白晝見。乙亥、丙子、丁丑，皆如之。二月己卯，太白晝見。庚辰、丙戌，皆如之。癸巳，太陰犯明堂東南星。三月癸酉，太陰犯雲雨西北星。六月庚午，太陰犯井宿距星。七月乙酉，太陰犯填星。庚寅，太陰犯雲雨西北星。九月庚辰，太陰犯建星南第二星。壬辰，太陰犯鉞星，又犯井宿距星。十月己卯，歲星犯氐宿距星。丁巳，太陰犯月星。十一月己亥，太陰犯東咸南第一星。庚子，太陰犯天江北第二星。十二月丁巳，太白犯壘壁陣東方第五星。

二年正月戊子，太陰犯明堂北第二星。甲午，熒惑犯月星。三月戊子，太陰犯房宿北第二星。四月庚申，太陰犯羅堰上星。五月甲申，太白經天。七月乙未，太陰掩太白。丁酉，太白晝見。八月丙午，太白晝見。九月丁丑，太陰犯羅堰北第一星。戊子，太陰犯井宿東扇南第一星。十月癸丑，太陰犯建星北第三星。甲寅，太陰犯天關。十一月辛卯，歲星、熒惑、太白聚於尾宿。

三年二月甲辰，太陰犯井宿西扇北第二星，填星犯牛宿南第一星，熒惑犯羅堰南第一星。乙卯，太陰犯氐宿東南星。三月壬午，太陰又犯氐宿東南星。七月庚辰，太白犯右執法。

四年十二月壬戌，太陰犯外屏西第二星。

七年七月丙辰，太陰犯壘壁陣東第四星。十一月庚戌，太陰犯天廩西北星。

八年二月庚辰，太陰犯軒轅左角。癸未，太陰犯平道東星。三月丙辰，太陰犯建星西第一星。八月丙子，太陰犯壘壁陣西方第五星。九月己未，太陰犯靈臺東北星。

九年正月庚戌，太白犯建星東第三星。辛亥，太陰犯平道西星。二月甲申，太陰犯建星西第二星。三月己亥，太白犯壘壁陣東方第六星。七月丙午，太陰犯壘壁陣東方南第一星。癸丑，太陰犯天關。九月丙戌，熒惑犯靈臺上星。十一月戊辰，太陰犯畢宿左股北第三星。庚辰，太白犯壘壁陣西方第二星。十二月戊戌，太陰犯壘壁陣東方第五星。

十年正月壬申，太陰犯熒惑。二月辛丑，太陰犯平道東星。甲辰，太陰犯鍵閉。三月己卯，熒惑犯太微西垣上將。四月丙午，太白犯鬼宿西北星。六月，有星大如月，入北斗，震聲若雷。七月辛酉，太陰犯房宿北第一星。辛未，太白晝見。壬申、丁丑、壬午，皆如之。八月癸未朔，太白晝見。丁酉，復如之。九月癸丑朔，太白晝見。壬戌，熒惑犯天江南第二星。十月癸巳，歲星犯軒轅大星。丙申，太陰犯昴宿東第二星。十一月戊辰，太陰犯鬼宿東北星。十二月乙未，太陰犯鬼宿西北星。

十一年正月丙辰，辰星犯牛宿西南星。二月庚寅，太陰犯鬼宿東北星。乙未，太陰犯太微東垣上相。丁酉，太陰犯亢宿距星。三月丁卯，太陰犯東咸第二星。戊辰，太陰犯天江西第一星。七月己未，太陰犯斗宿東第三星。壬戌，太白犯右執法。甲子，太陰犯壘壁陣東方第一星。己巳，太白犯太微垣左執法，熒惑入犯鬼宿積尸氣。八月乙酉，太陰犯天江南第二星。九月乙卯，辰星犯太微垣左執法。丁巳，太白犯房宿第二星。戊辰，太陰犯鬼宿東北星。十月戊寅，熒惑犯太微西垣上將。辛巳，太陰犯斗宿距星。乙酉，太白犯斗宿西第一星。己丑，太白晝見，熒惑犯歲星。辛卯，太白犯斗宿西第四星。癸巳，歲星犯右執法。丙午，熒惑犯太微垣左執法。十一月辛亥，孛星見於奎宿。癸丑，孛星見於婁宿。甲寅，孛星見於胃宿。乙卯，亦如之。丙辰，孛星見於昴宿。丁巳，太陰犯填星，孛星微見於畢宿。丁卯，太白晝見。庚午，歲星晝見。十二月丙子，太白晝見。丁丑，太白經天。庚辰，亦如之。太白犯壘壁陣西方第六星。甲申，太陰犯填星。丙戌，太白經天，太白犯壘壁陣西方第七星。辛卯，太白經天。壬辰、甲午，皆如之。丁酉，太白晝見，太陰犯熒惑。庚子，太白經天，辰星犯天江西第二星。辛丑，太白經天。壬寅，太白晝見。

十二年正月乙丑，太陰犯熒惑。己巳，歲星犯右執法。二月庚寅，太陰犯太微東垣上相。癸巳，太陰犯氐宿距星。三月戊午，太陰犯進賢。壬戌，太陰犯東咸西第一星。戊辰，太白晝見。五月癸酉，太白犯填星。六月辛亥，太白犯井宿東第二星。七月丁酉，辰星犯靈臺北第二星。八月丁卯，太白犯歲星。九月壬辰，太陰犯軒轅南第三星。十月戊午，太陰犯鬼宿東北星。甲子，太陰犯歲星。乙丑，太陰犯亢宿南第一星。十一月庚寅，太陰犯太微東垣上相。

十三年正月乙酉，太陰犯太微東垣上相。戊戌，熒惑、太白、辰星聚於奎宿。二月己酉，太陰犯軒轅南第三星。庚戌，太白犯熒惑。壬子，太陰犯太微東垣上相。四月辛丑，太白犯井宿東扇北第一星。辛亥，太陰犯房宿北第二星。五月乙亥，太陰犯歲星。七月戊辰，太白晝見。九月庚寅，太陰犯熒惑。壬辰，太白經天，熒惑犯左執法。十月庚子，太白經天。甲辰，歲星犯氐宿距星。癸亥，太白犯亢宿距星。十一月壬申，太陰犯壘壁陣東方第四星。十二月丁酉，太白犯東咸北第一星。庚子，熒惑入氐宿。丁巳，太陰犯心宿距星。

十四年正月乙丑，熒惑犯歲星。丁卯，太陰犯建星西第二星。癸酉，熒惑犯房宿北第一星。二月戊午，太白犯壘壁陣西方第八星。六月甲辰，太陰入斗宿。七月乙丑，太陰犯角宿距星。壬午，太陰犯昴宿距星。十月壬子，太陰犯太微垣右執法。十一月丙子，太陰犯鬼宿東北星。十二月己亥，太陰掩昴宿。

十五年正月戊辰，太陰犯五車東南星。辛未，太陰犯鬼宿東北星。閏正月丁未，太陰犯心宿後星。丙辰，太白經天。三月庚寅，太陰犯五車東南星。五月丙申，太陰犯房宿距星。癸丑，太白經天。六月癸亥，太白經天。八月戊寅，太白晝見。九月己丑，太白晝見，太白入犯太微垣左執法。庚寅，太白晝見。十月己未，太陰犯壘壁陣西方第二星。癸酉，太陰犯軒轅大星。十一月乙酉，熒惑犯氐宿距星。庚寅，填星退犯井宿東扇北第二星。己亥，太陰犯鬼宿東北星。十二月癸丑，熒惑犯房宿北第一星。

十六年正月己丑，太陰犯昴宿西第一星。四月癸亥，熒惑犯壘壁陣西方第四星。五月壬辰，太白犯鬼宿西北星。癸巳，太白犯鬼宿積尸氣。甲午，太陰入犯斗宿南第二星。丁酉，太陰犯壘壁陣西方第一星。秋七月丁酉，太陰犯壘壁陣星。八月丁卯，太陰犯昴宿西北星。甲戌，彗星見於正東，如軒轅左角大，色青白，彗指西南，約長尺餘，測在張宿十七度十一分，至十月戊午滅跡，西北行四十餘日。十一月丁亥，流星如酒盃大，色青白，尾跡約長五尺餘，其光燭地，起自西北，東南行，没於近濁，有聲如雷。壬辰，太陰犯井宿東扇上星。

十七年二月癸丑，太陰犯五車東南星。三月甲申，太陰入鬼宿積尸氣，又犯東南星。壬申，歲星犯壘壁陣西南第六星。七月癸未，太白入犯鬼宿積尸氣。甲申，太陰入犯斗宿距星。丁亥，填星入犯鬼宿距星。八月癸卯，填星犯鬼宿東南星，太白犯軒轅大星。己酉，歲星犯壘壁陣西方第六星。甲子，太陰犯五車尖星。閏九月，飛星如酒盃大，色青白，其光燭地，尾跡約長尺餘，起自王良，没於鉤陳之下。丙午，太陰犯斗宿南第三星。庚申，太陰犯井宿東扇北第一星。十月乙亥，熒惑犯氐宿距星。甲申，太陰掩昴宿。十二月庚午朔，熒惑犯天江北第一星。戊寅，太陰犯歲星。庚辰，太白犯壘壁陣東方第五星。甲申，太陰犯鬼宿距星。丁亥，歲星犯壘壁陣東方第五星。癸巳，太陰犯心宿後星。己亥，流星如金星大，尾跡約長三尺餘，起自太陰，往南行，没後化爲青白氣。

十八年正月辛丑，填星退入犯鬼宿積尸氣。丙午，太陰犯昴宿。二月乙亥，填星入守鬼宿積尸氣。三月丁卯，太白在井宿，失行於北，生芒角。熒惑犯壘壁陣東方第六星。四月辛卯，太白入犯鬼宿積尸氣。五月壬寅，太白犯填星。壬子，太陰犯斗宿東第三星。七月丁未，太陰犯斗宿南第三星。戊申，太白晝見。八月壬申，太陰掩心宿大星。甲申，太陰掩昴宿距星。十月己卯，太陰犯昴宿距星。十一月丙午，太陰犯昴宿距星，太白犯房宿上第一星。辛酉，太陰掩心宿大星。十二月戊寅，太白生黑芒，環繞其星，忽動忽静。癸未，復如之。戊子，太陰犯房宿南第二星。

十九年正月辛丑，太陰犯昴宿東第一星。癸丑，流星如酒盃大，色赤，尾跡約長五尺餘，起自南河，没於騰蛇，其星落處有聲如雷。三月庚戌，太陰犯房宿距星。五月丙申，熒惑入犯鬼宿積尸氣。丙午，太陰犯天江南第一星。丁未，太陰犯斗宿北第二星。七月丁西，太白犯上將。甲辰，太白犯右執法。己酉，太白犯左執法。九月甲寅，太白入犯天江南第一星。十月，太白入犯斗宿南第三星。辛巳，流星如桃大，色黄，後離一尺，又一小星相隨，色赤，尾跡約長三尺餘，起危宿之東，没於畢宿之西。十二月戊辰，太白犯壘壁陣西方第七星。

二十年正月己亥，太陰犯井宿東扇北第二星。丙辰，熒惑犯牛宿東角星。三月戊子朔，彗星見東扇。四月丁卯，太陰犯明堂中星。癸酉，太陰犯東咸西第一星。五月癸卯，太陰犯建星西第二星。閏五月乙亥，流星如桃大，色赤，尾跡約長丈餘，起自房宿之側，没於近濁。六月癸巳，太白犯井宿東扇北第二星。戊戌，太白犯建星西第三星。七月乙丑，太陰犯井宿距星。八月辛卯，太陰犯天江北第二星。壬寅，填星犯太微西垣上將。甲辰，太陰犯井宿鉞星。十月戊子，熒惑犯井宿東扇北第一星。

二十一年正月庚申，太陰犯歲星。二月癸未，填星退犯太微西垣上將。壬寅，太陰犯天江北第一星。三月丙辰，太陰犯井宿西扇第二星。庚辰，熒惑入犯鬼宿西北星。五月壬戌，太陰犯房宿北第二星。癸酉，太白犯軒轅左角。甲戌，熒惑犯太白。六月乙未，熒惑、歲星、太白聚於翼宿。戊戌，太陰犯雲雨上二星。甲辰，太白晝見。七月丙辰，太陰犯氐宿東南星。十月甲申，太陰犯牛宿距星。十一月庚戌，太陰犯建星西第四星。癸亥，太陰犯井宿東扇北第四星。壬申，太陰犯氐宿東南星。

二十二年正月戊申朔，太白犯建星西第二星。乙卯，填星退犯左執法。二月己卯，太白犯壘壁陣西方第二星。乙酉，彗星見危宿七度二十分，色青白。丁酉，彗星犯離宮西星。三月戊申，彗星不見星形，惟有白氣，形曲，竟天西指，掃大角。壬子，彗星行過太陽前，惟有星形，無芒，如酒盃大，昏濛色白，測在昴宿六度，至戊午始滅。四月丙子朔，客星見在虛危之間，後四十餘日乃滅。丁亥，熒惑離太陽三十九度，不見，當出不出。五月辛酉，太陰犯建星西第四星。六月辛巳，彗星見於紫微垣，測在牛宿二度九十分，色白。戊子，彗星光芒掃上宰。七月乙卯，彗星滅。丙辰，熒惑見西方，須臾成白氣，如長蛇横亘中天，移時乃滅。八月癸巳，太陰犯畢宿右股第二星。九月丁未，太白犯亢宿南第一星。己酉，太陰犯斗宿北第一星。癸亥，歲星犯軒轅大星。丙寅，熒惑犯鬼宿西北星。己巳，流星如酒盃大，色青白，其光燭地。熒惑入犯鬼宿積尸氣。十月己卯，太陰犯牛宿距星。丁亥，辰星犯亢宿南第一星。戊子，太陰犯畢宿距星。十二月壬辰，太陰犯角宿距星。

二十三年正月庚戌，歲星退犯軒轅大星。二月戊戌，太白晝見。庚子，亦如之。三月辛丑，彗星見於東方。丙辰，太陰犯氐宿距星。四月辛丑，熒惑犯歲星。庚申，歲星犯軒轅大星。五月壬午，太白晝見。甲午，復如之。乙未，熒惑犯右執法。六月乙卯，太白犯井宿西扇北第二星。壬戌，太白晝見。夜，太白入犯井宿東扇南第二星。七月乙酉，太白晝見。丙戌、辛卯，皆如之。八月壬寅，太白入犯軒轅大星。乙巳，太陰犯建星東第二星。丁未，太白犯軒轅左角。己酉，太白晝見。壬子，復如之。丙辰，太陰犯畢宿北第二星。己未，太白晝見。辛酉，太白犯歲星。乙丑，太白入犯右執法。九月辛未，太白入犯左執法。乙亥，歲星入犯右執法。丁丑，辰星犯填星。丁亥，太白犯填星，辰星犯亢宿南第一星。十月癸卯，太白犯氐宿距星。戊午，太白犯房宿北第一星。十一月癸未，太陰犯軒轅右角，歲星犯太微垣左執法。

二十四年正月癸酉，太陰犯畢宿大星。戊寅，太陰犯軒轅右角。二月壬子，歲星自去年九月九日東行，入右掖門，犯右執法，出端門，留守三十餘日，犯左執法，今逆行入端門，西出右掖門，又犯右執法。太陰犯西咸南第一星。四月丁未，太陰犯西咸南第一星。癸丑，太白入犯井宿東扇北第一星。五月甲戌，太白犯鬼宿西北星。乙亥，又犯積尸氣。歲星入犯右執法。六月丁巳，太白犯右執法。七月癸亥，太白、歲星合於翼宿二星，相去八寸餘。甲子，歲星犯左執法。八月丁未，熒惑入犯鬼宿積尸氣。九月乙丑，太白晝見。甲申，太陰犯軒轅右角。戊子，熒惑犯軒轅大星。十月丙午，太陰犯畢宿大星。己酉，太陰犯井宿東扇南第一星。丙辰，太白犯斗宿西第二星。十二月乙卯，太陰犯太白。

二十五年正月丁卯，太白晝見。戊辰，復如之。太陰犯畢宿右股東第四星。甲戌，太白犯建星西第四星。二月丙午，太陰犯填星。三月戊辰，太白犯壘壁陣東方第五星。四月壬子，熒惑犯靈臺東北星。五月辛酉，熒惑犯太微西垣上將。流星如酒盃大，色青白，其光燭地，起自房宿之側，緩緩西行，没於太微垣右執法之下。七月丁丑，填星、歲星、熒惑聚於角亢。己卯，太陰犯畢宿左股北第二星。八月乙未，太陰犯建星東第三星。己亥，太陰犯壘壁陣東方第六星。九月丁丑，太陰犯井宿東扇南第一星。十月辛卯，熒惑犯天江東第二星。己酉，熒惑犯斗宿杓星西第二星，太陰犯右執法。庚戌，太陰犯太微東垣上相。閏十月戊辰，太白、辰星、熒惑聚於斗宿。太陰犯畢宿右股北第四星，又犯左股北第三星。壬申，太白犯辰星。十一月己丑，太白犯熒惑，太陰犯壘壁陣東方第五星。丙申，太陰犯畢宿大星。癸卯，太陰犯太微西垣上將。十二月丙辰，太陰犯太白。癸亥，太陰犯畢宿右股第二星。庚午，歲星掩房宿北第一星。辛未，太陰犯太微垣右執法。

二十六年正月戊戌，太陰犯太微西垣上將。辛丑，太陰犯亢宿距星。二月戊午，太陰犯畢宿大星。丁丑，歲星退行，犯房宿北第一星，歲星守鉤鈐。三月甲午，太陰犯左執法。四月己未，太陰犯軒轅大星。乙丑，太陰犯西咸西第一星。丙子，太白入犯鬼宿積尸氣。六月癸酉，流星如酒盃大，色青白，尾跡約長尺餘，起自心宿之側，東南行，其光燭地，没於近濁。七月丁酉，熒惑犯鬼宿積尸氣。甲辰，太白晝見。丙午、丁未、戊申，皆如之。八月辛亥，太白晝見。己未，太陰掩牛宿南三星。庚午，歲星犯鉤鈐。乙亥，太陰掩軒轅大星。九月壬辰，太白犯太微垣右執法。庚子，孛星見於紫微垣北斗權星之側，色如粉絮，約斗大，往東南行，過犯天棓星。辛丑，孛星測在尾十八度五十分。壬寅，孛星測在女二度五十分。癸卯，孛星測在女九度九十分。甲寅，孛星測在虛初度八十分。太陰犯太微西垣上將。乙巳，孛星出紫微垣北斗權星、玉衡之間，在於軫宿，東南行，過犯天棓，經漸臺、輦道，去虛宿、壘壁陣西方星，始消滅焉。丙午，熒惑犯太微西垣上將。十一月乙酉，太白犯填星。丁亥，太白犯房宿北第一星。戊子，熒惑犯太微東垣上相，太白犯鍵閉。己酉，流星如酒盃大，分爲三星，緊相隨。前星色青，後二星色赤，尾跡約長二丈餘，起自東北，緩緩往西南行，没於近濁。庚寅，太陰犯畢宿右股北第四星。丙申，太白、歲星、辰星聚於尾宿。庚子，太陰犯太微東垣上相。辛丑，填星犯房宿北第一星。甲辰，太白犯歲星。十二月戊午，太陰犯畢宿大星。庚申，太陰犯井宿西扇北第二星。乙丑，太陰犯軒轅左角。丙寅，太陰犯太微西垣上將。辛未，太陰犯西咸西第一星。甲戌，太陰犯建星西第三星。

二十七年正月癸巳，太陰犯太微垣上將。二月乙卯，太陰犯井宿西扇北第二星。三月辛巳，填星退犯鍵閉星。四月丙寅，太陰犯壘壁陣西方第四星。六月乙卯，太陰犯氐宿東北星。辛未，太陰犯井宿西扇北第二星。七月壬辰，熒惑犯氐宿東南星。丙申，太陰犯畢宿大星。己亥，太陰犯井宿東扇南第二星。八月庚戌，熒惑犯房宿北第二星。癸丑，太陰犯建星西第二星。九月丁丑，歲星犯房宿北第一星，熒惑犯天江南第二星。乙酉，太陰犯壘壁陣東方第六星。辛卯，填星犯鍵閉，太陰犯畢宿大星。癸巳，太陰犯井宿西扇北第二星。丁酉，熒惑犯斗宿西第二星。十月戊午，太陰犯畢宿右股西第二星。辛酉，太陰犯井宿東扇南第三星。癸亥，太陰犯鬼宿西南星。丁卯，歲星、太白、熒惑聚於斗宿。十一月戊寅，太白晝見。庚辰，太陰犯壘壁陣東方東南第一星。

二十八年正月庚寅，彗星見於畢、昴之間。三月庚寅，又見於西北。

新元史卷之四十三　志第十

五行志上

太祖十四年夏，西征，大雨雪，帝疑之。耶律楚材進曰：「克敵之徵也。」明年冬，震雷，帝又疑之。楚材曰：「西域主將死矣。」已而皆然。夫天之垂戒，無分於夷夏。夷夏雖殊族姓，又無不知天變之可畏者，或乃疑其附會失實，不亦妄乎？抑吾觀楚材之占候，雖驗於已事，然準以《洪範》五行之説，皆不合，於是又知機祥術數之學，或別有所承，而不必盡軌於經傳也。然考天變以徵人事，則豈有外於《洪範》之大義者哉？作《五行志》。

《洪範》曰：「水曰潤下。」失潤下之性，時則有水潦及霜雪、冰雹、震雷之變，魚孽、龍蛇之孽，鼓妖、人痾、豕禍，其徵爲恒寒，其色黑，是爲黑眚黑祥。

至元元年，真定、順天、河間、順德、大名、東平、濟南等路大水。

四年五月，應州大水。

五年八月，亳州大水。

六年十二月，獻、莫、清、滄四州及豐州、渾源縣大水。

九年九月，南陽、懷孟、衛輝、順天等路，洺、磁、泰安、通、灤等州淫雨，河水並溢，圮田廬，害稼。

十三年十二月，濟寧及高麗瀋州水。

十四年六月，濟寧路雨水，平地丈餘，損稼。曹州定陶、武清二縣，濮州、堂邑縣雨水，没禾稼。十二月，冠州、永年縣水。

十六年十二月，保定等路水。

十七年正月，磁州、永年縣水。八月，濮州、東平、濟寧、磁州水。

十八年二月，遼陽懿州、蓋州水。十一月，保定清苑縣水。

十九年，江南水。

二十年六月，太原、懷孟、河南等路，沁河水涌溢，壞民田一千六百七十餘頃。衛輝路清河溢，損稼。南陽府唐、鄧、裕、嵩四州河水溢，損稼。十月，涿州巨馬河溢。

二十一年六月，保定、河間、濱、棣大水。

二十二年秋，南京、彰德、大名、河間、順德、濟南等路河水壞田三千餘頃。高郵、慶元大水，傷人民七百九十五户，壞廬舍三千九十區。

二十三年三月，雄、霸二州及保定諸縣水。六月，安西路華州華陰縣大雨，潼谷水涌，平地三丈餘。杭州、平江二路屬縣水，壞民田一萬七千二百頃。大都涿、漷、檀、順、薊五州，汴梁、歸德七縣水。十月，河決開封、祥符、陳留、杞、太康、通許、鄢陵、扶溝、洧川、尉氏、陽武、延津、中牟、原武、睢州十五處。

二十四年三月，汴梁河水溢。六月，霸州益津縣雨水。九月，東京誼、静、威遠、婆娑等路水。十一月，大都路水。

二十五年二月，大都水。四月，渾河決。杭州、平江、湖州、秀州大水。五月，河決襄邑，平江路水。七月，御河溢，膠州大水，民采橡爲食。十二月，太原、汴梁二路河溢，害稼。

二十六年二月，紹興大水。五月，御河溢。六月，平灤路水，壞田稼一千一百頃。八月，霸州大水。

二十七年正月，甘州、無爲路大水。五月，江陰州大水。六月，河溢太康縣，没民田三十一萬九千畝。七月，泉州及懷孟路武陟、汴梁路祥符縣皆大水。江西贛、吉、袁、瑞、建昌、撫水皆溢，魏縣御河溢。八月，沁水溢，廣州清遠縣水。九月，御河決。十月，江陰、寧國大水。十一月，河決祥符義唐灣，太康、通許二縣，陳、潁二州，大被其患。易水溢，雄、莫等州皆受其患。

二十八年二月，常德路水。八月，浙東婺州水。九月，平灤、保定、河間三路大水。

二十九年五月，龍興路南昌、新建、進賢三縣水。閏六月，鎮江、常州、平江、嘉興、湖州、松江、紹興等路府水。揚州、寧國、太平三路大水。岳州華容縣水。河西務水。

三十年五月，深州静安縣大水。九月，恩州水。十月，平灤路水。

三十一年五月，峽州路大水。八月，趙州寧晉縣水。十月，遼陽路水。

元貞元年五月，建康溧陽州，太平當塗縣，鎮江金壇、丹徒等縣，常州無錫州，平江長洲縣，湖州烏程縣，鄱陽餘干州，常德沅江、澧州安鄉等縣水。六月，泰安州奉符、曹州濟陰、兖州磁陽等縣水。歷城縣大清河水溢，壞民居。七月，遼東利州、大都武衛屯田水。八月，平江、安豐等路大水。九月，廬州、平江二路大水。

二年五月，太原平晉縣，獻州交河、樂壽二縣，莫州任丘、莫亭等縣，湖南醴陵州水。六月，大都路益津、保定、大興三縣水，壞民田七千餘頃。晉州鼓城、獲鹿、稾城等縣，保定葛城、歸信、新安、束鹿等縣，汝寧潁州，濟寧沛縣，揚、廬、岳、澧四路，建康、太平、鎮江、常州，紹興五路水。七月，彰德、真定、曹州、濱州水。八月，棣州、曹州水。九月，河決河南杞、封丘、祥符、寧陵、襄邑五縣。十月，河決開封縣。十二月，江陵潛江縣，沔陽玉沙縣，淮安海寧朐山、鹽城等縣水。

大德元年三月，歸德、徐州，邳州宿遷、睢寧，鹿邑三縣，河南許州臨潁、郾城等縣，睢州襄邑、太康、扶溝、陳留、開封、杞等縣河水大溢，漂没田廬。五月，河決汴梁，發民夫三萬五千塞之。漳水溢，害稼。龍興、南康、澧州、南雄、饒州五路水。六月，和州歷陽縣江水溢，漂廬舍一萬八千五百區。七月，郴州耒陽縣、衡州酃縣大水，溺死三百餘人。九月，温州平陽、瑞安二州水，溺死六千八百餘人。十一月，常德武陵縣大水。

二年六月，河決蒲口，凡九十六所，泛溢汴梁路、歸德府，並大名、東昌、平灤等路水。

三年八月，河間路水。

四年五月，保定、真定二路，通、薊二州水。六月，歸德睢州大水。

五年五月，宣德、保定、河間屬州水。寧海州水。六月，濟寧、般陽、益都、東平、濟南、襄陽、平江七路水。七月，江水暴風大溢，高四五丈，連崇明、通、泰、真州定江之地，漂没廬舍，被災者三萬四千五百餘户。遼陽大寧路水。八月，平、灤二州雨，灤河溢。順德路水。

六年四月，上都水。五月，濟南路大水。歸德府徐州、邳州睢寧縣雨五十日，沂、武二河合流，水大溢。東安州渾河溢，壞民田一千八十餘頃。六月，廣平路大水。

七年五月，濟南、河間等路水。六月，遼陽、大寧、平灤、昌國、瀋陽、開元六路雨水，壞田廬，男女死者百十有九人。修武、河陽、新野、蘭陽等縣趙河、湍河、白河、七里河、沁河、遼河皆溢。台州風水大作，寧海、臨海二縣死者五百五十人。

八年五月，太原陽武縣、衛輝獲嘉縣、汴梁祥符縣河溢，大名滑州、濬州雨水，壞民田六百八十餘頃。八月，潮陽颶風海溢，漂民廬舍。

九年六月，汴梁武陽縣思齊口河決。東昌博平、堂邑二縣水。潼川綿江、中江溢，水決入城。龍興、撫州、臨川三路水。七月，河陽玉沙縣江溢。嶧州水。揚州泰興縣、淮安山陽縣水。八月，歸德府寧陵，陳留、通許、扶溝、太康、杞縣河溢。大名元城縣大水。

十年五月，雄州、鄚州水。平江、嘉興二路水，害稼。六月，保定滿城、清苑二縣水。大名、益都等路大水。定興縣水。七月，平江路大風，海溢。吴江州大水。

十一年六月，静海、容城、束鹿、隆平、新城等縣水。七月，冀寧文水縣汾水溢。十一月，杭州、平江水。盧龍、灤河、遷安、昌黎、撫寧等縣水。

至大元年五月，寧夏水。六月，益都水。七月，濟寧路雨水，平地丈餘，暴決入城，漂廬舍，死者十有八人。真定路大水，入南門，下注稾城，死者百七十人。彰德、衛輝二路水，損稻田五千三百七十頃。九月，泰安大水。十一月，河南水。

二年七月，河決歸德府，又決汴梁封丘縣。

三年六月，淯川、鄜城、汶上三縣水。峽州大雨，水溢，死者萬餘人。七月，循州、惠州大水，漂廬舍二百九十區。

四年六月，大都三河縣、潞縣，河東祁縣、懷仁縣，永平豐盈屯大水。七月，東平、濟寧、般陽、保定等路大水。江陵松滋縣、桂陽臨武縣水。

皇慶元年五月，歸德睢陽縣河溢。六月，大寧、水達達路水，宋瓦江溢，民避居亦母兒乞嶺。八月，松江府大風，海水溢。寧國路涇縣水。

二年五月，辰州沅陵縣水。六月，涿州范陽縣，東安州宛平縣、固安，霸州益津、永清、藁城等縣水，壞田七千六百九十餘頃。河決陳、亳、睢三州，開封、陳留等縣。八月，崇明、嘉定二州大風，海溢。

延祐元年五月，常德路武陵縣雨水，壞廬舍，溺死者五百人。六月，涿州范陽、房山二縣渾河溢，壞民田四百九十餘頃。七月，沅陵、盧溪二縣水。八月，肇慶、武昌、岳州、建康、杭州、建德、南康、江州、臨江、袁州、建昌、贛州、安豐、撫州、台州等路水。十二月，汴梁、南陽、歸德、汝寧、淮安水。

二年正月，渾河決。六月，河決鄭州，壞汜水縣治。七月，鄭州、昌平、香河、寶坻等縣水。全州、永州江水溢，害稼。

三年四月，潁州泰和縣河溢。七月，婺源州大水，溺死者五千三百餘人。

四年正月，解州鹽池水。二月，曹州水。

五年四月，廬州合肥縣大水。

六年六月，河間路漳河水溢，壞民田二千七百餘頃。益都、般陽、濟南、東平、濟寧等路，曹、濮、泰安、高唐等州大水，害稼。遼陽，廣寧、瀋陽、開元等路水。大名路屬縣水，壞民田一萬八千頃。歸德、汴梁府，汝寧、彰德、真定、保定、衛輝、南陽等路大水。

七年四月，安豐、廬州淮水溢，損禾麥一萬頃。城父縣水。六月，棣州、德州大水，壞田四千六百餘頃。七月，江陵縣水。上蔡、汝陽、西平等縣水。八月，霸州文安、大城二縣滹沱河溢，害稼。河間路水。汾州平遥縣水。是歲，河決汴梁原武縣。

至治元年六月，霸州大水，渾河溢，被災者三萬餘户。七月，薊州平谷、漁陽二縣，順州邢臺、沙河二縣，大名魏縣，永平義豐縣大水。彰德臨漳縣漳水溢。大都固安州、東安州、寶坻縣，真定元氏縣，淮安清河、山陽等縣水。東平、東昌二路，高唐、曹、濮等州水，害稼。乞里吉思部江水溢。八月，安陸府雨七日，江水大溢，被災者三千五百户。雷州海康、遂溪二縣海水溢，壞民田四千頃。九月，京山、長壽二縣漢水溢。十月，遼陽、肇慶等路水。

二年二月，濮州大水。五月儀封縣河溢。閏五月，睢陽縣亳社屯大水，六月，奉元鄠縣，邠州新平、上蔡二縣水。八月，廬州六安、舒城二縣水。十一月，平江路大水，損民田四萬九千六百頃。

三年五月，東安州水，壞民田一千五百餘頃。真定武邑縣水，害稼。六月，大都永清縣雨水，損田四百頃。七月瀛州雨水，害稼。九月，漳州、建昌、南康等路水。

泰定元年五月，瀛州、固安州水。隴西縣大雨水，漂死者五百餘家。龍慶路雨水，傷稼。六月，益都、濟南、般陽、東昌、東平、濟寧等路三十有二縣，曹、濮、高唐、德州等處十縣淫雨，水深丈餘，漂没田廬。大同渾源河溢，陳、汾、順、晋、恩、深六州雨水，害稼。真定滹沱河溢，漂民廬舍。陝西大雨，渭水及黑水河溢，損民廬舍。渠州江水溢。七月，真定、河間、保定、廣平等路三十有七縣大雨水五十餘日，害稼。大都路固安州清河溢。順德路任縣洺水溢。奉元朝邑縣、曹州楚丘縣、開州濮陽縣河溢。九月，延安路洛水溢。奉元長安縣大雨。澧水溢。濮州館陶縣水。十二月，杭州鹽官州海水大溢，壞堤塹，侵城郭，有司以石囤木櫃捍之不止。

二年正月，大都寶坻縣、肇慶高要縣雨水。鞏昌路水。閏正月，雄州歸信縣大水。二月，甘州路大雨水，漂没行帳孳畜。三月，咸平府清、滱二河合流〔一〕，失故道，隳提堰。四月，涿州房山、范陽二縣水。岷、洮、文、階四州雨水。五月，檀州大水，平地深丈有五尺。高郵興化、江陵公安水。浙西江湖水溢。河溢汴梁，被災者十有五縣。六月，通州三河縣大雨，水丈餘。冀寧路汾河溢。潼江府綿江、中江水溢入城，深丈餘。衛輝汲縣、歸德宿州大水。濟寧路虞城、碭山、單父、豐、沛五縣水。七月，睢州河決。八月，霸州、涿州永清、香河二縣大水，傷稼九千五十餘頃。九月，開元路三河溢，没民田，壞廬舍。十月，寧夏鳴沙州大雨水。曹州屬縣水。十月，常德路水。

三年正月〔二〕，恩州水。二月，歸德府河決。六月，大同縣大水。汝寧光州水。大昌屯河決。七月，河決鄭州，漂没陽武等縣民一萬六千五百餘家。東安、檀、順、漷四州雨，渾河決，温榆水溢，傷稼。延安路膚施縣水，漂民居九十餘户。八月，鹽官州大風海溢，捍海堤崩，廣三十餘里，袤二十里，徙居民千二百五十家以避之。真定蠡州，奉元蒲城縣，無爲州，歷陽、含山等縣水。九月，平遥縣汾水溢。揚州、寧國、建德諸屬縣水。十一月，崇明州三沙鎮海溢，漂民居五百家。十二月，遼陽大水。大寧路瑞州大水，壞民田五千五百頃，廬舍八百九十所，溺死者百五十人。

四年正月，鹽官州潮水大溢，捍海堤崩二千餘步。三月，渾河決。五月，睢州河溢。

六月，大都東安、固安、通、順、薊、檀、漷七州，永清、良鄉等縣雨水。七月，上都雲州大雨。北山黑水河溢。雲安縣水。衢州大水。八月，汴梁扶溝、蘭陽二縣河溢，漂民居一千九百餘家。濟寧虞城縣河溢，傷稼。滹沱河溢。崇明州海門縣海溢。十二月，夏邑縣河溢。汴梁中牟，開封、陳留三縣，歸德邳、宿二州雨水。

致和元年三月，鹽官州海堤崩，遣使禱祀，造浮圖二百十六，用西僧法厭之。河決碭山、虞城二縣。四月，鹽官州海溢，益發軍民塞之，置石囤二十九里。廣寧路大水。崇明州海溢。六月，南寧、開元、永平等路水。河間臨邑縣雨水。益都、濟南、般陽、濟寧、東平等路三十縣，濮、德、泰安等州九縣雨水，害稼。七月，廣西兩江諸州水。

天曆元年八月，杭州、嘉興、平江、湖州、建德、鎮江、池州、太平、廣德九路水，没民田萬四千餘頃。

二年六月，大都東安、通、薊、霸四州，河間靖海縣雨水，害稼。永平昌國諸屯水。

至順元年六月，河決大名路長垣、東明二縣，没民田五百八十餘頃。曹州、高唐等州水。前後武衛屯田水。七月，海潮溢，漂没河間運司鹽二萬六千七百引。閏七月，平江、嘉興、湖州、松江三路一州大水，壞民田三萬六千六百餘頃，被災者四十萬五千五百餘户。杭州、常州、慶元、紹興、鎮江、寧國等路，望江、銅陵、長林、寶應、興化等縣水，没民田一萬三千五百餘頃。大都、保定、大寧、益都屬州縣水。

二年四月，潞州潞城縣大雨水。五月，河間莫亭縣、寧夏河渠縣、紹慶彭水縣及德安屯田水。六月，大都、保定、真定、河間、東昌諸路水。彰德屬縣漳水決。十月，吳江州大風，太湖水溢，漂民居一千九百七十餘家。十二月，深州、晉州水。

三年三月，奉元朝邑縣洛水溢。五月，汴梁河水溢。江都、泰興、雲夢、應城等縣水。滹沱河決，没河間清州等處屯田。汾州大水。六月，無爲州、和州水。九月，莒、沂二州及泰安奉符縣、濟寧魚台縣、曹州楚丘縣，平江、常州、鎮江三路皆大水。

元統元年五月，汴梁陽武縣河溢，害稼。六月，京畿大霖雨水，平地丈餘。涇河溢，關中水災。黄河大溢，河南水災。泉州霖雨，溪水暴漲，漂民居數百家。七月，潮州大水。

二年正月，東平須城縣、濟寧濟州、曹州濟陰縣水災。二月，灤河、漆河溢，永平路屬縣皆水。瑞州路水。三月，山東霖雨，水湧。四月，東平、益都水。五月，鎮江路水，宣德府大水。六月，淮水漲，漂山陽縣境内民畜房舍。九月，吉安路水。

至元元年，河決汴梁封丘縣。

二年五月，南陽鄧州大水。六月，涇水溢。八月，大都至通州霖雨，大水。

三年二月，紹興大水。五月，廣西賀州大水，害稼。六月，衛輝淫雨至七月，丹、沁二河泛漲，與城西御河通流，平地深二丈餘，漂没人民房舍田禾甚衆。民棲於樹上，達魯花赤僧家奴以舟載飯食之，移老弱居城上，日給廪食，月餘水方退。汴梁蘭陽、尉氏二縣，歸德府皆河水泛溢。黄州及衢州常山縣皆大水。

四年正月，河決曹州，又決汴梁。五月，吉安永豐縣大水。黄河溢，平地水二丈，決白茅堤、金堤。六月，邵武大水，城市皆洪流，漂沿溪民居殆盡。

五年五月庚戌，汀州路長汀縣大水，平地深三丈許，損民居八百家，壞民田二百頃，溺死者八千餘人。七月，沂州沂、沭二河暴漲，決堤防，害田稼。邵武光澤縣大水。常州宜興州山水出，高一丈，壞民居。

六年二月，京畿五州十一縣及福州路福寧州皆大水。五月甲子，慶元奉化州山崩，水涌出平地，溺死人甚衆。六月，衢州西安、龍游二縣大水。庚戌，處州松陽、龍泉二縣積雨，水漲入城中，深丈餘，溺死五百餘人。遂昌縣尤甚，平地三丈餘。桃源鄉山崩，壓溺人民五十三家，死者三百六十餘人。秋，河北大水。七月壬子，延平南平縣淫雨，水泛漲，溺死百餘人，損民居三百餘家，壞民田二頃七十餘畝。乙卯，奉元路盩厔縣河水溢，漂溺居民。八月甲午，衛輝大水，漂民居一千餘家。十月，河南府宜陽縣大水，漂民居，溺死者衆。

至正元年，汴梁鈞州大水，揚州路崇明、通、泰等州海潮涌溢，溺死一千六百餘人。

二年四月，睢州儀封縣大水，害稼。六月癸丑夜，濟南山水暴漲，衝東西二關，流入大清河，黑山、天麻、石固等寨及臥龍山水通流入大清河，淹没上下民居千餘家，溺死者無算。

三年二月，鞏昌寧遠、伏羌、成紀三縣山崩，水涌，溺死者無算。五月，黄河決白茅口。七月，汴梁中牟、扶溝、尉氏、洧川四縣，鄭州滎陽、汜水、河陰三縣大水。

四年五月，霸州大水。六月，河南鞏縣大雨，伊、洛水溢，漂民居數百家。濟寧路兗州，汴梁鄢陵、通許、陳留、臨潁等縣。大水，害稼，人相食。七月，灤河水溢，出平地丈餘，永平路禾稼廬舍漂没甚衆。東平路東阿、陽穀、汶上、平陰四縣，衢州西安縣大水。温州颶風大作，海水溢，漂民居，溺死者甚衆。

五年七月，河決濟陰，漂官民亭舍殆盡。十月，黄河泛溢。

七年五月，黄州大水。八月壬午，杭州、上海浦中午潮退而復至。

八年正月辛亥，河決，淹濟寧路。四月，平江、松江大水。五月庚子，廣西山水湧，灕江溢，平地水深二丈餘，屋宇人畜漂没。壬子，寶慶大水。乙卯，錢塘江潮比之八月中高數丈餘，沿江民皆遷居以避之。六月己丑，中興路松滋縣驟雨，水暴漲，平地深丈五尺餘，漂没六十餘里，死者一千五百人。是月，膠州大水。七月，高密縣大水。

九年七月，中興路公安、石首、潛江、監利等縣及沔陽府大水。夏秋，蘄州大水，傷稼。

十年五月，龍興瑞州大水。六月乙未，霊州霊石縣雨水暴漲，決堰，漂民居甚衆。七月，汾州平遥縣汾水溢。静江荔浦縣大水，害稼。

十一年夏，龍興南昌、新建二縣大水。安慶桐城縣雨水泛漲。花崖、龍源二山崩，衝決縣東大河，漂民居四百餘家。七月，冀寧路平晉、文水二縣大水，汾河泛溢東西兩岸，漂没田禾數百頃。河決歸德府永城縣，壞黄陵岡岸。静江路大水，決南北二渠。

十二年六月，中興路松滋縣驟雨，水暴漲，漂民居千餘家，溺死七百人。七月，衢州西安縣大水。

十三年夏，薊州豐潤、玉田、遵化、平谷四縣大水。七月丁卯，泉州海水日三潮。

十四年六月，河南府鞏縣大雨，伊、洛水溢，漂没民居，溺死三百餘人。秋，薊州大水。

十五年六月，荆州大水。

十六年，河決鄭州河陰縣，官署民居盡廢，遂成中流。山東大水。

十七年六月，大雨，漳河溢，廣平路皆水。秋，薊州五縣皆大水。

十八年秋，京師及薊州、廣東惠州、廣西賀州皆大水。

十九年九月，濟州任城縣河決。

二十年七月，通州大水。

二十二年三月，邵武光澤縣大水。

二十三〔三〕年，孟州濟源、温縣水。七月，河決東平壽張縣，圮城牆，漂田廬，人溺死甚衆。

二十四年三月，益都縣井水溢而黄。懷慶路孟州、河内、武陟縣水。七月，益都路壽光縣、膠州高密縣水。

二十五年秋，東平須城、東阿、平陰三縣，河決小流口，達於清河，壞民居，傷禾稼。

二十六年二月，河北徙，上自東明、曹、濮，下及濟寧，皆被其害。六月，河南府大霖雨，瀍水溢，深四丈許，漂東關居民數百家。秋七月，汾州介休縣汾水溢。薊州四縣、衛輝、汴梁鈞州俱大水，害稼。八月，棣州大清河決，濱、棣二州之界，民居漂流者衆。濟寧路肥城縣西黄水泛溢，漂没田禾民居百有餘里，德州齊河境七百餘里亦如之。

至元十五年十二月，黄河清，自孟津東柏谷至汜水縣蓼子谷，上下八十餘里，澄瑩見底，數月始如故。

元貞元年閏四月，蘭州上下三百餘里，河清三日。

至正十四年正月甲子朔，汴梁城東汴河冰作五色花草，三月方解。

十九年，鄭州黄河清，長數里。

二十年十一月，汴梁原武、滎澤二縣，黄河清三日。

二十一年十一月，河南孟津縣至絳州垣曲縣二百里，河清七日，新安縣亦如之。十二月，冀寧路石州河水清，至明年春冰泮始如故。

二十四年夏，衛輝路黄河清。

中統二年五月，西京、宣德隕霜殺禾。

三年五月，宣德、咸寧等路隕霜。八月，河間、平灤等路隕霜，害稼。

四年四月，武州隕霜，殺麥禾。

至元二年八月，太原隕霜，害稼。四月，檀州隕霜。

八年七月，鞏昌會、蘭等州霜，殺稼。

十七年四月，海寧州及益都路隕霜。

二十一年三月，山東隕霜，殺桑蠶盡死，被災者三萬餘家。

二十六年七月，濟南棣州隕霜，殺菽。

二十七年七月，大同、平陽、太原隕霜，殺禾。十一月，興、松二州及興隆路亦如之。

二十九年三月，濟南、般陽等路及恩州屬縣霜，殺桑。

元貞二年八月，金、復州隕霜，殺禾。

大德五年三月，湯陰縣霜，殺麥。五月，商州霜，殺麥。

六年八月，大同、太原霜，殺禾。

七年四月，濟南路隕霜，殺麥。五月，般陽路隕霜。

八年三月，濟陽、灤城二縣霜，殺桑。八月，太原交城、陽曲、管州、嵐州，大同懷仁隕霜，殺稼。

九年三月，河間、益都、般陽屬縣隕霜，殺桑。清、莫、滄、獻四州霜，殺桑一百四十一萬七十餘本，壞蠶一萬二千七百餘箔。

十年七月，大同渾源縣霜，殺禾。八月，綏德州米脂縣霜，殺禾二百八十頃。

至大元年八月，大同隕霜，殺禾。大名路隕霜。

四年七月，大寧等路隕霜。

皇慶二年三月，濟寧霜，殺桑。

延祐元年三月，東平、般陽等路，泰安、曹、濮等州大雨雪三日，隕霜，殺桑。閏三月，濟寧、汴梁等路，及隴州、開州、青城、渭源諸縣霜，殺桑，無蠶。七月，冀寧隕霜，殺禾。

四年夏，六盤山隕霜，殺禾五百餘頃。

五年五月，雄州歸信縣隕霜。

六年三月，奉元路同州隕霜。

七年八月，益津縣雨黑霜。

至治二年五月，遼東路隕霜。

三年七月，冀寧曲陽縣、大同路大同縣、興和路咸寧縣隕霜。八月，袁州宜春縣隕霜，殺禾。

泰定二年三月，雲需府大雪，民饑。

至順元年二月，京師大霜，晝霿。閏七月，奉元西和州，寧夏應理州、鳴沙州，鞏昌静寧、邠、會等州，鳳翔麟遊，大同山陰，晉寧潞城、隰州等縣隕霜，殺禾。

三年八月，渾源、雲内二州隕霜，殺禾。

至正六年九月〔四〕，彰德雨雪，結凍如琉璃。

七年八月，衛輝隕霜，殺禾。

九年三月，温州大雪。

十年春，彰德大寒，近清明節，雨雪三尺，民多凍餒而死。

十一年三月，汴梁路鈞州大雨雪，密縣平地雪深三尺餘。

十三年秋，邵武光澤縣隕霜，殺禾。

二十三年三月，東平路須城、東阿、陽穀三縣隕霜，殺桑，廢蠶事。八月，鈞州密縣隕霜，殺菽。

二十七年三月，彰德大雪，寒甚於冬，民多凍死。五月辛巳，大同隕霜殺麥。秋，冀寧路徐溝、介休二縣雨雪。十二月，奉元路咸寧縣井水冰。

二十八年四月，奉元隕霜，殺菽。

中統二年四月，雨雹。

三年五月，順天、平陽、真定、河南等郡雨雹。

四年七月，燕京昌平縣，景州蓨縣，上都路興、松、雲三州雨雹，害稼。

至元二年八月，彰德、大名、南京、河南、濟南、太原等路雨雹。

四年三月，夏津縣大雨雹。

五年六月，中山大雨雹。

六年二月，興國雨雹，大如馬首，殺禽獸。七月，西京大同縣雨雹。

七年五月，河內縣大雨雹。

十五年閏十一月，海州贛榆縣雨雹，傷稼。

十六年，保定等二十餘路雨雹。

十九年八月，雨雹，大如雞卵。

二十年四月，河南風雷雨雹，害稼。五月，安西路風雷雨雹。八月，真定元氏縣大風雹，禾盡損。

二十二年七月，冠州雨雹。

二十四年九月，大定、金源、高州、武平、興中等處雨雹。是歲，西京、北京、隆興、平灤、南陽、懷孟、鞏昌等路雨雹。

二十五年三月，靈壁、虹縣雨雹，如雞卵，害麥。五月，孟州烏河川雨雹。十二月，靈壽、陽曲、天成等縣雨雹。

二十六年夏，平陽、大同、保定等路大雨雹。

二十七年四月，靈壽、元氏二縣大風雹。六月，棣州厭次、濟陽二縣大風雹，傷禾黍菽麥桑棗。

二十九年閏六月，遼陽、瀋州、廣寧、開元等路雨雹。

三十年六月，易州雨雹。

三十一年四月，即墨縣雨雹。五月，密州路諸城、大都路武清雨雹。七月，陽信縣雨雹，真定路南宮、新河、易水、淶水等縣雨雹。八月，德州德安縣大風雨雹。

元貞元年五月，鞏昌金州、會州、和州雨雹大，無麥禾。七月，隆興路雨雹。

元貞二年五月，河中猗氏縣雨雹。六月，大同、隆興咸寧縣，順德邢臺縣，太原交河、離石、壽陽等縣雨雹。七月，太原、懷孟、武陟縣雨雹。

大德元年六月，太原崞州雨雹，害稼。

二年二月，檀州雨雹。八月，彰德安陽縣雨雹。

三年八月，隆興、平灤、大同、宣德等路雨雹。

四年三月，宣州涇縣、台州臨海縣風雹。五月，同州、平灤、隆興雹。

五年七月，雨雹。

八年五月，大寧路建州，蔚州靈仙縣雨雹。太原、大同、隆興屬縣陽曲、天成、懷安、白登風雹，害稼。八月，管州、嵐州、交城、陽曲、懷仁等縣雨雹。

九年六月，晉寧、冀寧、宣德、隆興、大同等路大雨雹，害稼。

十年四月，鄭州管城縣風雹，大如雞卵，積厚五寸。五月，大雨雹。七月，宣德縣雨雹。

十一年五月，建州雨雹。

至大元年四月，般陽新城縣、濟南厭次縣、益都高苑縣大風雨雹。五月，管城縣大雹，深一尺，無麥禾。八月，大寧縣雨雹，害稼，斃人畜。

二年三月，濟陰、定陶等縣雨雹。六月，崞州、源州、金城縣雨雹。延安神木縣大雹一百餘里，斃人畜。

三年四月，靈壽、平陰等縣雨雹。

四年四月，南陽雨雹。閏七月，大同宣寧縣雨雹。

皇慶元年四月，大名濬州、彰德安陽縣、河南孟津縣雨雹。六月，開元路風雹，害稼。

二年七月，冀寧平定州雨雹，景州阜城縣風雹。八月，大同懷仁縣雨雹。

延祐元年五月，膚施縣大風雹，損稼並傷人畜。六月，宣平、仁壽、白登等縣雨雹。

二年五月，大同、宣德等路雹，害稼。

三年五月，薊州雹，深一尺。

五年四月，鳳翔府雹，傷麥禾。

六年六月，大同雨雹，大如雞卵。晉陽、西涼、鈞州、陽翟、新鄭、密等縣大雨雹。七月，鞏昌隴西縣雹，害稼。

等路雨雹。

七年八月，大同路雷風雨雹。

至治元年六月，武州雨雹，害稼。永平路大雹，深一尺，害稼。七月，真定、順德、大同等路雨雹。

二年四月，涇州涇川縣雨雹。六月，思州大風雨雹。

三年五月，大風雨雹，拔柳林行宫大木。十二月，遼陽雨雹。

泰定元年五月，冀寧陽曲縣雨雹，傷稼。思州龍泉縣雨雹，傷麥。六月，順元、太平軍、定西州、宣德府、鞏昌縣及八番等處雨雹。七月，龍慶路雨雹，大如雞卵，平地深三尺餘。八月，大同白登縣雨雹。十二月，延安路雹。

二年四月，奉元白水縣雨雹。五月，洮州路可當縣、臨洮府狄道縣雨雹。六月，興州、鄜州、静寧州及成紀、通渭、白水、膚施、安塞等縣雨雹。七月，檀州，延安、鄜州、綏德、鞏昌等路，八月，大都路檀州、鞏昌府静寧縣、延安路安塞縣，九月，檀州，並雨雹。

三年六月，鞏昌路大雨雹。中山府安喜縣、乾州永壽縣雨雹。七月，完州，房山、寶坻、玉田等縣大風雹，折木傷稼。八月，龍慶州雨雹一尺，大風損稼。

四年五月，常州、淮安二路，寧海州大雨雹。六月，中山雨雹。七月，彰德湯陰縣，冀寧定襄縣，大同武、應州雨雹，害稼。

致和元年四月，濬州、涇州大雹，傷麥禾。五月，冀寧陽曲縣、威州井陘縣雨雹。六月，涇川、湯陰等縣大雨雹。大寧、永平屬縣雨雹。

天曆二年七月，大寧惠州雨雹。八月，冀寧陽曲縣大雹，如雞卵，害稼。

三年七月，順州、東安州及平棘、肥鄉、曲陽、行唐等縣風雹，害稼。開元路雨雹。

至順二年七月，冀寧路雨雹。十二月，冀寧清源縣雨雹。是年，黄梅縣雨雹〔五〕。

三年五月，甘州雨雹。

元統元年三月戊子，紹興蕭山縣大風雨雹，拔木仆屋，殺麻麥，斃傷人民。

二年二月甲子，塞北東涼亭雨雹。

後至元元年七月，西和州、徽州雨雹。

二年八月甲戌朔，高郵寶應縣大雨雹。是時，淮浙皆旱，唯本縣瀕河田禾可刈，悉爲雹所害，凡田之旱者，無一雹及之。四年四月癸巳，清州八里塘雨雹，大過於拳，其狀有如龜者，有如小兒形者，有如獅象者，有如環玦者，或橢如卵，或圓如彈，玲瓏有竅，色白而堅，長老云：「大者固常見之，未有形狀若是者。」

至正二年五月，東平路東阿縣雨雹，大者如馬首。

三年六月，東平陽穀縣雨雹。

六年二月辛未，興國路雨雹，大如馬首，小者如雞子，斃禽畜甚衆。五月辛卯，絳州雨雹，大者二尺餘。

八年四月庚辰，鈞州密縣雨雹，大如雞子，傷麥禾。龍興奉新縣大雨雹，傷禾折木。八月己卯，益都臨淄縣雨雹，大如盃盂，野無青草，赤地如赭。

九年二月，龍興大雨雹。

十年五月，汾州平遥縣雨雹。

十一年四月乙巳，彰德雨雹，大如斧，時麥熟將刈，頃刻亡失，田疇堅如築場，無稭粒遺留，其地廣三十里，長百有餘里，樹木皆如斧所劈，傷行人、斃禽畜甚衆。五月癸丑，文水縣雨雹。

十三年四月，益都高苑縣雨雹，傷麥禾及桑。

十四年六月，薊州雨雹。

十七年四月，濟南大風雨雹。八月，慶陽鎮原州大雨雹。

十九年四月，莒州蒙陰縣雨雹。五月，通州及益都臨朐縣雨雹，害稼。

二十年五月，薊州遵化縣雨雹終日。

二十一年五月，東平雨雹，害稼。

二十二年八月，南雄雨雹如桃李實。

二十三年五月，鄜州宜君縣雨雹，大如雞子，損荳麥。七月，京師及隰州永和縣大雨雹，害稼。

二十五年五月，東昌聊城縣雨雹，大如拳，小如雞子，二麥不登。

二十六年六月，汾州平遥縣雨雹。

二十七年二月乙丑，永州城中晝晦，雞棲於塒，人舉燈而食，既而大雨雹，逾時方明。五月，益都大雷雨雹。七月，冀寧徐溝縣大風雨雹，拔木害稼。

二十八年六月，慶陽府雨雹，大如盂，小者如彈丸，平地厚尺餘，殺苗稼，斃禽獸。

太祖五年冬，大雷。

至順三年五月己巳，天鼓鳴於西北。

至正三年秋，興國路永興縣雷，擊死糧房貼書尹章於縣治。

七年五月庚戌，台州路黄巖州海濱無雲而雷。冬，衛輝路天鼓鳴。

十年六月戊申，廣西臨桂縣無雲而雷，震死邑民廖廣達。十二月庚子，汾州孝義縣雷雨。

十一年十二月，台州大雨震雷。

十二年三月丙午，寧國路無雲而雷。

十三年十二月庚戌，京師無雲而雷，少頃有火墜於東南。懷慶路河内縣及河南府天鼓鳴於東北。是日，懷慶之修武、潞州之襄垣縣皆無雲而雷，聲震天地。是月，汾州雷雨。

十四年十二月，孝義縣雷雨。

十九年二月，台州大雷電。

二十一年十一月戊申，温州樂清縣雷。

二十二年十月，大雨雷電。

二十四年，雷擊延春閣西脊。

二十七年乙未夜，晉寧路絳州天鼓鳴空中，如聞戰鬭之聲。十月，奉元路雷電。

至正二十五年六月戊申，京師大雨，有魚隨雨而落，長尺許，人取而食之。

至元二十年，有蒼龍見衛輝農家。

後至元五年六月庚戌，汀州長汀縣蛟出，大雨驟至，平地涌水，深三丈餘，漂没民居八百餘家，壞田二百餘頃。

至正十五年七月，嘉興城東，白龍見，烈風暴雨。

十七年六月癸酉，温州有龍鬭於樂清江中，颶風大作，所至有光如球，死者萬餘人。

八月癸丑，祥符縣西北有青白二龍見，若相鬭之勢，良久而散。

二十三年正月甲辰，廣西貴州江中有物登岸，蛇首四足而青色，長四尺許，軍民聚觀，殺之。

二十四年六月，保德州有黃龍見於咸寧井中。

二十七年六月丁巳，皇太子寢殿新甃井成，有龍自井而出，光焰爍人，宮人震慴仆地。又宮牆外長慶寺所掌成宗斡耳朵内大槐樹有龍纏繞其上，良久飛去，樹皮皆剥。七月，益都臨朐縣有龍見於龍山，巨石重千斤，浮空而起。

二十八年十一月，大同路懷仁縣河岸崩，有蛇大小相綰結，可載數車。

中統二年九月，河南民王四妻靳氏，一産三男。

至元元年，黄岡民婦生男狗頭。

二年正月，武城縣王甲妻崔，一産三男。

八年，昌黎縣民生子，中夜有光，或以爲非常。帝曰：「何幸生一好人，毋嫉也。」

十年八月甲寅，鳳翔寶雞縣劉鐵牛妻，一産三男。

二十年二月，高州張丑妻李氏，一産四子，三男一女。四月，固安州王得林妻張氏，懷孕五月，生一男，四手四足，圓頭三耳，一耳附腦後，生而即死，具狀有司上之。

二十二年四月，江陵縣民張二妻，一産三男。

二十八年九月，襄陽南漳縣民李氏妻黄，一産三子。

大德元年五月，遂寧州軍户任福妻，一産三男。十一月，遼陽打雁孛蘭奚户那懷妻和里迷，一産四男。

四年，寶應縣民孫奕妻朱氏，一産三男。

十年正月，江州湖口縣趙丙妻甘氏，一産四男。

泰定元年十月乙卯，泰州成紀縣趙思直妻張氏，一産三子。

致和元年三月壬辰，太平當塗縣楊太妻吴氏，一産三子。

至元元年正月，雲南婦人一産三男。又廣西師宗州𡺳生妻適和，一産三男。汴梁祥符縣市中一乞丐婦人，忽生髭鬚。

二年四月，黄岡縣周氏婦，産一男，狗頭人身，即死。

至正九年四月，棗陽民張氏婦，生男，甫及周歲，長四尺許，容貌異常，皤腹擁腫，見人輒嬉笑，如世俗所畫布袋和尚云。

二十三年五月。霸州民王馬駒妻趙氏，一産三男。六月，亳家務李潤妻張氏，一産三男。

至正三年秋，建寧浦城縣民家豕生豚，二尾八足。

十一年，鎮江民家豕生豚，如象形。

十二年，江寧陸氏家一豬生十四豚，内一豚人首豕身。

二十四年正月，保德州民家豕生豚，一首二身八蹄二尾。又海鹽趙氏宰豬，小腸忽如蛇，宛延而走，及里許方止〔六〕。

至元七年四月壬午，檀州雨黑霜。

元貞二年，處州天雨米，黑色。

大德十年二月，大同路黑霾。

延祐七年八月，益津路雨黑霜。

至正元年四月戊寅，彰德有赤風自西北來，忽變爲黑，晝晦如夜。

十一年十月，天雨黑子於饒州，衢州亦如之。十二月，建寧浦城雨黑子。

十三年正月二十三日，黑氣亘天。冬，袁州路每日暮，有黑氣環繞郡城。

十七年正月己丑，杭州降黑雨，河池水皆黑。

二十八年七月乙亥，京師黑霧，昏瞑不辨人物，自旦近午始消，如是者旬有五日。

【校勘記】

〔一〕「咸平府」，「咸」原作「減」，據《元史》卷五〇志第三上《五行一》改。

〔二〕「正月」，「月」字原重，據《元史》卷五〇志第三上《五行一》删。

〔三〕「二十三」，原作「三十三」，據《元史》卷五一志第三下《五行二》改。

〔四〕「至正」，原作「正正」，據《元史》卷五一志第三下《五行二》改。

〔五〕「雨雹」，原作「雪雹」，據上下文改。

〔六〕「及里許方止」，「止」字原脱，據退耕堂本補。

新元史卷之四十四　志第十一

五行志中

《洪範》曰：「火曰炎上。」失炎上之性，時則有火災、草妖、羽蟲之孽、羊禍。其徵恒燠，其色赤，是爲赤眚赤祥。

定宗三年戊申，野草自焚，牛馬十死八九，民不聊生。

至元十一年十二月，淮西正陽火，廬舍、鎧仗悉毀。十八年二月，揚州火。

元貞二年，杭州火，燔七百七十家。

大德八年五月，杭州火，燔四百家。九年三月，宜黄、興國之大冶等縣火。十年十一月，武昌路火。

延祐元年二月，真州揚子縣火。三年八月，重慶路火，郡舍十焚八九。六年四月，揚州火，燔官民廬舍一萬三千三百餘區。

至治二年四月，揚州、真州火。十二月，杭州火。三年五月，奉元路行宫正殿火。上都利用監庫火。九月，揚州江都縣火，燔四百七十餘家。

泰定元年五月，江西袁州火，燔五百餘家。三年六月，龍興路寧州高市火，燔五百餘家。七月，龍興奉新州、辰州辰溪縣火。八月，杭州火，燔四百七十餘家。四年八月，龍興路火。十二月，杭州火，燔六百七十家。

天曆二年三月，四川紹慶彭水縣火。四月，重慶路火，延二百四十餘家。七月，武昌路江夏縣火，延四百家。十二月，江夏縣火，燔四百餘家。三年四月，河内諸縣火。

至順元年五月丁酉，杭州火，池州火。

元統元年六月甲申，杭州火。

至正元年四月辛卯，台州火。乙未，杭州火，燔官舍民居公廨寺觀凡一萬五千七百餘間，死者七十有四人。二年四月，杭州又火。六年八月己巳，延平路火，燔官舍民居八百餘區，死者五人。十年，興國路自春及夏，城中火災不絶，日數十起。二十年，惠州路城中火災屢見。二十三年正月乙卯夜，廣西、貴州火，同知州事韓帖木不花、判官高萬章及家人九口俱死焉，居民死者三百餘人，牛五十頭，馬九匹，公署倉庫案牘焚燒皆盡。二十八年二月癸卯，京師武器庫災。己巳，陝西有飛火自華山下流入張良弼營中，焚兵庫器仗。六月甲寅，大都大聖壽萬安寺災。是日未時，雷雨中有火自空而下，其殿脊東鼇魚口火焰出，佛身上亦火起。帝聞之泣下，亟命百官救護，唯東西二影堂神主及寶玩器物得免，餘皆焚毁。

至元二年八月丙寅，濟南鄒平縣進芝一本。八年八月癸酉，益都濟州進芝二本。是年，武安文廟大成殿産芝，九莖金色，叩之有金玉聲。十五年四月，濟南歷城縣進芝。十九年六月，芝生眉州青神縣景德寺。二十二年十月，長葛、郾城各産芝草。二十三年四月丁未，江東宣慰司進芝一本。十月，濟寧進芝二本。二十六年三月癸未，東流縣獻芝。四月，池州貴池縣民王逸進紫芝十二本。六月，汲縣民朱良進紫芝。二十八年三月，芝生鈞州陽翟縣。二十九年六月，芝生賀州。

大德五年十二月，興元西鄉縣進芝一本，色如珊瑚。六年正月，濟南鄒平縣進芝一本，五枝五葉，色皆赤。

至大四年八月，芝生國學大成殿。

延祐二年三月，芝生大成殿。五年七月，芝生大成殿。

後至元元年十二月，芝草生於荆門州當陽縣覆船山，一本五榦，高尺有二寸。一本二榦，高五寸有半，榦皆兩歧。二本相依附，扶疏瑰奇，如珊瑚枝，其高者結爲華蓋慶雲之狀。五年十二月，芝草生於中書工部之屋梁，一本七榦。

至正六年夏，西湖書院生瑞草。

至元十一年十月，衢州東北雨米如黍。十一月，建寧浦城縣雨黑子如稗實。邵武大雨震電，雨黑黍如蘆穄。信州雨黑黍。鄱陽縣雨菽豆，郡邑多有民，皆取而食之。十六年六月，彰德路葦葉順次倚疊而生，自編成若旗幟，上尖葉聚粘如槍。民謡云：「葦生成旗，民皆流離。葦生成槍，殺伐遭殃。」又有黍自生成文，紅稭黑字，其上節云：「天下太平。」其下節云：「天下刀兵。」十八年，處州山谷中，小竹結實如小麥，饑民采食之。二十一年，明州象山縣竹穗生實，如小米，可食。

至正十一年，廣西慶遠府有異鳥飛見於述昆鄉，飛鳥千百隨之，蓋鳳凰云。其一飛去，其一留止者爲獞人射死，首長尺許，毛羽五色，有藏之以獻於帥府者，久而其色鮮明如生云。五月，興國有大鳥百餘，飛至郡西白朗山顛，狀如人立，去而復至者數次。十九年，京師鵂鶹夜鳴達旦，連月乃止。有杜鵑啼於城中，居庸關亦如之。二十三年，野鵲巢興聖宫，數年蕃息數千，驅之不去。二十七年三月丁丑朔，萊州招遠縣大社里黑風大起，有大鳥自南飛至，其色蒼白，展翅如席，狀類鶴，俄頃飛去，遺下粟黍稻麥黄黑豆蕎麥於張家屋上，約數升許。是歲大稔。

至元十五年四月，濟南無棣縣獻白雉。

中統二年正月辛未，御帳殿受朝賀。是夜東北有赤氣照人，大如席。

元統二年正月庚寅朔，河南省雨血。衆官晨集，忽聞燔柴烟氣，既而黑霧四塞，咫尺不辨，腥穢逼人，逾時方息。及行禮畢，日過午，驟雨隨至，霑灑堊牆及裳衣皆赤。

至元四年四月辛未，京師雨紅沙，晝晦。

至正五年四月，鎮江丹陽縣雨紅霧，草木葉及行人裳衣皆濡成紅色。十三年三月丙戌，彰德路西南，有火自天而下，如在城外，覓之無有。十二月庚戌，京城有火見於東南，潞州襄垣縣有火墜於東南。十四年，衛輝路有天光見於西方。十二月辛卯，絳州有紅氣起自北方，蔽天幾半，移時方散。十五年春，薊州雨血。十八年三月辛丑夜，大同路有黑氣蔽於西方，聲如雷然。俄頃，有雲如火，交射中天，遍地俱見火光，以物觸地，輒以火起。至夜半，空中如有兵戈相擊之聲。二十一年七月己巳，冀寧路忻州西北，有赤氣蔽空如血，逾時方散。八月壬午，棣州夜半有赤風亘天，起西北至於東北。癸未，彰德西北，夜有紅氣亘天，至明方息。乙酉，大同路北方，夜有赤氣蔽天，直過天庭，自東而西，移時方散，如是者三。十月癸巳昧爽，絳州有紅氣見於北方，如火。二十三年三月壬戌，大同路夜有赤氣亘天，中侵北斗。六月丁巳，絳州日暮有紅光見於北方，如火，中有黑氣相雜，又有白虹二，直衝北斗，逾時方散。庚申，晉寧路北方，日暮天赤，中有白氣如虹者三，一貫北斗，一貫北極，一貫天横，至夜分方滅。八月丙辰，忻州東北，夜有赤氣亘天，中有白色如蛇形，徐徐而行，逾時方散。十月丙申朔，大名路向青、齊一方，有赤氣照耀千里。二十四年九月癸酉，冀寧平晉縣西北方，至夜天紅半壁，有頃，從東而散。二十八年六月壬寅，彰德路天寧寺塔忽變紅色，自頂至踵，表裏透徹，如煅鐵初出於爐，頂上有光焰迸發，自二更至五更乃止。癸卯、甲辰亦如之。先是，河北有童謡云：「塔兒黑，北人作主南人客。塔兒紅，朱衣人作主人公。」七月癸酉，京師赤氣滿天，如火照人，自寅至辰，氣焰方息。

《洪範》曰：「木曰曲直。」失曲直之性，時則有木冰、木妖、狂人、鼠孼，時則有雞禍。其徵恒雨，其色青，是爲青眚青祥。

至元三十年正月，雨木冰三日。

大德七年十一月辛酉，木冰。

至順二年十一月丁巳，雨木冰。十二月癸亥，雨木冰。

後至元五年十一月癸酉，瑞州路新昌州雨木冰，至明年二月壬寅，冰始解。

至正四年正月，汴梁路鄭州尉氏、洧川、河陰三縣及龍興靖安縣雨木冰。十一月，東平雨木冰。十二年九月壬午，冀寧保德州雨木冰。十四年冬，龍興雨木冰。二十五年二月辛亥，汴梁雨木冰，狀如樓閣、人物、冠帶、鳥獸、花卉，百態具備，羽幢珠葆，彌望不絶，凡五日始解。

至元十九年，處州麗水縣樟樹生梨，可食。

元貞元年，太平路蕪湖縣進榆木，有文曰「天下太平年」。

後至元三年夏，上都、大都桑果葉皆有黄色龍文。九年秋，奉元桃杏實。十一年夏，松江普照寺敝帚開花。嘉興儒學閽人陶氏，磨上木肘發青條，開白花。又吴江分湖里，柳樹枯椿生長條如葦。進賢縣瑞竹生。十二年五月，汴梁祥符縣椿樹結實如木瓜。十六年七月，彰德李樹結實如小黄瓜。民謡云：「李生黄瓜，民皆無家。」二十一年，明州松樹結實，其大有盈尺者。八月，汴梁祥符縣邑中樹木，一夕皆有濕泥塗之。

憲宗七年九月，霖雨連月。九年夏四月，大雷雨，凡二十日。

至元七年八月，保定路霖雨，害稼。九年六月丁亥，京師大雨。十年，霖雨，害稼。十二月，河間霖雨。二十三年九月乙丑朔，雨壞太廟。二十四年六月，霸州益津縣霖雨，傷稼。九月，太原、河間、河南等路霖雨，害稼。二十五年五月，汴梁大霖雨。六月，睢陽霖雨。七月，保定路霸、漷二州淫雨，害稼。八月，嘉祥、魚臺、金鄉三縣淫雨。九月，莫、獻二州淫雨。保定路淫雨。二十六年六月，濟寧、東平、汴梁、濟南、順德、真定路，濱、棣州霖雨，害稼。七月辛巳，雨壞都城。八月，大都路霖雨。九月，昌國亦如之。二十七年二月，晉陵、無錫二縣霖雨。四月，芍陂屯田霖雨。七月，終南屯田霖雨。江西淫雨。二十八年八月，大名、清河、南樂諸縣霖雨爲災。九月，河間淫雨。

元貞二年八月，寧海州霖雨。

大德二年七月，大雨。五年八月，平灤路霖雨。是年，峽州、隨州、安陵、荆門、泰州、光州、揚州、滁州、高郵、安豐霖雨。六年五月，歸德、徐州、邳州、睢寧縣雨五十日。十月，濟南、濱、棣、泰安、高唐州霖雨，害稼。七年，浙西淫雨。八年五月，大名、滑、濬、德州、齊河霖雨。六月丁酉，汴梁祥符、開封、陳州霖雨。九年六月，潼川霖雨。十年六月，景州霖雨。十一年九月，襄陽霖雨。

至大二年，德州霖雨，害稼。四年七月，河間、順德、大名、彰德、廣平等路，德、濮、恩、通等州及冀寧祁縣霖雨，害稼。

皇慶元年，龍興路新建縣雨，害稼。

延祐元年五月，武陵縣霖雨。二年七月，潭州、金州、永州、茶陵霖雨。四年四月，遼陽蓋州雨水，害稼。六年七月，霸州文成縣雨，害稼。七年五月，汝寧府霖雨。

至治元年，江州、贛州淫雨。二年閏五月，安豐路雨，傷稼。三年五月，大名魏縣淫雨。保定定興縣，濟南無棣、厭次縣，濟寧碭山縣，河間齊東縣霖雨，害稼。

泰定元年七月，真定、廣平、廬州十一路雨，傷稼。德州、曹州淫雨。八月，汴梁考城、儀封，濟南沾化、利津等縣霖雨，損禾稼。二年五月，浙西諸路霖雨。六月，奉元、衛輝路及永平屯田雨，傷稼。九月，漢中道文州霖雨。三年十一月，廣寧路霖雨，傷稼。四年十月，大都路霖雨。是年，開封霖雨。

至順二年九月，湖州安吉縣霖雨。三年六月，京師霖雨。

元統二年三月，山東霖雨。

至元元年六月，大霖雨。二年五月乙卯，南陽鄧州大霖雨，自是日至於六月甲申乃止。八月，大都至通州霖雨。三年六月辛巳，衛輝路淫雨。四年六月，邵武路大雨。

至正二年秋，彰德路霖雨。三年四月至七月，汴梁路滎澤縣，鈞州新鄭、密縣霖雨，害稼。四年夏，汴梁蘭陽縣，許州長葛、郾城、襄城，睢州，歸德府亳州之鹿邑，濟寧之虞城淫雨，害蠶麥，禾皆不登。八月，益都霖雨，饑民有相食者。五年夏秋，汴梁祥符、尉氏、洧川，鄭州、鈞州、亳州久雨，害稼，二麥禾豆俱不登。河間路淫雨，妨害鹽課。八年五月，京師大霖雨，都城崩圮。鈞州新鄭縣淫雨，害麥。九年七月，高唐州大霖雨，壞官署民居。歸德府淫雨浹十旬。十年二月，彰德路大雨，害麥。二十年七月，益都高苑縣、陝州黽池縣大雨，害稼。二十三年七月，懷慶路河內、修武、武陟三縣及孟州淫雨，害稼。二十四年秋，密州安丘縣大雨。二十五年秋，密州安丘縣、潞州〔一〕、汴梁許州及鈞州之密縣淫雨，害稼。二十七年秋，彰德路淫雨。

至正六年八月，龍興進賢縣甘露降。二十年十月，國子學大成殿松柏樹有甘露降其上。

至正十年春，麗正門樓斗栱内，有人伏其中，不知何自而至，遠近聚觀之。門尉以白留守，達於都堂。上聞，有旨令取付法司鞫問。但云薊州人。問其姓名，詰其所從來，皆惘若無知，唯妄言禍福而已。乃以不應之罪笞之，忽不知所在。

至元二十二年六月，馬湖田鼠食稼。大德二年二月，沙州鼠傷稼。至正二十年八月，慶陽、延安、寧安等州野鼠食稼，初由鶉卵化生，既成牝牡，生育日滋，百畝之田，一夕俱盡。二十六年，泗州瀕淮兩岸，有灰黑色鼠，暮夜出穴，成羣覆地食禾。

至正十七年三月，上海李勝家伏雞七雛，一雛作牝雞鼓翼長鳴。十八年正月，錢塘盧子明伏雞一雛，有四足。二十二年，龍泉縣一雞二形，能鳴能伏。二十五年，瑞安縣鄭氏家有雄雞生子。

《洪範》曰：「金曰從革。」失從革之性，時則有金石之妖、詩妖、毛蟲之孽。其徵恒暘，其色白，是爲白眚白祥。

大德二年六月，撫州崇仁縣辛陂村有星隕於地，爲緑色員石，邑人張椿以狀聞。

泰定四年八月，天全道山崩，飛石擊人，中者輒死。

至正十年正月甲戌，棣州白晝空中有聲，自西北而來，距州二十里隕於地，化爲石，其色黑，微有金星散布其上。有司以進，遂藏之司天監。十一月冬至夜，陝西耀州有星墜於西原，光耀燭地，聲如雷鳴者三，化爲石，形如斧，一面如鐵，一面如錫，削之有屑，擊之有聲。十六年冬十一月，大名路大名縣有星如火，自東南流，尾如曳篲，墜入於地，化爲石，青黑光瑩，狀如狗頭，其斷處類新割者。有司以進，太史驗視云：「天狗也。」命藏於庫。十九年四月己丑，建寧路甌寧縣有星墜於營山前，其聲如雷，化爲石。二十三年六月庚戌，益都臨朐縣龍山有星墜入於地，掘之深五尺，得石如磚，褐色，上有星如銀，破碎不完。

至元元年，龍興靖安縣山石迸裂，湧水，人多死者。十年三月，慶元奉化州南山石裂，其碎而大者，有山川、人物、禽鳥、草木之文。二十七年六月丁卯，沂州東蒼山有巨石，大如屋，崩裂墜地，聲震如雷。七月丙戌，廣西靈川縣臨江石崖崩。

庶徵之恒暘，劉向以爲春秋大旱也。

太宗十年八月，旱。

定宗三年，大旱。

中統元年八月，澤州、潞州旱。三年五月，濱、棣二州旱。四年八月，真定路及洺、磁等州，彰德路旱。十一月，東平、大名等路旱。

至元元年二月，東平、太原、平陽旱，分命西僧禱雨。二年，西京、北京、益都、真定、東平、順德、河間、徐、邳、宿旱。三年夏，黄州京北鷹朔旱。四年，順天東鹿旱。五年，京兆大旱。六月，真定等路旱。七年三月，益都、登、萊旱。七月，山東、南京旱。八年四月，蔚州靈仙、廣靈二縣旱。九年六月，高麗旱。十二年，太原等路旱。十三年十二月，平陽路旱。十五年，奉聖州及彰德等路旱。十六年七月，趙州旱。十八年二月，遼陽、廣寧、北京大定縣旱。十九年八月，真定以南旱。二十二年五月，廣平、汴梁、鈞州、鄭州、懷孟、濮州、東昌、廣平、平陽、彰德、衛輝旱。二十三年五月，汴梁旱，京畿旱。二十四年春，平陽旱，二麥枯死。二十五年，東平路須城等六縣，安西路商、耀、乾、華等十六州旱。二十六年，絳州大旱。二十七年，真定、平山、棗强三縣旱。二十八年二月，山東棣州旱。

元貞元年六月，環州、葭州及咸寧、伏羌、通渭等縣旱。七月，太原、安豐及河間肅寧、樂壽二縣旱。九月，泗州、賀州旱。二年七月，大名開州、懷州武陟縣、河間肅寧縣旱。九月，莫、獻州旱。十月，化州旱。十二月，遼東、開元二路及河南芍陂旱。

大德元年六月，汴梁、南陽大旱。七月，懷州武陟縣旱。八月，揚州、淮安、寧海州、真定、順德、河間旱。九月，鎮江丹陽、金壇二縣旱。十一月，常州路宜興州旱。十二月，平陽曲沃縣旱。二年二月，浙西嘉興、江陰，江東池州、建康、溧陽旱。五月，衛輝、順德、平灤等路旱。三年五月，荆湖諸路及桂陽、寶慶、興國三路旱。九月，大都、揚州、淮安旱。十月，揚、廬、隨、黄等州旱。四年三月，寧國、太平旱。五月，揚州、南陽、順德、東昌、歸德、汝寧、徐、濠等州旱，平棘、白馬二縣旱。五年六月，汴梁、南陽、衛輝、大名等路旱。九月，江陵旱。六年正月，陝西旱。七年，台州諸路旱。八年六月，鳳翔扶風、岐山、寶雞三縣旱。九年五月，道州旱。七月，晉州饒陽縣、漢陽漢川縣旱。八月，象州、融州、柳州屬縣旱。十年五月，京畿旱。安西春夏大旱，二麥枯死。十一年，台州自夏不雨，至秋九月。

至大元年二月，汝寧、歸德旱。五月，渭源縣旱。三年夏，廣平亢旱。四年六月，河間、陝西諸路旱。

皇慶元年六月，濱、棣、德三州及蒲臺等縣旱。二年九月，京畿大旱。

延祐二年春，檀、薊、濠三州旱。夏，鞏昌蘭州旱，濟寧、益都旱。四年四月，德安府旱。五年六月，荆州旱。七月，真定，河間、廣平、中山大旱。七年六月，黄、蘄二路及荆門州旱。九月，瀋陽旱。

至治元年四月，袁州、建昌及廣德路旱。五月，高郵州旱。六月，大同路、臨江路旱。二年二月，揚州、淮安路旱。十一月，岷州旱。三年夏，土番岷州、順德、真定、冀寧大旱。

泰定元年三月，臨洮狄道，石州、離石、寧鄉旱。六月，景、清、滄、莫等州，臨汾、涇川、靈臺、壽春、六合等縣旱。九月，建昌路旱。十二月，兩浙及江東諸路旱。二年三月，荆門州旱。五月，潭州、茶陵州、興國永興縣旱。七月，隨州、息州旱。三年五月，廬州、鬱林州旱，燕南、河南州縣十有四亢陽不雨。七月，關中、大名、永平、奉元諸路旱。九月，南思州旱。十一月，懷慶、修武路旱。四年五月，奉元醴泉、順德唐山、邠州淳化等縣旱。五月，大都、南陽、汝寧、廬州等路旱。六月，潞、霍、綏德三州旱。七月，江南、延安諸路旱。八月，真定、晉寧、延安、河南及藤州旱。十月，龍興路旱。十一月，永平路旱。十二月，大都、保定、真定、東平、濟南、懷慶等路旱。

致和元年二月，廣平、彰德等路旱。五月，涇州旱。六月，江陵路旱。

天曆元年八月，陝西大旱，人相食。二年夏，真定、河間、大名、廣平等四州四十一縣旱，峽州二縣旱。七月，大都之東安、薊州、永清、益津諸縣旱。八月，浙西湖州，江東池州、饒州旱。十二月，冀寧路旱。

至順元年七月，肇州、興州、東勝州及榆次、滏陽等十三縣旱。十月，武昌、湖廣常德、潭州諸路旱。十一月，冠州、廬州。江西龍興、南康、撫、瑞、袁、吉、饒州及大名、真定、河間諸路旱。二年三月，浙西旱。四月，霍、隰、石三州，阜城、平地二縣旱。八月，黄州旱。三年八月，真定路，冀寧路之陽曲、河曲二縣及荆門州、河南府之洛陽縣旱。四年夏，紹興旱，淮東、西亦旱。

元統元年夏，紹興旱，自四月不雨，至於七月。淮東、淮西皆旱。二年三月，湖廣旱，自是月不雨，至於八月。四月，河南旱，自是月不雨至於八月。秋，南康旱。

至元元年三月，益都路旱。夏，河南及邵武大旱。二年，蘄州、黄州，浙東衢州、婺州、紹興，江東信州，江西瑞州等路，及陝西皆旱。是年四月，黄州黄岡縣周氏婦産一男，未幾死，狗頭人身，咸以爲旱魃云。六年夏，大寧、廣寧、遼陽、開元、瀋陽、懿州旱。廣東南雄路旱，自二月不雨至於五月，種不入土。

至正二年，彰德、大同二路及冀寧平晉、榆次、徐溝縣，汾州孝義縣，沂州皆大旱，自春至秋不雨，人有相食者。秋，衛輝大旱。三年秋，興國大旱。四年，福州大旱，自三月不雨至於八月。興化、邵武、鎮江及湖南之桂陽皆旱。五年，曹州禹城縣大旱。夏，膠州高密縣旱。六年，鎮江及慶元奉化州旱。七年，懷慶、衛輝，河東及鳳翔之岐山，汴梁之祥符，河南之孟津，皆大旱。八年三月，益都臨淄縣大旱。五月，四川旱。十年夏秋，彰德旱。

十一年，鎮江旱。十二年，蘄州、黄州大旱，人相食。浙東紹興旱。台州自四月不雨，至於七月。十三年，蘄州、黄州及浙東慶元、衢州、婺州，江東饒州，江西龍興、瑞州、建昌、吉安，廣東南雄，湖南永平，桂陽，皆大旱。十四年，懷慶河内縣、孟州，汴梁祥符縣，福建泉州，湖南永州、寶慶，廣西梧州，皆大旱。祥符旱魃再見。泉州種不入土，人相食。十五年，衛輝大旱。十六年，婺州、處州皆大旱。十八年春，薊州旱。莒州、濱州、般陽滋州縣、霍州、鄜州、鳳翔岐山縣，春夏皆大旱。莒州家人自相食。岐山人相食。十九年，晉寧、鳳翔，廣西梧州、象州，皆大旱。二十年，通州旱。汾州介休縣自四月至秋不雨。廣西賓州大旱，自閏五月不雨至於八月。二十二年，河南洛陽、孟津、偃師三縣大旱，人相食。二十三年，山東濟南、廣西賀州皆大旱。

後至元五年八月，京師童謡云：「白雁望南飛，馬札望北跳。」至正五年，淮楚間童謡云：「富漢莫起樓，窮漢莫起屋。但看羊兒年，便是吴家國。」十年，河南北童謡云：「石人一隻眼，挑動黄河天下反。」十五年，京師童謡云：「一陣黄風一陣沙，千里萬里無人家。回頭雪消不堪看，三眼和尚弄瞎馬。」十六年正月，松江民謡曰：「滿城多是火，官府四散躲。城裏無一人，紅軍府上點。」

太宗九年，左翼部譌言括民女。至元十一年四月，誅西京譌言惑衆者。後至元三年，郡邑皆相傳朝廷欲括童男女，於是市井鄉里競相嫁娶，倉卒成婚，貧富長幼多不得其宜者，此民譌言也。

元貞三年正月，海州牟平縣獲白鹿於聖水山以獻。至正十年，彰德境内狼狽爲害，夜如人形，入人家哭，就人懷抱中取小兒食之。二十三年正月，福州連江縣有虎入於縣治。二十四年七月，福州白晝獲虎於城西。二十九年正月，上都有狐數頭入行殿，直至御殿下。

皇慶二年八月，黄梅縣天雨毛。元統二年六月，彰德雨白毛，俗呼云「老君鬚」。民謡曰：「天雨氂，事不齊。」至元三年三月，彰德雨毛，如綿而緑，俗呼云「菩薩綿」。民謡云：「天雨綫，民起怨。中原地，事必變。」六年七月，延安路鄜州雨白毛，如馬鬃，所屬邑亦如之。至正十三年四月，冀寧榆次縣雨白毛，如馬鬃。七月，泉州如雨白絲。十八年五月，益都雨白氂。十九年三月，遵化路連日雨氂。八月，安仁縣怪物見空中，白色，頭黑，尾鋭。二十五年五月甲子，京師雨氂，長尺許，如馬鬃。二十七年五月，益都雨白氂。

至元二十四年七月癸丑，日暈連環，白虹貫之。至大元年七月，流星起句陳，化爲白氣，員如車輪，至貫索始滅。皇慶元年六月丁卯，天雨毛。延祐元年二月己亥，白暈亘天，連環貫日。至順三年五月丁酉，白虹並日出，其長竟天。後至元四年八月丁丑，京師白虹亘天。至正二十二年，京師有白氣如小索，起危宿，長五百丈，掃太微。二十四年六月癸卯，冀寧路保德州三星晝見，有白氣橫突其中。二十六年三月丁亥，白虹五道亘天，其第三道貫日；又氣橫貫東南，良久乃滅。二十七年五月，大名路有白氣二道。二十八年閏七月乙丑，冀寧文水縣有白虹貫日，自東北直繞西南，雲影中似日非日，如鏡者三，色青白，逾時方散。

至正二十一年，昆明縣生赤小犬，色如火，羣吠徧野。二十八年，上海金壽家雄犬生小狗八，其一嘴爪紅如鮮血。

【校勘記】

〔一〕「璐州」，原作「丘璐」，據《元史》卷五一志第三下《五行二》改。

新元史卷之四十五　志第十二

五行志下

《洪範》曰：「土爰稼穡。」失土之性，稼穡不成，時則有饑饉，爲地震山崩，天雨土，花妖，蟲孽，牛禍。其徵恒風，其色黄，是爲黄眚黄祥。

中統元年五月，澤州饑。二年六月，塔察兒部饑。七月，桓州饑。三年五月，甘州饑。閏九月，濟南路饑。

至元二年四月，遼東饑。五年九月，益都饑。六年十一月，濟南及固安、高唐二州饑。七年五月，東京饑。七月，山東淄、萊等州饑。八年正月，西京、益都饑。九年四月，京師饑。七月，水達達部饑。十七年三月，高郵州饑。十八年二月，浙東饑。四月，通、泰、崇明等州饑。十九年九月，真定路饑，民流徙鄂州。二十三年七月，宣寧縣饑。二十四年九月，平灤路饑。十二月，平江、嘉興路，湖、秀二州饑。二十五年四月，蒲台縣饑。十一月，兀良合部饑。二十六年二月，合木裏部饑。三月，安西、甘州等路饑。四月，遼陽路饑。

閏十月，武平路饑，檀州饑。十二月，蠡州饑，河間、保定二路饑。二十七年二月，開元路寧遠等縣饑。四月，浙東婺州饑。河間任丘、保定定興二縣饑。九月，河東山西道饑。二十八年三月，真定、河間、保定、平灤、太原、平陽等路饑。杭州、平江、鎮江、廣德、太平、徽州饑。九月，武平路饑。十二月，洪寬女真部饑，大都饑。二十九年正月，清州、興州饑。三月，大寧之龍山縣、里州之和中縣饑，東安、固安、薊、棣四州饑。三月，咸寧、昌州饑。閏六月，南陽、懷孟、衛輝等府路饑。三十年十月，京師饑。

元貞二年四月，平陽絳州、太原陽曲、台州黃巖饑。

大德元年六月，廣德路饑。七月，寧海州文登、牟平等縣饑。三年八月，揚州、淮安等路饑。四年二月，湖北饑。三月，寧國、太平二路饑。九月，建康、常州、江陵等路饑。六年五月，福州饑。六月，杭州、嘉興、湖州、廣德、寧國、饒州、太平、紹興、慶元、婺州等路饑，大同路饑。七月，建康路饑。十一月，保定路饑。七年二月，真定路饑。五月，太原、龍興、南康、袁州，瑞州、撫州等路，高唐、南豐等州饑。六月，浙西饑。七月，常德路饑。八年六月，烏撒、烏蒙、忙部、東川等路饑。九年三月，常寧州饑。五月，寶慶路饑。八月，揚州饑。十年三月，濟州任城饑。四月，漢陽、淮安、道州、柳州饑。七月，黃州、沅州、永州饑。八月，成都饑。十一月，揚州、辰州饑。十二月，山東饑。

至大元年二月，益都，般陽、濟寧、濟南、東平、泰安大饑。六月，山東、河南、江淮等路大饑。二年七月，徐州、邳州饑。

皇慶元年六月，鞏昌、河州路饑。二年三月，晉寧、大同、東川、鞏昌、甘肅等路饑。四月，真定、保定、河間等路饑。五月，順德、冀寧二路饑。六月，上都饑。

延祐元年六月，衡州饑。七月，台州饑。十二月，歸德、汝寧、沔陽、安豐等府路饑。二年正月，晉寧、宣德、懷孟、衛輝、益都、般陽等路饑，漢陽路饑。三年二月，河間、濟南濱、棣等處饑。四月，遼陽蓋州及南豐州饑。五月，寶慶、桂陽、澧州、潭州、永州、道州、袁州饑。四年正月，汴梁饑。五年四月，上都及遼陽饑。六年八月，山東濟寧饑。七年四月，上都、濟南蒙古軍饑。五月，大同、雲內、豐州、東勝州饑，瀋陽路饑。八月，廣東新州新興縣饑。

至治元年正月，蘄州蘄水縣饑。二月，河南汴梁、歸德、安豐等路饑。是春，般陽饑。五月，膠、濮二州饑。七月，南恩、新州饑。十一月，鞏昌成州饑。十二月，慶遠、真定二路饑。二年三月，河南、淮東、淮西諸路饑，延安延長、宜川二縣饑，奉元路饑。四月，東昌、霸州饑。九月，臨安河西縣饑。三年二月，京師饑。三月，平江嘉定州饑，崇明、黃巖二州饑。十一月，鎮江丹徒、沅州黔陽縣饑。十二月，歸、澧二州饑。

泰定元年正月，惠州、新州、南恩州，信州上饒縣，廣德路廣德縣，岳州臨湘、華容等縣俱饑。二月，慶元、紹興二路，綏德州米脂、清澗二縣饑。三月，臨洮狄道縣、石州離石縣饑。四月，江陵、荊門州、監利縣饑。五月，贛州、吉安、臨江等路，崑山、南恩等州饑。八月，冀寧、延安、江州、安陸、杭州、建昌、常德、全州、桂陽、辰州、南安等路屬州縣饑。九月，紹興、南康二路饑。十一月，泉州饑，中牟、延津二縣饑。二年正月，梅州饑，禄勸、英德二州饑。閏正月，河間、真定、保定、瑞州四路饑。二月，鳳翔路饑。三月，薊、漷、徐、邳四州饑，濟南、肇慶、江寧、惠州饑。四月，杭州、鎮江、寧國、南安、潯州、潭州等路饑。五月，廣德、袁州、撫州饑。六月，寧夏路饑。九月，瓊州、成州饑，德慶路饑。十二月，濟南、延川等路饑。三年三月，河間、保定、真定、衛輝、中山、順德、寧夏、建昌、大都、永平、奉元饑。四月，濟南饑。十一月，瀋陽、大寧、永平、廣寧、金、復州，甘肅亦集乃路饑。四年正月，遼陽諸路饑。二月，奉符、長清、萊蕪三縣饑〔一〕，建康、淮安、蘄州屬縣饑。四月，通、薊等州，漁陽、永清等縣饑。七月，武昌江夏縣饑。

致和元年二月，乾州饑。三月，晉寧、冀寧、奉元、延安等路饑。四月，保定、東昌、般陽、彰德、大寧五路屬縣饑。五月，河南、東平、大同等路饑。七月，咸寧、長安、涇州、靈臺饑。

天曆二年正月，大同及東勝州饑，涿州房山、范陽等縣饑。四月，奉元耀州、乾州、華州及延安、邠、寧諸縣饑，流民數十萬。大都、興和、順德、大名、彰德、懷慶、衛輝、汴梁、中興等路，泰安、高唐、曹、冠、徐、邳等州饑，江東、浙西二道饑。八月，忻州饑。十月，漢陽、武昌、常德、澧州等路饑，鳳翔府大饑。三年正月，寧海州文登、牟平縣饑。懷慶、衡州二路饑。真定、汝寧、揚、廬、蘄、黄、安豐等路饑。二月，河南大饑。三月，東昌須城、昌邑縣饑。沂、莒、膠、密、寧海五州，臨清、定陶、光山等縣饑。鞏昌蘭州、定西州饑。四月，德州清平縣饑。

至順元年，秦州饑。二年二月，集慶、嘉興二路及江陰州饑。檀、順、濰、密、昌平五州饑。六月，興和路高原、咸平等縣饑。九月，思州鎮遠府饑。十二月，河南大饑。三年四月，大理、中慶路饑。五月，常寧州饑。七月，滕州饑。八月，大都寶坻縣饑。

元統元年夏，兩淮大饑。二年春，淮西饑。七月，池州饑。十一月，濟南、萊蕪縣饑。

至元元年春，益都路沂水、日照、蒙陰、莒四縣及龍興路饑。夏，京師饑。是歲，沅州、道州、寶慶及邵武、建寧饑。二年，順州及淮西安豐，浙西松江州，台州，江西江、撫、袁、瑞四州，湖北沅州盧陽縣饑。三年，大都及濟南、蘄州、杭州、平江、紹興、溧陽、瑞州、臨江饑。五年，上都開平縣、桓州，興和寶昌，濮州之鄄城，冀寧之文州，益都之膠、密、莒、濰四饑。

州，遼東瀋陽路，湖南衡州，江西袁州，八番順元等處皆饑。六年，順德之邢臺，濟城之歷城，大名之元城，德州之清平，泰安之奉符、長清，淮安之山陽等縣，歸德邳州，益都、般陽、處州、婺州四路皆饑。

至正元年春，京畿州縣、真定、河間、濟南及湖南饑。夏，彰德及温州饑。二年，保德州大饑。三年，衛輝、冀寧、忻州大饑，人相食。四年，霸州大饑，人相食。東平路東阿、陽穀、汶上、平陰四縣皆大饑。冬，保定、河南饑。五年春，東平路須城、東阿、陽穀三縣及徐州大饑，人相食。夏，濟南、汴梁、河南、邠州、瑞州、温州、邵武饑。六年五月，陝西饑。七月，彰德、懷慶、東平、東昌、晉寧等處饑。九年春，膠州大饑，人相食。鈞州新鄭、密縣饑。十四年春，浙東台州，江東饑。閩海福州、邵武、汀州，江西龍興、建昌、吉安、臨江，廣西静江等路皆大饑，人相食。十七年，河南大饑。十八年春，莒州蒙陰縣大饑，斗米金一斤。冬，京師大饑，人相食。彰德、山東亦如之。十九年正月至五月，京師大饑，銀一錠得米僅八斗，死者無算。通州民劉五殺其子而食之。保定路莩死盈道，軍士掠孱弱以爲食。濟南及益都之高苑，莒之蒙陰，河南之延津、新安、澠池等縣皆大饑，人相食。二十一年，霸州饑，民多莩死。

太宗五年癸巳十二月，大風霾七晝夜。

至元十六年，保定二十餘路大風害稼。二十年正月，汴梁延津、封丘二縣大風，麥苗盡拔。二十四年，西京、北京、隆興、平灤、南陽、懷孟等路大風。三十一年七月，棣州陽信縣大風，拔木發屋。

元貞元年，金、復州大風損禾。三年，順德大風。

大德二年五月，衛輝、彰德大風損禾。八年九月，潮州颶風，海溢。十年二月，大同路暴風。

至大元年秋，歸德大風。

延祐七年八月，延津縣大風，晝晦，桑隕者十八九。

至治元年三月。大同路大風，走沙土，壅没麥田一百餘頃。二年十二月，大同、衛輝、江陵屬縣皆大風。三年三月，衛輝路大風，桑隕蠶死。

泰定元年八月，永嘉縣大風，海溢。三年七月，寶坻、房山二縣大風折木。八月，鹽官州海溢。大都昌平等縣大風一晝夜，壞民居九百餘家。四年五月，衛輝路輝州大風九日，禾盡偃。是年，通州、崇明州大風。

天曆三年二月，胙城縣、新鄉縣大風。

至順元年，衛輝路大風。七月，廣平、真定、肥城、保定曲陽大風。二年十月，吴江州大風。是年，柳林行宫大風拔木。

元統元年三月，紹興蕭山縣大風拔木。

至正元年七月，廣西雷州颶風大作，湧潮水，拔木害稼。二年十月，海州颶風作，海水溢，溺死人民。四年七月，温州颶風大作。七年正月朔，大都大風。十三年五月乙丑，潯州颶風大作，壞官舍民居，屋瓦門扉皆飄揚七里之外。十四年七月甲子，潞州襄垣縣大風拔木。十六年，温州大風。十七年六月，温州颶風。十八年正月，大風起自西北，仆益都萬歲碑。二十一年正月癸酉，石州大風拔木，六畜皆鳴，人持槍矛忽生火焰，抹之即無，摇之即有。二十四年，台州路黄巖州海溢，颶風拔木，禾盡偃。二十七年三月庚子，京師有大風，起自西北，飛砂揚礫，昏冥蔽天，逾時風勢八面俱至，終夜不止，如是者連日。自後每日寅時風起，萬竅争鳴，戌時方息。至五月癸未乃止。二十八年正月，上都風霾。二月，上都大風晝晦。

至元四年六月。中都、順天、東平等處蠶災。七年五月，東平、大名等處蠶災。十七年二月，真定七路桑有蟲食之。二十二年五月，真定、廣平、河間、大名、濟南蠶災。二十三年五月，廣平等路蠶災。二十五年七月乙巳，保定路唐縣野蠶成繭。二十九年，真定之中山、新樂、平山、獲鹿、元城、靈壽；河間之滄州無棣，景州之阜城、東光；益都之濰州北海縣；有蟲食桑皆盡。

元貞元年四月，真定平山、靈壽二縣有蟲食桑。二年五月，隨州野蠶成繭。

大德元年六月，平灤路蟲食桑。五年四月，大都、彰德、廣平、真定、順德、大名、濮州蟲食桑。七年五月，濟寧等處蟲食桑。

至大元年五月，大名、廣平、真定三路蟲食桑。

至治元年五月，保定路飛蟲食桑。

致和元年六月，河南德安屯蠖食桑。

天曆二年二月，真定平山縣、河間臨津等縣、大名魏縣蟲食桑。四月〔二〕，濮州鄄城縣、大名路〔三〕，六月，衛輝，蠶災。三月，滄州、高州及南皮、鹽山、武城等縣蟲食桑。〔四〕

至順元年三月，濮州諸縣蟲食桑。五月，滄州、高唐州蟲食桑。二年二月，深、冀二州蟲食桑。三月，真定、汴梁二路，恩、冠、晉、冀、深、蠡、景、獻等州亦如之。五月，東昌、保定二路，濮、高唐等州蟲食桑。六月，濟寧路蟲食桑。七月，辰州、興國二路蟲食桑，傷禾。三年三月，高唐、深、冀等州，大名、汴梁、廣平三路蟲食桑。四月，東昌、濟寧二路及曹、濮等州蟲食桑。

至元八年六月，遼州和順縣、解州聞喜縣蚇蛢生。十八年，高麗，夏津、武城縣蝨。二十三年五月，霸州、涿州蝻。十月，興化路仙游縣蟲傷禾。二十四年，鞏昌蚜蝻爲災。二十七年四月，婺州螟害稼。雷雨大作，螟盡死，歲乃大稔。

元貞元年六月，利州龍山縣、蓋州明山縣螟。二年五月，濟州任城縣螟。

大德七年五月，濟南、東昌、般陽、益都等路蟲食麥。閏五月，汴梁開封縣蟲食麥。九年七月，桂陽郡蝝。

至大元年五月，東平、東昌、益都等路蝝。

皇慶二年五月，檀州及獲鹿縣蝻。

延祐七年七月，霸州及南邑縣蝻。

泰定二年七月，奉元路咸陽、興平、武功蝻。三年，鳳翔府岐山等縣蚜蝻害稼。

天曆二年，淮安、廬州、安豐三路屬縣蝻。

至順元年七月，寶慶等路田生青蟲，食稼。

至正三年六月，梧州青蟲食稼。十年七月，同州蟲食稼。知州石亨祖禱於元妙觀，雨三日，蟲盡死。十九年五月，濟南章丘、鄒平二縣蝻，五穀不登。二十二年春，衛輝路螟。六月，膠水縣蚜蝻生。七月，掖縣蚜蝻生，害稼。二十三年六月，寧海文登縣蚜蝻生。七月，萊州招遠、萊陽二縣，文登州、寧海州蚜蝻生。

太宗十年八月，蝗。

中統三年五月，真定、順天、邢州等路蝗。四年六月，燕京、河間、益都、真定、東平蝗。八月，濱、棣等州蝗。

至元二年七月，益都大蝗。十二月，西京、北京、順德、徐、宿、邳等州、路蝗。三年，東平、濟南、益都、平灤、洺磁、順天、邢州、中都、河間、北京、真定路蝗。四年，山東、河南北諸路蝗。五年六月，東平等路蝗。六年六月，河南北、山東諸路蝗。七年三月，益都、登、萊蝗。七月，南京、河南諸路蝗。八年六月，上都、中都、大名、河間、益都、順天、懷孟、彰德、濟南、真定、衛輝、平陽、歸德、順德等路，淄、萊、洺、磁等州蝗。十五年，濮州蝗。十六年四月，大都十六路蝗。十七年五月，真定、咸平、沂州及漣、海、邳、宿等州蝗。十九年四月，別十八里部東三百餘里蝗害麥。二十一年六月，中衛屯田蝗。二十二年四月，大都、汴梁、益都、廬州、河間、濟寧、歸德、保定蝗。七月，京師蝗。二十五年七月，真定、汴梁蝗。八月，趙、晉、冀三州蝗。二十六年六月，東平、濟寧、東昌、益都、真定、廣平、歸德、汴梁、懷孟蝗。二十七年四月，河北蝗。二十九年六月，東昌、濟南、般陽、歸德等路蝗。三十年六月，大興縣蝗。九月，登州蝗。三十一年六月，東安蝗。

元貞元年六月，汴梁陳留、太康、考城等縣，睢、許等州蝗。二年六月，濟寧任城、魚臺縣，東平須城、汶上縣，開州長垣、清豐縣，德州齊河縣，滑州内黄縣，潁州太和縣蝗。七月，平陽、大名、歸德、真定等處蝗。八月，德州、彰德、太原蝗。

大德元年六月，歸德、邳州、徐州蝗。二年二月，歸德等處蝗。四月，江南、山東、兩淮、江浙、燕南屬縣百五十處蝗。六月，山東、河南、燕南、山北五十處，遼東、大寧路金源縣蝗。三年五月，揚州及淮安屬縣蝗，有鶖食之。十月，隴、陝蝗。四年五月，揚州、南陽、順德、東昌、歸德、濟寧、徐、濠、芍陂蝗。五年六月，順德路淇州蝗。七月，廣平、真定等路蝗。八月，河南睢、陳、唐、和等州，新野、汝陽、江都、興化等縣蝗。六年四月，真定、大名、河間等路蝗。七月，大都涿、順、固安三州及濠州鍾離、鎮江丹徒蝗。七年五月，益都、濟南等路蝗。六月，大寧路蝗。八年四月，益都臨朐、德州齊河縣蝗。六月，益津縣蝗。九年六月，通、泰、靖海、武清等州縣蝗。八月，涿州良鄉、河間南皮、泗州天長等縣及東安、海鹽等州蝗。十年四月，大都、真定、河間、保定、河南等路蝗。六月，龍興、南康等路蝗。十一年五月，真定、河間、順德、保定等路，六月，保定屬縣，七月，德州，八月，河南、真定等路蝗。

至大元年二月，汝寧、歸德二路蝗。五月，晉寧路蝗。六月，真定、保定二路蝗。八月，淮東蝗。二年四月，益都、東平、東昌、順德、廣平、大名、汴梁、衛輝等路蝗。六月，檀、霸、曹、濮、高唐、泰安等州，良鄉、舒城、歷陽、合肥、大安、江寧、句容、溧水、上元等縣蝗。七月，濟南、濟寧、般陽、河中、解、絳、耀、同、華等州蝗。八月，真定、保定、河間、懷孟等路蝗。三年四月，寧津、堂邑、茌平、陽穀、平原、齊河、禹城七縣蝗。五月，合肥、歷陽、蒙城、霍邱、懷寧等縣蝗。七月，磁州、威州，饒陽、元氏、平棘、滏陽、元城、無棣等縣蝗。

皇慶元年，彰德、安陽縣蝗。

延祐七年六月，益都蝗。

至治元年五月，霸州蝗。六月，衛輝、汴梁等處蝗。七月，江都、泰興、通許、臨淮、盱眙、清流等縣蝗。十二月，寧海州蝗。二年，汴梁祥符縣蝗，有羣鶖食蝗，既食而復吐之，積如丘垤焉。十二月，汴梁、順德、河間、保定、濟寧、濮州、益都諸路蝗。三年五月，保定路歸信縣蝗。七月，真定諸路蝗。

泰定元年六月，大都、順德、東昌、衛輝、保定、益都、濟寧、彰德、真定、般陽、廣平、大名、河間、東平等路蝗。二年五月，彰德等路蝗。六月，德、濮、曹、景等州，歷城、章丘、淄川、茌平等縣蝗。九月，濟南、歸德等路蝗。三年六月，東平須城縣、興國永興縣蝗。七月，大名、順德等路，趙州，曲陽、滿城、慶都、修武等縣蝗，淮安、高郵二路，睢、泗、雄、霸等州蝗。八月，永平、汴梁、懷慶等路蝗。四年五月，大都、南陽、汝寧、廬州等路蝗。洛陽縣有蝗五畝，羣鳥盡食之，越數日，蝗又集，又食之。六月，大都、河間、濟南、大名、陝州蝗。七月，藉田蝗。八月，冠州、恩州、大都、河間、奉元、懷慶諸路蝗。十二月，保定、濟南、衛輝、濟寧、廬州五路，南陽、河南二府蝗，博興州、臨淄、膠西等縣蝗。

致和元年四月，大都薊州、永平路石城縣蝗。鳳翔岐山縣蝗，無麥苗。五月，潁州及汲縣蝗。六月，武功縣蝗。

天曆二年四月，大寧興中州、懷慶孟州、廬州無爲州蝗。六月，益都路莒、密二州蝗。七月，真定、汴梁、永平、淮安、廬州、大寧、遼陽等路屬縣蝗。八月，保定行唐縣蝗。三年五月，廣平、大名、般陽、濟寧、東平、汴梁、南陽、河南等路，輝、德、濮、開、高唐五州蝗。

至順元年六月，潞、薊、固安、博興等州蝗。七月，解州、華州及河内、靈寶、延津等二十二縣蝗。二年三月，陝州諸路蝗。六月，孟州濟源縣蝗。七月，河南閿鄉、陝縣，奉元蒲城、白水等縣蝗。

元統二年六月，大寧、廣寧、遼陽、開元、瀋陽、懿州蝗。八月，南康諸縣蝗。

後至元二年七月，黄州蝗。三年六月，懷慶、温州、汴梁陽武縣蝗。七月，武陟縣鷹食蝗。五年七月，膠州即墨縣蝗。是年秋七月，螟生牧野南，有鸜鵒自西北來，啄螟食之盡。

至正四年，歸德府永城縣及亳州蝗。十二年六月，大名路開、滑、濬三州，元城十一縣蝗。十七年，東昌茌平縣蝗。十八年夏，薊州、遼州、濰州昌邑縣、膠州高密縣蝗。秋，大都、廣平，順德及濰州之北海、莒州之蒙陰、汴梁之陳留、歸德之永城皆蝗。順德九縣民食蝗，廣平人相食。十九年，大都霸州、通州，真定、彰德、懷慶、東昌、衛輝，河間之臨邑，東平之須城、東阿、陽穀三縣，益都路之益都、臨淄二縣，濰州、膠州、博興州，大同、冀寧二路，文水、榆次、壽陽、徐溝四縣，沂、汾二州及孝義、平遥、介休三縣，晉寧潞州及壺關、潞城、襄垣三縣，霍州趙城、靈石二縣，隰之永和，沁之武鄉，遼之榆社、奉元，及汴梁之祥符、原武、鄢陵、扶溝、杞、尉氏、洧川七縣，鄭之滎陽、汜水，許之長葛、郾城、臨潁，鈞之襄城、新城、密縣皆蝗，食禾稼草木俱盡，所至蔽日，礙人馬不能行，填坑塹皆盈。饑民捕蝗以爲食，或曝乾而積之，又罄，則人相食。七月，淮安清河縣飛蝗蔽天，自西北來，凡經七日，禾稼俱盡。八月，大同路蝗。二十年，益都臨朐、壽光二縣，鳳翔岐山縣蝗。二十一年六月，河南鞏縣蝗，食稼俱盡。七月，衛輝及汴梁滎澤縣、鄭州蝗。二十二年秋，衛輝及汴梁開封、扶溝、洧川三縣，許州及鈞之新鄭、密二縣蝗。二十五年，鳳翔岐山縣蝗，績溪縣蝗。

至元十六年四月，益都樂安縣朱五十家，牛生犢，兩頭四耳三尾，其色黄，既生即死。

大德九年二月，大同平地縣迷兒的斤家，牛生麒麟而死。

至大四年，大同宣寧縣民滅的家，牛生一犢，其質有鱗無毛，其色青黄，類若麟者，以其鞹上之。

泰定三年九月，湖州長興州民王俊家，牛生一獸，鱗身牛尾，口目皆赤，墮地即大鳴，母不乳之。具圖以上，不知何獸，或曰：「此瑞也，宜俾史臣紀録。」

至正九年三月，陳州楊家莊牛生黄犢，火光滿室，麻頂緑角，間生緑毛，不食乳，二日而死。十年秋，襄陽車城民家，牛生犢，五足，前三、後二。十六年春，汴梁祥符縣牛生犢，雙首，不及二日死。二十八年五月，東昌聊城縣錢鎮撫家，牛生黄犢，六足，前二後四。

至元二十四年，諸王薛徹都部雨土七晝夜，没死牛畜。

大德十年二月，大同平地縣雨沙黑霾，斃牛馬二千。

至治三年二月丙戌，雨土。

致和元年三月壬申，雨霾。

天曆二年三月丁亥，雨土霾。

至順元年三月丙戌，雨土霾。

後至元五年二月，信州雨土。

至正三年三月至四月，忻州風霾晝晦。二十六年四月乙丑，奉元路黄霧四塞。

至元元年十一月，興國路地震。四年八月，漢陽地震〔五〕。二十一年八月，松滋、枝江地震〔六〕。九月戊子，京師地震。二十六年正月丙戌，地震。二十七年二月癸未，泉州地震。丙戌，泉州地復震。八月癸未，武平路地大震。二十八年八月乙丑，平陽路地震，壞廬舍萬八百區。

元貞元年三月壬戌，地震。

大德六年十二月辛酉，雲南地震。戊辰，亦如之。七年八月辛卯夕，地震，太原、平陽尤甚，壞官民廬舍十萬計。平陽趙城縣范宣義郇堡徙十餘里。太原徐溝、祁縣及汾州平遥、介休、西河、孝義等縣地震成渠，泉涌黑沙。汾州北城陷，長一里，東城陷七十餘步。八年正月，平陽地震不止。九年四月己酉，大同路地震，有聲如雷，壞廬舍五千八百，壓死者一千四百餘人。懷仁縣地震二所，涌水盡黑，其一廣十八步，深十五丈，其一廣六十六步，深一丈。五月癸亥，以地震，改平陽路爲晉寧，太原路爲冀寧。十一月壬子，大同地震。十二月丙子，又震。十年閏正月，晉寧、冀寧地震不止。三月，道州營道縣暴雨，山裂百三十餘處。八月壬寅，開城路地震。

至大元年六月丁酉，鞏昌隴西、寧遠縣地震。雲南烏撒、烏蒙地三日而大震者六。九月己酉，蒲縣地震。十月癸丑，蒲縣、陵縣地震。二年十二月壬戌，陽曲縣地震有聲。三年十二月戊申，冀寧路地震。四年三月己亥，寧夏路地震。七月癸未，甘州地震，大風，有聲如雷。閏七月甲子，寧夏地震。

皇慶二年六月己未朔，京師地震。丙寅，又震。七月壬寅，又震。

延祐元年二月戊辰，大寧路地震。四月甲申朔，大寧地震，有聲如雷。八月丁未，冀寧、汴梁等路，陟縣、武安等縣地震。十一月戊辰，大寧地震如雷。二年五月乙丑，秦州成紀縣北山移至夕川河，明日再移，平地突如土阜，高者二三丈，陷没民居。十一月乙卯，宣德縣屢震。三年八月己未，冀寧、晉寧等路地震。十月壬午，河南地震。四年正月壬戌，冀寧地震。七月己丑，成紀縣山崩。辛卯，冀寧地震。九月，嶺北地震三日。五年正月甲戌，懿州地震。二月癸巳，和寧路地震。丁酉，泰安縣山崩。五月己卯，德慶路地震。七月戊子，寧遠縣山崩。八月，伏羌縣山崩，秦州成紀縣山崩，朽壤墳起，没畜産。

至治二年九月癸亥，地震。十一月癸卯，地震。

泰定元年八月，成紀縣山崩水溢，壅土至來谷河成丘阜。十月庚申，奉元路同州地震。三年十二月丁亥，寧夏路地震。四年三月癸卯，和寧路地震如雷。八月，鞏昌通渭縣山崩，碉門地震，有聲如雷，晝晦。鳳翔、興元、成都、陜州、江陵等路地同日震。九月壬寅，寧夏地震。

致和元年七月辛酉朔，寧夏地震。己卯，大寧路地震。十月壬寅，大寧路地震。至順二年四月丁亥，真定涉縣一日五震或三震，月餘乃止。三年四月戊申，大寧路地震。五月戊寅，京師地震有聲。八月己酉，隴西地震。九月丁酉夜，京師地震有聲。

元統元年八月，鞏昌、徽州山崩。九月庚申，秦州山崩。十月丙寅，鳳州山崩。十二月丙申，鞏昌成紀縣地裂山崩。癸卯，安慶灊山縣地震。辛亥，秦州地裂山崩。十二月，饒州德興縣，餘干、樂平二州地震。二年五月，信州地震。八月辛未，京師地震。雞鳴山崩，陷爲池，方百里，人死者衆。

至元元年十一月壬寅，興國路地震。十二月丙子，安慶路地震，所屬宿松、太湖、灊山三縣同時俱震，廬州、蘄州、黄州亦如之。是月，饒州亦地震。二年正月乙丑，宿松地震。五月壬申，秦州山崩。三年八月辛巳夜，京師地震。壬午，又震，震損太廟神主，西湖寺神御殿壁傾，祭器皆壞。順州、龍慶州及懷來縣皆以辛巳夜地震，壞官民廬舍，傷人及畜牧。四年春二月乙酉，奉聖州地震，保安州及瑞州路新昌州地震。六月，新州路靈山裂。七月己酉，保安州地大震。丙辰，鞏昌府山崩。八月辛丑，宣德府地大震，改宣德爲順寧府。丙子，京師地震，日凡二三，至乙酉乃止。密州安丘縣地震。六年六月己亥，秦州成紀縣山崩地裂。

至正元年二月，汴梁路地震。二年四月辛丑，冀寧路平晉縣地震，聲如雷鳴，裂地尺餘，民居皆傾仆。五月，濟南山崩水涌。七月，惠州羅浮山崩，凡二十七處，壞民居無算。十二月乙酉，京師地震。三年二月，鈞州之新鄭、密縣地震。六月乙巳，秦州秦安縣南坡崩裂，壓死人畜。七月戊辰，鞏昌山崩，人畜死者衆。十二月，膠州及屬邑高密地震。四年八月，莒州蒙陰縣地震。十二月，東平路東阿、陽穀、平陰三縣及漢陽地震。五年春，薊州地震，所領四縣及東平汶上縣亦如之。十二月乙丑，鎮江地震。六年二月，益都路益都、昌樂、壽光三縣，濰州北海縣，膠州即墨縣地震。三月，高苑縣地震，壞民居。六月，廣州增城縣羅浮山崩，水涌溢，溺死百餘人。九月戊午，邵武地震，翌日地中有聲如鼓，夜復如之。七年二月，益都臨淄、臨朐，濰州之昌邑，膠州之高密，濟南之棣州地震。三月，東平路東阿、陽穀、平陰三縣地震，河水動摇。五月，臨淄地又震，七日乃止。河東地坼泉涌，崩城陷屋，傷人民。十一月，鎮江丹陽縣地震。九年六月，台州地震。七月庚寅，泉州大風雨，永春縣南象山崩，壓死者衆。十年，冀寧徐溝縣地震。五月甲子，龍興寧州大雨，山崩數十處。丙寅，瑞州上高縣蒙山崩。十月乙酉，泉州安溪縣後山鳴。十一年四月，冀寧路汾、忻二州，文水、平晉、榆次、壽陽四縣，遼州之榆社，懷慶之河内、修武二縣及孟州同時地震，聲如雷霆，圮房屋，壓死者甚衆。八月丁丑，中興路公安、松滋、枝江三縣，峽、荆門二州地震。十二年二月丙戌，霍州靈石縣地震。閏三月丁丑，陝西地震，莊浪、定西、静寧、會州尤甚，移山湮谷，陷没廬舍，有不見其跡者。會州公廨牆圮，得弩五百餘張，長丈餘，短者九尺，人莫能開挽。十月丙午，霍州趙城縣霍山崩，涌石數里，前三日，山鳴如雷，禽獸驚散。十三年三月，莊浪、定西、静寧、會州地震。七月，汾州白彪山坼。十四年四月，汾州介休縣地震，泉涌。七月，孝義縣地震。十一月，寧國路地震，所領寧國、旌德二縣亦如之。淮安路海州地震。十二月己酉，紹興地震。十五年四月，寧國敬亭、麻姑、華陽諸山崩。六月丁丑，冀寧之德州地震。十六年春，薊州地震，凡十日，所領四縣亦如之。六月，雷州地大震。十七年十月，静江路東門地陷，城東石山崩。十二月丁酉，慶元路象山縣鵝鼻山崩，有聲如雷。十八年二月乙酉，冀寧臨州地震。五月，益都地震。十九年正月甲午，慶元地震。二十年二月，延平順昌縣地震。二十二年三月，南雄路地震。二十三年十二月丁巳，台州地震。二十五年十月壬申，興化路地震，有聲如雷。十二月，洛陽山鳴。二十六年三月，海州地震如雷，贛榆縣吴山崩。六月，汾州介休縣地震，紹興山陰縣卧龍山裂。七月辛亥，冀寧路徐溝縣，石、忻、臨三州，汾之孝義、平遥二縣同日地震，有壓死者。丙辰，泉州同安縣三秀山崩。是月，河南府鞏縣大霖雨，地震山崩。十一月辛丑，華州蒲城縣洛岸崩，壅水絶流三日。十二月庚午，華州之蒲城縣洛水和順崖崩，其崖戴石，有巖穴可居，是日壓死辟亂者七十餘人。二十七年五月，山東地震。六月，沂州山石崩裂，有聲如雷。七月丙戌，静江靈川縣大藏山石崖崩。十月丙辰，福州雷雨，地震。十二月庚午，又震，有聲如雷。二十八年六月，冀寧文水、徐溝二縣，汾州孝義、介休二縣，臨州、保德州，隰之石樓縣及陝西皆地震。七月，遼陽雞鳴山崩。十月辛巳，陝西地又震。二十九年正月，中都地震。

至元元年十月壬子，恩州歷亭縣進嘉禾，一莖九穗。十一月丁酉，太原臨州進嘉禾二莖。四年十月辛未，太原進嘉禾二本，異畝同穎。六年九月癸丑，恩州進嘉禾，一莖三穗。七年夏，東平府進瑞麥，一莖二穗、三穗、五穗者各一本。十一年，興元鳳州進麥，一莖七穗；穀一莖三穗。十四年八月，嘉禾生襄陽。十七年十月，太原堅州進嘉禾六莖。十八年八月壬寅，瓜州屯田進瑞麥，一莖五穗。二十年癸巳，斡端宣慰司劉恩進嘉禾，同穎九穗、七穗、六穗者各一。二十三年五月，廣元路閬中麥秀兩歧。二十四年八月，濬州進瑞麥，一莖九穗。九月，中興路生嘉禾，一穗九莖。二十五年八月，袁州萍鄉縣進嘉禾。二十六年十二月，寧州民張世安進嘉禾一本。二十九年二月壬申，澤州獻嘉禾。三十一年，嘉禾生京畿，一莖九穗。

大德元年十一月辛未，曹州禹城縣進嘉禾，一莖九穗。九年，嘉禾生應州山陰縣〔七〕。

至大三年九月，河間路獻嘉禾，有異畝同穎及一莖數穗者，敕繪爲圖。

皇慶二年八月，嘉禾生渾源州，一莖四穗。

延祐四年九月，南城産嘉禾。七年五月，鄱陽進嘉禾，一莖六穗。

至治元年十月壬子，左丞相拜住獻嘉禾，兩莖同穗。二年八月，蔚昌府獻嘉禾。

泰定元年十月，成都縣穀一莖九穗。

後至元四年五月，彰德臨彰縣麥秀兩歧，有三穗者。

至正元年，延平順昌縣嘉禾生，一莖五穗。冀寧太原縣有嘉禾，異畝同穎。三年八月，晉寧臨汾縣嘉禾生，有五穗至八穗者。六年，洛陽産瑞麥，一莖三四穗。十年，彰德路穀、麥雙穗。十六年，大同路秦城鄉嘉禾生，一莖二穗、五穗，有九穗者，有異莖而同穗者。二十六年五月，洛陽縣康家莊有瑞麥，一莖五穗，雙穗、三穗者甚衆。

【校勘記】

〔一〕「三」，原作「二」，據《元史》卷五〇志第三上《五行一》改。

〔二〕「四月」，「月」字原脱，據上下文意補。

〔三〕「大名路」上，據《元史》卷三三本紀第三十三《文宗二》，當有「五月」二字。

〔四〕「高州」，據《元史》卷三三本紀第三十三《文宗二》，當作「高唐州」。

〔五〕「四年八月漢陽地震」，《元史》卷五一志第三下《五行二》云：「四年八月，莒州蒙陰縣地震。十二月，東平路東阿、陽谷、平陰三縣及漢陽地震。」

〔六〕「二十一年八月松滋枝江地震」，「二十一年」誤。《元史》卷五一志第三下《五行二》云：「十一年八月丁丑，中興路公安、松滋、枝江三縣，峽、荊門二州地震。」

〔七〕「嘉禾」，原作「嘉生」，據元史卷五一志第三下《五行二》改。

新元史卷之四十六　志第十三

地理志一

自唐末疆域分裂，歷五代至宋，遼與西夏尚據邊垂。金滅遼克宋，趙氏南遷，劃分南北。又歷百餘年，而元興。迨世祖取江南，中國始統於一姓焉。元之疆域，九州而外，幅員尤廣。世祖以前，阿母河、別失八里俱置尚書行省。至元初，別失八里、火州、斡端等處俱置宣慰司。又太祖分東邊之地封諸弟，分西北邊之地封諸子。其後，皇孫旭烈兀建國波斯，與朮赤、察合台之後並爲三大藩。職方之志，宜考其山川與其疆域之沿革，以次於十一行省之後，不應如舊史《地理志》之褊狹也。然舊志實本於《大一統志》與《經世大典》，官修之籍既不足徵，其局於褊狹，宜哉！今爲《地理志》，亦仍前史之舊，訂其舛譌，補其奪漏而已。其所不知，蓋闕如也。

中書省。統河北、山東西之地，謂之腹裏。領路二十九，州八，屬府三，屬州八十三，屬縣三百四十四。

大都路。金之中都，曰大興府。太祖十年，克中都，改燕京路，總管大興府。世祖中統元年，車駕幸燕京。五年，建爲中都，大興府仍舊。至元四年，始於中都之東北築新城而遷都焉。京城方六十里，十一門：正南曰麗正，南之右曰順承，南之左曰文明，北之東曰安貞，北之西曰健德，正東曰崇仁，東之右曰齊化，東之左曰光熙，正西曰和義，西之右曰肅清，西之左曰平則。大內南臨麗正門，正衙曰大明殿，曰延春閣。宮城周回九里三十步，分六門：正南曰崇天，崇天之左曰星拱，右曰雲從，東曰東華，西曰西華，北曰厚載。崇天門外有石橋三，中爲御道，星拱門南有御膳亭，亭東有拱辰堂，爲百官會集之所。厚載門北爲御苑，外周垣紅門十有五，内苑紅門五，御苑紅門四。大明門在崇天門内，大明殿之正門也。日精門在大明門左，月華門在其右。大明殿爲登極、正旦、壽節會朝之正衙。寢殿後連香閣，文思殿在寢殿東，紫檀殿在寢殿西，寶雲殿在寢殿後。鳳儀門在東廡中，麟瑞門在西廡中。鳳儀門外有内藏庫二十所。嘉慶門在後廡寶雲殿東，景福門在殿西，延春門在殿後，延春閣之正門也。懿範門在延春左，嘉則門在延春右。延春閣寢殿後有香閣。慈福殿又曰東暖殿，在寢殿東。仁明殿又曰西暖殿，在其西。景耀門在左廡中，清灝門在右廡中。玉德殿在清灝門外，有東西香殿。宸慶殿在玉德殿後，有東西更衣殿。隆福殿在大内西興聖之前。光天門，光天殿正門也。崇華門在光天門左，膺福門在其右。光天殿後有寢殿。青陽門在左廡中，明輝門在右廡中。壽昌殿又曰東暖殿，嘉禧殿又曰西暖殿。文德殿在明輝門外，又曰柟北殿，皆柟木爲之。盝頂殿在光天殿西北，後有盝頂小殿。香殿在宮垣西北隅，有前後寢殿。文宸庫在宮垣西南隅。酒房在東南隅，内庖在酒房北。興聖宮在大内西北萬壽山正西，後有寢殿。興聖門，殿之北門。明華門在左，肅章門在右。宏慶門在殿之東廡中，宣則門在西廡中。凝暉樓在宏慶南，延顥樓在宣則南。嘉德殿在寢殿東，寶意殿在其西。山字門在興聖宮後，延華閣之正門也，東西殿在閣西左右。芳碧亭在延華閣後圓亭東，徽青亭在圓亭西。興哥兒殿在延華閣右，木香殿在殿後。東盝頂殿在延華閣東版垣外，後有寢殿。盝頂之制，三椽其頂，如笥之平，故名。西盝頂殿在延華閣西版垣外。學士院在延華閣後。萬壽山在大内西北太液池之陽，金人名瓊華島，至元八年賜今名。廣寒殿在山頂，中有小玉殿。仁智殿在山之半。金露亭在廣寒殿東方。壺亭又曰線珠亭，自金露亭前複道登焉。瀛洲亭在温石浴堂後，荷葉殿在方壺亭前。温石浴室在瀛洲亭前。圓亭又曰臙脂亭，在荷葉殿稍西，爲后妃添妝之所。八面介福殿在仁智殿東，延和殿在西。更衣殿在山東。太液池在大内西，儀天殿在池中圓坻上。半山臺在儀天殿前。御苑在隆福宫西，香殿在石假山上，殿後有石堂。紅門外有太子斡耳朵荷葉殿，上有香殿，左有圓殿，在山前圓頂上。歇山殿在圓殿前，東西亭在殿後東西，水心亭在殿池中。棕毛殿在假山東，偏後有盝頂殿。儀鸞局在殿前三紅門外西南隅。九年，改爲大都。十九年，置留守司。二十一年，置大都路總管府。二十七年，改都總管府。至大中，本路達魯花赤莫吉，買靈椿里周氏地十九畝，建公署。舊領通、薊、涿、霸、雄、保、遂、安肅、檀、順、易十一州，太宗十一年析保、雄、易、遂、安肅五州爲順天路，後又升安次、同安二縣爲州，漷陰縣爲漷州，與雄、易二州並來屬。至元二十三年，又析雄、易二州隸保定路。延祐三年，升縉山縣爲龍慶州來屬。舊領大興、宛平、安次、漷陰、永清、寶坻、香河、昌平、武清、良鄉十縣，太宗七年析安次縣隸霸州，至元十三年升漷陰縣爲漷州，以武清、香河二縣隸之。户十四萬七千五百九十，口四十一萬一千三百五十。領院五，左、右警巡院二，初設警巡院三，至元四年省其一，以左右二院分領坊市。南城警巡院，大德九年，增置。分治四隅警巡院二。至大三年，增置。

縣六：大興，赤。金改遼析津縣爲大興縣，元因之。宛平，赤。金故縣，與大興分治郭下。良鄉，下。永清，下。寶坻，下。昌平。下。皇慶二年徙縣治於新店。

州十：

涿州。下。金故州，屬中都路。太宗八年，升涿州路。中統四年，復降爲州。舊領范陽、固安、新城、定興、奉先五縣。固安升爲州，新城後隸雄州，定興後隸易州。領縣二：范陽。下。倚郭。有蠡頂殿。房山。下。金萬寧縣，後改奉先。至元二十七年改今名。

霸州。下。宋故州，治文安縣，屬河北東路。金改治益津縣，屬中都路。舊領益津、文安、大城、信安四縣。金升信安縣爲鎮安府，元初併入本州。至元四年，置保定縣。舊志「金置信安軍」，乃鎮安府之誤。領縣四：益津。下。倚郭。中統四年省。至元四年復置。有平曲水寨。文安，下。大城，下。保定，下。金隸雄州，至元二年省入益津，四年復置，改隸霸州。

通州。下。金故州，屬中都路。領縣二：潞縣。下。倚郭。三河。下。

薊州。下。金故州，屬中都路。領縣五：漁陽，下。倚郭。豐潤，下。本玉田縣之永濟務，金大定二十七年升爲縣，後避諱改豐潤。太祖十年，升爲潤州，至元二年省入玉田。未幾，以當衝要，復置。後又廢，十三年再置。玉田。下。遵化。下。平谷。下。本漁陽縣大王鎮，金升爲平峪縣。至元二年，省入漁陽縣。十三年復置，省峪爲谷。

漷州。下。金漷陰縣，屬大興府。至元十三年，升漷州，漷陰縣舊治在城南隅，升州後遷治於河西務，至正間復移舊治。以大興府之武清、香河二縣來屬。領縣二：香河。下。本武清縣地，遼析置。武清。下。

順州。下。金故州，屬中都路，舊領温陽、密雲二縣，元初省縣入州。

檀州。下。遼故州，金初省入順州，元初復置。

東安州。下。金安次縣，屬大興府。太宗七年，改屬霸州；中統四年。升爲東安州。

固安州。下。金固安縣，屬涿州。憲宗九年，改屬霸州。又改隸大興府。中統四年，升爲固安州。下。

龍慶州。下。金縉山縣，屬德興府。至元三年，省入懷來縣。五年，復置，改屬宣德府奉聖州。延祐三年，升爲龍慶州，改隸大都路。皇慶元年，建行宮涼殿。至治元年，又作行殿於流杯池。領縣一：懷來。下。金懷來縣，後更名嬀川，屬德興府。元初復舊名，延祐二年改屬本州。

上都路。金恒州地。元初爲札剌兒、兀魯特兩部分地。憲宗六年，世祖命劉秉忠建城於桓州東、灤水北之龍岡。中統元年，賜名開平府。五年，建爲上都。有重城。外城周十六里三百三十四步，南、北各有一門。東、西各二門。内城周六里三百三十步，東、西、南各一門。正南門曰明德門，内有大明殿，門左曰星拱，右曰雲從。有儀天殿，門左曰日精，右曰月華。寶雲殿側有東西暖閣。宸麗殿側有東西香殿。玉德殿後有壽昌堂，慈福殿有紫檀閣、連香閣、延春閣。其前拱辰堂，爲百官議政之所。後御膳房。凝暉樓側有緑珠、瀛洲二亭。有金露臺。世祖又遷宋汴京之熙春閣於上都，爲大安閣。閣後爲鴻禧、睿思二殿。城東南又有東、西涼亭，爲駐蹕之處。至元二年，置留守司。五年，置上都路總管府。十八年，升上都留守司，兼行本路總管府事。户四萬一千六十二，口十一萬八千一百九十一。領院一：警巡院。縣一：開平。上。金清塞縣，中統元年改今名。

府一：

順寧府。金宣德州，屬西京路。元初爲宣寧府，太宗七年改山東路總管府。中統四年改宣德府，仍隸上都路。延祐五年，改隸大都路。泰定元年，復隸上都留守司。後至元三年，以地震改順寧府。舊領録事司，宣德、宣平二縣。元初以宏州之順聖縣來屬。至元二年，省録事司入宣德縣。領縣三：宣德。下。倚郭。至元二年，省德興府之龍門縣入之。二十八年，又割龍門縣地屬雲州。宣平。下。金置縣於大新鎮。元初移治辛南莊。順聖。下。

府領州二：

保安州。下。金德興府，屬西京路。至元三年，改奉聖州，後至元二年以地震改保安州。舊領德興、嬀川、縉山、望雲、礬山、龍門六縣。中統四年升望雲縣爲雲州，至元二年省礬山縣入永興，元初改金德興爲永興縣。龍門縣入宣德府之宣德，三年省縉山縣入懷來，元初改金嬀川爲懷來縣。五年復置縉山縣，改隸宣德府，延祐三年徙懷來隸龍慶州。領縣一：永興。下。倚郭。至元六年省入本州。未幾復置。延祐六年併入奉聖州。

蔚州。下。金故州，屬西京路。至元二年，省州入靈仙縣，隸弘州。是年復爲蔚州。至大元年升蔚昌府。後復爲蔚州，隸宣德府。領縣五：靈仙。下。靈邱。下。飛狐。下。定安。下。廣靈。下。

州五：

興州。下。金故州，屬北京路。至元三年改屬上都路。舊領興安、宜興二縣。天曆元年，升宜興爲州。後至元五年，省興安縣入本州。

宜興州。中。金宜興縣，屬興州。元初省入興州。至元二年，復置。天曆元年，升爲州。俗稱小興州，以興州爲大興州。

松州。下。金松山縣，屬大定府。中統三年，升爲松州，仍存縣。至元二年，省縣入州。

桓州。上。金故州，屬西京路。元初省。至元二年，復置。

雲州。下。金望雲縣，屬德興府。中統四年，升爲雲州，仍存縣，改屬宣德府。至元二年，省縣入州。二十八年，復析宣德之龍門鎮置望雲縣，隸本州。領縣一：望雲。下。金龍門縣。屬德興府。至元二年，廢爲鎮。二十八年，置縣。

興和路。上。金撫州，屬西京路。元初省，憲宗四年復置。中統三年以州爲內輔，升爲隆興府，建行宮。至元四年析隆興府自爲一路，行總管府事。至大元年降隆興路爲源州，隸中都留守司。四年，罷留守司，復置隆興路總管府。皇慶元年，改隆興路爲興和路。户八千九百七十三，口三萬九千四百九十五。舊領柔遠、集寧、豐利、威寧四縣。集寧縣升爲路，豐利縣併入高原。中統三年，析大同府之懷安、天成二縣來屬。領縣四：高原。下。倚郭。金柔遠縣。中統二年改今名，隸宣德府，三年來屬。懷安。下。金屬大同府。中統三年來屬，後廢。至元中復置懷安縣於陽門站。天成。下。金屬大同府，中統三年來屬。威寧。下。金威寧縣。舊志作咸寧，誤。元初屬宣德府，中統三年來屬。

州一：

寶昌州。下。金昌州，領寶山縣，屬西京路。元初隸宣德府。中統三年，改隸本路，置鹽使司。後省州，存縣。延祐六年，改寶山縣爲寶昌州。

永平路。下。金平州，屬中都路。太祖十年，改爲興平府。後又改興平路。中統元年，又改平灤路，置總管府。大德四年，以水患，改永平路。舊領盧龍、遷安、撫寧、昌黎、海山五縣。至元四年，省海山縣入昌黎。户一萬三千五百一十九，口三萬五千三百。領司一：録事司。中統元年置。縣四：盧龍。下。倚郭。遷安。下。至元二年省入盧龍縣，後復置。撫寧。下。至元二年與海山縣俱省入昌黎。三年復置。四年，又與海山縣俱省。七年復置，仍省昌黎縣入之。昌黎。下。至元十一年復置。十二年以海山縣故地來屬，改隸灤州。後復隸本路。

州一：

灤州。下。金故州，屬中都路。元初屬永平路。舊領義豐、馬城、石城、樂亭四縣。至元二年省石城縣入樂亭，三年改入義豐。四年又省馬城縣入義豐。延祐七年併永平灤邑縣於石城，是石城至元後復置，本路又有灤邑縣，均不可考。領縣二：義豐。下。倚郭。至元二年省入本州。三年復置。樂亭。下。元初嘗置漠州，尋廢，復爲樂亭縣。

德寧路。下。大德九年以黑水新城爲静安路，延祐五年改爲德寧路。領縣一：德寧。下。大德九年置静安縣，延祐五年改今名，趙王不魯納食邑沙、静、德寧等處。

净州路。下。金故州。太宗八年置，屬西京路。後升爲净州路。延祐七年《豐州修路碑》有德寧天山分司宣慰使，是舊無净州路，置路在仁宗以後。領縣一：天山。下。本榷場。金大定十八年置縣。元因之。

泰寧路。下。金泰州，屬北京路。元初隸遼陽行省。延祐二年改爲泰寧府，四年升泰寧府爲泰寧路。是年四月仍以泰寧路隸遼陽省。後改隸中書省。領縣一：泰寧。下。延祐四年置。按金泰州屬縣一，爲長春，其省併年分闕。

集寧路。下。金集寧縣，屬撫州。元初升爲路。領縣一：集寧。下。本市場。金明昌三年置縣。元因之。

應昌路。下。至元七年，斡羅陳萬户及其妃囊加真公主請於上都東北三百里答兒海子本藩駐夏之地，建城邑以居，遂名其城爲應昌府。二十二年，改爲應昌路。至正初罷之，撥屬魯王馬某沙王傅府。十四年復置，領縣一：應昌。下。

全寧路。下。元貞元年。囊家真公主請以應昌路東北七里駐冬之地，建城邑，名曰全州。大德元年，升全州爲全寧府。七年，又升爲全寧路。至正初罷之。十四年復置。領縣一：全寧。下。

寧昌路。下。延祐五年，置寧昌府。至治二年，升寧昌府爲下路。增置一縣。領縣一：寧昌。下。至治二年置。

沙井總管府。領縣一：沙井。豐州西北有沙井故城，駙馬趙王分地。

保定路。下。金保州，又改順天軍，屬中都路。太宗十一年，升順天路總管府。至元十二年，改保定路。舊領清苑、滿城二縣。太宗十一年，析中山府之慶都來屬。後又以行唐、唐縣、曲陽、新安、博野隸之。户七萬五千一百八十二，口十三萬九百四十。領司一：録事司。至元十二年置。縣八：清苑。中。附郭。滿城。中。唐縣。下。金隸中山府，後來屬。慶都。下。金隸中山府。後來屬。行唐。下。金隸真定府。後來屬。曲陽。下。金隸中山府，元初改恒州，置元帥府。以阜平、靈壽、行唐、唐縣隸之。元帥府罷，仍爲曲陽縣，改屬保定路。新安。下。金新安州附郭置渥城縣，至元二年，州、縣俱廢，改爲新安鎮，入歸信縣。四年，割入容城。九年，復置新安縣，來屬。博野。下。金隸蠡州。至元三年，省入蒲陰縣。十一年，復置，改屬本路。

州七：

易州。中。金故州，屬中都路。太宗十一年，改隸順天府。至元十年，隸大都路。二十三年，還隸保定。舊領易、淶水二縣。元初析涿州之定興縣來屬。領縣三：易縣。中。倚郭。元初存州廢縣。至元三年復置。淶水。下。定興。下。金析范陽縣黄村，一名皇甫鎮，置定興縣。本屬涿州，後來屬。

祁州。中。金故州，屬河北西路。元初隸真定路。後改隸保定路。舊領蒲陰、鼓城、深澤三縣。太宗十年，升鼓城爲軍民萬户所。至元三年，以深州之束鹿縣來屬。領縣三：蒲陰。中。倚郭。金舊縣。舊志至元三年置，誤也。深澤。下。至元二年併入束鹿縣，三年復置。束鹿。中。

雄州。下。金故州，屬中都路。舊領歸信、容城、保定三縣。太宗十一年，析雄州三縣隸順天路。至元二年，省保定入霸州益津縣，歸信、容城二縣與涿州之新城縣俱改隸大都路。十年，改本州隸大都路。十二年，改隸保定路。二十三年，以本州隸保定路，復以歸信、容城、新城三縣來屬。領縣三：歸信。下。容城。下。金已隸本州。舊志金隸安肅州，誤也。新城。下。金屬涿州。太宗二年，升新泰州。七年，復爲縣，隸大都路。十一年。改隸順天路。至元二年，隸雄州。十年，改隸大都。二十三年，復來屬。

安州。下。金故州，治高陽縣，後徙治渥城縣，屬中都路。舊領渥城、葛城、高陽三縣。至元二年，省州與渥城入歸信縣。尋復置安州，治葛城縣。領縣二：葛城。下。倚郭。金升高陽之葛城鄉爲縣。高陽。下。元初改屬河間路，後隸本州。

遂州。下。金故州，領遂城一縣，屬中都路。至元二年省州與遂城入安肅州爲鎮。後復置州，隸本路。

安肅州。下。金故州。屬中都路。元初改隸保定路。舊領安肅一縣，元初省。

完州。下。金永平縣。屬中山府，又改完州。至元二年，降永平縣。後復爲完州。初隸真定路，改隸本路。

燕京河北道肅政廉訪司

真定路。上。金真定府，屬河北西路。元初，升真定路總管府。舊領中山府、趙、邢、洺、磁、滑、濬、衛輝、祁、威、完十一州。後割磁、威隸廣平，濬、滑隸大名，祁、完隸保定，邢隸順德，洺隸廣平，衛輝自爲一路。又以冀、深、晉、蠡四州來屬。舊領真定、藁城、平山、欒城、獲鹿、行唐、阜平、靈壽、元氏九縣。至元中，析行唐縣隸保定路，以潞州之涉縣來屬。户十三萬四千九百八十六，口二十四萬六百七十。領司一：録事司。縣九：真定。中。倚郭。玉華宫在衙城之北，爲睿宗神御殿，奉安御容。有新城鎮。藁城。中。金故縣。太祖十七年，升永安州，以無極、寧晉、新樂、平棘四縣隸之。太宗七年，復爲藁城縣。欒城。下。元氏。中。獲鹿。中。金故縣，後升鎮寧州。太宗七年，復爲獲鹿縣。平山。下。靈壽。下。阜平。下。涉縣。下。金隸潞州。元初升崇州，改隸真定。後廢州，仍爲涉縣。至元二年，省入磁州。後復置。

府一：

中山府。金故府，屬河北西路，領祁、完二州。太宗十一年，析二州隸順天府。後爲散府，隸真定路。舊領安喜、新樂、無極、永平、慶都、曲陽、唐縣七縣。永平升爲完州，與慶都、曲陽、唐縣俱改隸保定路。領縣三：安喜。中。新樂。下。無極。下。

州五：

趙州。中。金改宋趙州爲沃州，屬河北西路。元初仍爲趙州。舊志太祖十五年割所屬欒城、元氏隸真定，按二縣本隸真定路，舊志誤也。領縣七：平棘。中。寧晉。下。隆平。下。臨城。中。柏鄉。下。高邑。下。贊皇。下。至元二年，併入高邑。七年，復置。

冀州。上。金故州，屬河北東路。舊領録事司，信都、南宫、衡水、武邑、棗强五縣。元初析衡水隸深州，復置新河縣。後又省録事司入信都。領縣五：信都。中。倚郭。至元初，與録事司俱省入本州。後復置。三年，省録事司入之。南宮。上。棗强。中。武邑。中。新河。中。太宗四年，析南宮縣地置。

深州。下。金故州，屬河北東路。元初，隸河間路，置元帥府。太宗十年，改隸本路。舊領饒陽、安平、武强、束鹿、静安五縣。後析安平、饒陽、武强隸晉州，束鹿隸祁州，以冀州之衡水來屬。領縣二：静安。中。倚郭。本下博縣，宋改静安。衡水。下。

晉州。金鼓城縣，屬祁州。太祖十年，升爲晉州。太宗十年，改鼓城等處軍民萬户所。中統二年，復爲晉州。領縣四：鼓城。中。倚郭。饒陽。中。安平。下。太祖十九年，爲南平州行千户總管府事，領饒陽一縣。太宗七年，復改爲縣，隸深州。憲宗潛邸，隸鼓城軍民萬户所。中統二年，仍爲安平縣，隸本州。武强。下。元初置東武州，領武邑、静安。太宗六年，降州爲縣，隸深州。十一年，析屬祁州。中統二年，改隸本州。

蠡州。下。金故州，屬河北東路。元初，改隸真定路。舊領司候司、博野一縣。至元三年，俱省入本州。後復置博野縣，改隸保定路。十七年直隸中書省，二十一年還隸本路。

順德路。下。金邢州，屬河北西路。元初，置元帥府。後改安撫司。中統三年，升順德府。至元元年，以洺州、磁州來屬。二年，析洺、磁自爲一路，改本府爲順德路總管府。

舊領邢臺、唐山、内邱、平鄉、任、沙河、南和、鉅鹿八縣。憲宗五年，析平鄉縣道武鎮置廣宗縣。舊志作「武道鎮」，誤倒。户三萬五百一，口十二萬四千四百六十五。領司一：録事司。縣九：邢臺。中。倚郭。鉅鹿。中。内邱。中。平鄉。中。廣宗。中。宋故縣。金改宗城，屬洺州。元初復爲廣宗，後省入平鄉縣。憲宗五年，復置，屬本路。至元二年，又省入平鄉。尋復置。沙河。下。南和。下。至元二年，省入沙河縣。尋復置。唐山。下。至元二年省入内邱縣。尋復置。任縣。下。至元二年，省入邢臺，尋復置。

廣平路。下。金洺州，屬河北西路。太宗八年，置邢洺路總管府，以邢、磁、威隸之。憲宗二年，改洺磁路，止領磁、威二州。至元十五年，改廣平路總管府。舊領永年、廣平、宗城、新安、成安、肥縣、雞澤、曲周、洺水九縣。元初，省宗城入洺水縣，新安入威州，又析洺水隸威州，成安隸磁州。户四萬一千四百四十六，口六萬九千八十二。領司一：録事司。縣五：永年。中。倚郭。曲周。中。肥鄉。中。雞澤，下。元初省入永年，後復置。廣平。下。

州二：

磁州。中。金故州，屬河北西路。太祖十年，升爲滏源軍節度使，隸真定路。太宗八年，仍爲磁州，改隸邢洺路。舊領録事司，滏陽、武安、邯鄲三縣。至元二年，省真定之涉縣及成安縣入滏陽，省武安縣入邯鄲。後復置武安、成安二縣。至元三年，省録事司入滏陽。領縣四：滏陽。中。倚郭。武安。中。元統二年，移石山寨巡檢司於清水寨。邯鄲。下。成安。下。

威州。中。金故州，屬河北西路，治井陘縣。太宗六年，改隸邢洺路，以洺水縣來屬。憲宗二年，徙州治於洺水。舊領洺水、井陘、威三縣。至正間，省威縣入本州。領縣二：洺水。中。倚郭。本隸洺州。定宗二年，改隸本州。憲宗二年，徙州治於此。井陘。下。憲宗二年，徙縣治於天長鎮。

彰德路。下。金彰德府，屬河北西路。太宗四年，置彰德總帥府，領衛、輝二州。憲宗二年，降彰德爲散府，與衛、輝二州並隸真定路。至元元年，復立彰德路總管府，領懷、孟、衛、輝四州。二年，又析懷、孟爲一路，衛、輝爲一路。舊領安陽、林慮、湯陰、臨漳、輔巖五縣。至元四年，升林慮爲州。六年，併輔巖入安陽縣。户三萬五千二百四十六，口八萬八千二百六。領司一：録事司。縣三：安陽。上。湯陰。中。臨漳。中。

州一：

林州。下。金林慮縣，後升林州。太宗七年，行縣事。憲宗二年，復爲州。至元二年，復爲縣，省輔巖縣入之。六年，復爲州，割輔巖入安陽縣。

大名路。中。金大名府，屬大名府路。元初因之，置大名路總管府。舊領元城、大名、魏縣、冠氏、南樂、館陶、夏津、朝城、清平、莘縣十縣。冠氏升爲州，館陶、朝城析隸濮州，夏津析隸高唐州，莘縣析隸東昌路，清平析隸德州。以恩州之清河縣來屬。户六萬八千六百三十九，口十六萬三千六十九領司一：録事司。縣五：元城。中。倚郭。至元二年，併入大名縣，後復置。大名。中。倚郭。太宗六年，立縣治。憲宗二年，遷縣治於府城内。至元九年，置縣治於舊所。南樂。中。魏縣。中。清河。中。金故縣，屬恩州。太宗七年，改屬本路。

州三：

開州。上。金故州，屬大名府路。舊領濮陽、清豐、觀城、長垣四縣。元初，析觀城隸濮州。至元二年，又析大名路之長垣、東明來屬。領縣四：濮陽。上。倚郭。東明。中。太宗七年，割隸大名路。至元七年來屬。長垣。中。初隸大名路，至元二年來屬。清豐。中。

滑州。中。金故州，屬河北西路。元初，改隸大名路。領縣二：白馬。上。倚郭。内黄。中。

濬州。下。金故州，屬河北西路。至元二年，改隸大名路。舊領黎陽、衛縣。後併黎陽入本州，升衛縣爲州，隸衛輝路。

懷慶路。下。金懷州，屬河東南路，以與臨潢府懷州同，改南懷州，後又去「南」字。元初因之。太宗六年，行懷孟州事。憲宗七年，改懷孟路總管府。中統二年，仍爲州，隸真定路。至元元年，以懷孟隸彰德路。二年，復自爲一路，以淇州隸之。三年，又以淇州隸衛輝路。延祐六年，以仁宗潛邸，改懷慶路。户三萬四千九百九十三，口十七萬九百二十六。領司一：録事司。縣三：河内。中。清化鎮有廟學。修武。中。武陟。中。

州一：

孟州。下。金故州，屬河東南路，以水患徙治今城。故城謂之下孟州，新城謂之上孟州。元初，治下孟州。憲宗八年，復徙上孟州。舊領司候司，河陽、濟源、王屋、温縣四縣。至元三年，省王屋入濟源，併司候司入河陽。領縣三：河陽。下。濟源。下。太宗六年，升爲源州。七年，復爲縣。温縣。下。

衛輝路。下。金衛州，屬河北東路。舊治汲縣，以水患徙治於宜村新城，以胙城爲倚郭縣。憲宗元年，還州治於汲縣。中統元年，升衛輝路總管府。户二萬二千一百一十九，口十二萬七千二百四十七。領司一：録事司。中統元年置。縣四：汲縣。下。倚郭。新鄉。中。獲嘉。下。胙城。下。

州二：

輝州。下。金河平縣，又改蘇門縣，升爲輝州，屬河北東路。元因之，改隸本路。舊領山陽縣。至元三年，廢山陽爲鎮，入本州。

淇州。下。本衛縣之鹿臺鄉。憲宗五年，以大名、彰德、衛輝籍餘之户，置爲淇州。又置臨淇縣爲倚郭。中統元年，隸大名路。至元三年，改隸衛輝路，省縣入本州。

河間路。下。金河間府，屬河北東路。至元二年，升河間路總管府。自河間路以下四路、七州，舊隸山東東西道宣慰司。至大二年，改直隸中書省。舊領河間、肅寧二縣。至元二年，割濟南路之臨邑來屬。又析濟南路之齊東，景州之寧津，陵州之青城來屬。户七萬九千二百六十八，口十六萬八千五百三十六。領司一：録事司。縣六：河間。中。倚郭。肅寧。下。至元二年，廢爲鎮，入河間縣。後復置。齊東。下。金齊東鎮。劉豫置夾河巡檢司。金亂，大兵南下，城之。憲宗三年，置縣，屬河間路。四年，又屬濟南路。至元二年，仍隸本路。縣管寫户郊外皆章丘、鄒平地。寧津。下。金屬景州。至元二年，改隸本路。臨邑。下。金屬濟南府。太宗七年，改隸本路。憲宗三年，還屬濟南。至元二年，復屬本路，析縣南之新市入濟陽。青城。下。太宗七年，析臨邑、寧津地置，屬濟南路。中統間，改隸陵州。至元二年，改隸本路。

州六：

滄州。中。金故州，屬河北東路。元初，改隸河間路。延祐元年，徙州治於長蘆鎮。領縣五：清池。中。樂陵。中。縣治咸平鎮，至正末遷治棣州舊城。南皮。下。無棣。下。至元二年，省入樂陵縣，以縣治入棣州。尋復置，又分其西界於故城置縣，仍屬本州，謂之西無棣縣。鹽山。下。至元二十五年，以滄州之軍營城爲滄溟縣。其省、罷年分闕。

景州。中。金故州，又改觀州，治東光縣，屬河北東路。元初，改隸本路。至元二年，復爲景州。元初，徙治蓨縣。舊領東光、阜城、將陵、吴橋、蓨、寧津六縣。憲宗三年，升將陵爲陵州，寧津改隸河間路。領縣五：蓨縣。中。元初升爲元州。後復置。故城。中。元初隸河間路。至元三年省爲故城鎮，入陵州。是年，復析陵州西南界置故城縣來屬。阜城。下。東光。下。吴橋。中。金升將陵縣之吴川鎮爲縣。

清州。下。金故州，屬河北東路。太宗二年，升清寧府。七年，復爲清州。舊領司候司，會川、興濟、靖海三縣。至元二年，省司候司及靖海、興濟入會川縣。後復置二縣。領縣三：會川。中。靖海。下。興濟。下。

獻州。下。金壽州，又改獻州，屬河北東路。舊領樂壽、交河二縣。至元二年。省州及交河入樂壽，改隸河間路。未幾，復置。領縣二：樂壽。中。倚郭。交河。中。金析樂壽縣置。

莫州。下。金故州，屬河北東路。舊領任邱一縣。至元中，復置莫亭縣。領縣二：莫亭。下。倚郭。金析任邱地置縣，後省。至元中復置。任邱。下。至元二年省入河間縣，後復置。

陵州。下。金將陵縣，屬景州。憲宗三年，改隸河間府。是年，又升爲陵州，隸濟南路。至元二年，復爲縣。三年，仍爲州，還隸本路。移建州治於舊治西北七里。

東平路。下。金東平府，屬山東西路。太祖十五年，國王木華黎承制授嚴實東平行臺。太宗二年，以實爲東平路行軍萬户。實卒，子忠濟嗣爲萬户行總管府事。至元五年，始以東平爲散府。九年，升下路總管府。户四萬四千七百三十一，口五萬一百四十七。領司一：録事司。縣六：須城。下。倚郭。東阿。中。宋徙縣治於金橋鎮。陽穀。中。以水患，宋徙縣治於孟店。汶上。中。金太和八年，改汶陽縣爲汶上。壽張。下。金遷縣治於竹口鎮，後復舊治。平陰。下。至元十三年遷今治。

東昌路。下。金博州，屬山東西路。元初，改隸東平路。至元四年，升爲博州路總管府。十三年，改東昌路。舊領聊城、堂邑、博平、茌平、高唐五縣。至元七年，升高唐爲州，直隸中書省，析大名路莘縣來屬。二十六年，析堂邑屬地置邱縣。户三萬三千一百二，口十二萬五千四百六。領司一：録事司。縣六：聊城。中。倚郭。初隨博州隸東平路。至元四年，析爲博州總管府治。十三年，改東昌路總管府治。堂邑。中。宋以水患，徙城於舊治東十里。莘縣。中。博平。中。宋以水患徙縣治於寬平鎮，又割明靈砦隸清平。茌平。中。邱縣。下。本爲平恩鎮，隸曲周，後升爲縣。至元二年，省入堂邑。二十六年，宣慰司言：「差税詞訟，距堂邑二百餘里，往返不便。平恩有户二千七百，升縣爲宜。」乃復置邱縣隸本路。

濟寧路。下。金濟州，屬山東西路。舊治鉅野，後徙治任城。太宗七年，割隸東平府。至元六年，還治鉅野。八年升爲濟寧府，治任城。尋仍治鉅野。十二年，復置濟州。是年，又以鉅野爲府治，濟州仍治任城爲散州。十六年，升濟寧府爲路，置總管府。至正八年，遷濟寧路於濟州。十一年，置中書分省於濟寧。舊領任城、金鄉、嘉祥、鄆城四縣。後析任城縣隸濟州，嘉祥縣隸單州。至元六年，復置鉅野縣。八年，以濟州之鄆城、碭山、豐縣來屬。十二年，置肥城縣。户一萬五百四十五，口五萬九千八百十八。領司一：録事司。縣七：鉅野。中。倚郭。金廢縣，分其地隸嘉祥、鄆城、金鄉三縣。至元六年，復置。鄆城。上。金以水患，徙治盤溝村。至元八年，復還舊治。肥城。下。至元十二年，以平陰辛鎮寨東北十五里舊城置此縣，以平陰縣孝德等四鄉隸之。金鄉。下。舊隸濟州，至元二年來屬。碭山。下。金隸單州，又改隸歸德府。後圮於水。憲宗七年，復置，改隸東平路。至元二年，省入單父縣。三年，復置屬濟州。八年，改隸本路。虞城。下。金屬歸德府。後圮於水。憲宗二年，復置，改隸東平路。至元二年，省入單父縣。三年，復置，屬濟州。八年，改隸本路。豐縣。下。金屬徐州。憲宗二年，改隸濟州。至元八年，直隸本路。

州三：

濟州。下。至元十二年，别立濟州於任城，省縣入州。十五年，遷濟寧府於濟州，以鉅野行濟州事。是年，復於鉅野置濟寧府，州仍如舊。二十二年，復置任城縣，隸本州。領縣三：任城。下。倚郭。魚臺。下。金隸單州。太宗七年，改隸濟州。至元三年，省入金鄉縣。三年，復置。八年，隸濟寧府。十三年來屬。沛縣。下。金隸滕州。太宗七年，移滕州治此。憲宗二年，省州入縣。至元二年，省入豐縣。三年，復置。八年，隸濟寧路。十三年，來屬。

兗州。下。金故州，屬山東西路。元初，改隸濟州。憲宗二年，分隸東平路。至元五年，復屬濟州。十六年，隸本路。領縣四：嵫陽。下。曲阜。下。泗水。下。至元二年，省入曲阜。三年，復置。寧陽。下。至元二年，省入嵫陽。大德元年，復置。

單州。下。金故州，屬南京路。元初，改隸濟州。憲宗二年，屬東平府。至元五年，復屬濟州。十六年，隸本路。舊領單父、成武、魚臺、碭山、楚邱五縣。成武、楚邱改隸曹州，魚臺改隸濟州，碭山改隸歸德府。至元後，析濟州之嘉祥縣來屬。領縣二：單父。下。倚郭。元初與單州併屬濟州。憲宗二年，隸東平府。後省入本州。至元二年，復置。三年，還屬濟州，後改隸本州。嘉祥。下。金屬濟州。憲宗二年，隸東平府。至元二年，還屬濟州。後又改隸本州。舊治山口鎮，後遷橫山之南。金大定中，徙治萌山，城之。

曹州。上。金故州，屬山東西路。元初，隸東平路。至元二年，直隸中書省。舊領濟陰、定陶、東明三縣。至元三年，析濟南路禹城來屬，又析單州之成武、楚邱二縣來屬，改東明縣隸開州。户三萬七千一百五十一，口十九萬五千三百三十五。領縣五：濟陰。上。成武。中。定陶，中。禹城，中。楚邱。中。金初隸曹州，後改屬歸德府，又以限河不便，改屬單州。元初，還隸本州。

濮州。上。金故州，屬大名府路。元初，隸東平路。至元五年，直隸中書省。舊領鄄城、范縣。元初析開州之觀城，恩州之臨清來屬。至元三年，析東平路之館陶，至元五年析東平路之朝城來屬。户一萬九千一百四，口二萬三千一百二十一。領縣六：鄄城。上。朝城。中。館陶。中。有永濟鎮。臨清。下。觀城。下。范縣。下。舊志「原屬東平府，至元二年來屬」，按此縣金已屬濮州，舊志誤也。

高唐州。中。金高唐縣，屬博州。元初，隸東平路。至元七年，升州，直隸中書省，置高唐縣爲州治，析東平路之夏津、武城來屬。户一萬九千一百四，口二萬三千一百二十一。領縣三：高唐。中。倚郭。夏津。中。武城。中。宋以衛河決，徙城於舊治東十里。

泰安州。中。金故州，屬山東西路。元初，隸東平路。至元五年，直隸中書省。舊領奉符、萊蕪、新泰三縣。至元七年，析濟南府之長清來屬。户九千五百四十，口一萬七百九十五。領縣四：奉符。中。長清。中。萊蕪。下。新泰。下。至元二年省入萊蕪。三十一年，復置。

德州。中。金故州，屬山東西路。元初，隸東平路。舊領安德、平原、德平三縣。至元二年，析濟南府之齊河，大名府之清平來屬，直隸中書省。户二萬四千四百二十四，口十五萬六千九百五十二。領縣五：安德。中。治溶岡。平原。下。齊河。下。清平。下。德平。下。

恩州。中。金故州，屬大名府路。元初，隸東平路。至元七年，直隸中書省。舊領司候司，歷亭、武城、清河、臨清四縣。元初，析清河隸大名府，武城隸高唐州，臨清隸濮州。至元二年，又省司候司及歷亭入本州。户一萬五百四十五，口三萬七千四百七十九。

冠州。金冠氏縣，屬大名府。元初，隸東平路。至元六年，升冠州，直隸中書省。户五千六百九十七，口二萬三千四十。

山東東西道宣慰司至大二年，以益都、濟南、般陽三路，寧海一州，隸宣慰司，餘並令直隸中書省。按河間、東平、東昌、濟寧四路，曹、濮、高唐、泰安、德、恩、冠七州爲山東西道，至大以前宣慰司兼轄山東東西道，以河間路爲治所。《方輿勝覽》「河間路領以山東東西道」，可證也。刊本作「河東山西道」，乃字誤。至大二年以後，宣慰司始專轄山東東路，移治益都路矣。又至正六年，改爲山東東西道宣慰司都元帥府。

益都路。金益都府，屬山東東路。太祖二十一年，李全以益都降，授全益都路行中書省。全敗死揚州，其妻北還，仍爲行省，傳其子李璮。中統三年，璮反伏誅，仍置益都路行中書省及益都路總管府。至元三年，罷行省。二十四年，移宣慰司治益都。舊領益都一府，濰、膠、密、莒、沂、滕、嶧、博興、登、萊、寧海、行泰安州、行淄州十三州。至元二年，析登、萊二州入般陽路，省行淄州入益都縣，行泰安州入沂水縣。三年，省益都府入本路。九年，析寧海州直隸中書省。舊領益都、臨朐、壽光、博興、臨淄、穆陵、樂安七縣。後穆陵併入臨朐，博興升州，又割淄州之高苑縣來屬。户七萬七千一百六十四；口二十一萬二千五百二。領司一：録事司。縣六：益都。中。倚郭。至元二年，省行淄州淄川縣入之。淄川縣置於顔神縣，廢爲巡檢司。縣舊治北城，俗稱東陽城，金移治南城，俗稱南陽城。臨淄。下。至元三年，併入益都。十五年，復置。臨朐。下。金析臨朐，置穆陵縣。元省穆陵，仍入臨朐。至元二年，併入益都。二十五年，復置。高苑。下。憲宗七年，省行長山縣入之，本屬行淄州，來屬本路。樂安。下。壽光。下。

州八：

濰州。下。金濰州，屬山東東路。元初，隸益都路。舊領司候司，北海、昌邑、昌樂三縣。憲宗三年，省司候司入北海。是年，省各州録事司、司候司入倚郭縣。至元三年，省昌樂縣入北海，領縣二：北海。下。州治改。昌邑。下。

膠州。下。金膠西縣，屬密州。至元二十四年，舊志作太祖二十四年，誤甚。據《齊乘》改。於縣置膠州，析萊州之即墨縣、密州之高密縣來屬。領縣三：膠西。中。州治所。即墨。下。高密。下。後至元三年。立濰川鄉景芝社巡檢司。

密州。下。金故州，屬山東東路。元初，隸益都路。舊領司候司，諸城、安邱、高密、膠西四縣。後膠西、高密二縣析隸膠州。憲宗三年，又省司候司入諸城縣。領縣二：諸城。下。州治所，有中外二城。安邱。下。

莒州。下。金故州，屬山東東路。元初，隸益都路。舊領司候司，莒、日照、沂水三縣。憲宗三年，省司候司入莒縣。皇慶二年，析沂水地，置蒙陰縣。領縣四：莒。下。州治所。後至元間，參政馬睦火以城大難守，截去西南北三面，止修東北隅爲今治。沂水。下。至元二年，省行泰安州泰安縣入之。後至元二年，立穆陵關巡檢司。日照。下。蒙陰。下。皇慶二年，析沂水之龍寨鎮置。舊志：「舊名新泰。中統二年省入沂水。」按：新泰省入萊蕪在至元二年，後復置。舊志誤也。

沂州。下。金故州，屬山東東路。元初，隸益都路。領縣二：臨沂。中。州治所。憲宗三年，省司候司入之。至正十六年，置河南廉訪司。費。下。治祚城。

滕州。下。金故州，屬山東西路。元初，隸益都路。舊領滕、鄒、沛三縣。至元初，析沛縣入濟寧路。領縣二：滕縣。下。州治所。憲宗三年，省司候司入之。至正戊子，升徐州爲路，割滕、嶧、邳、宿四州隸之，遷滕縣於薛城，割滕之西南四鄉治之，東南六鄉，州自治之。鄒縣。下。

嶧州。下。金蘭陵縣，屬邳州。元初，於縣置嶧州。至元二年，又省縣入州。李璮爲益都路行省，以其姻親胡甲知沂州，嶧州畏其逼，盡割州東二十里外與之，後遂因而不改。

博興州。下。金博興縣，屬益都府。元初，升爲州。

山東東西道肅政廉訪司

濟南路。上。金濟南府，屬山東東路。元初，改濟南路。舊領淄、陵二州。至元二年，析淄州隸淄萊路，陵州隸河間路，以濱、棣二州來屬。户六萬三千二百八十九，口十六萬四千八百八十五。舊領歷城、臨邑、齊河、章邱、禹城、長清、濟陽七縣。至元二年，析臨邑隸河間路，長清隸泰安州，禹城隸曹州，齊河隸德州，析淄州之鄒平縣來屬。領司一：録事司。縣四：歷城，中。倚郭。金末，土人阻水立縣，號曰水寨。元初，始移置今縣。章丘。上。鄒平。上。濟陽。中。新市鎮舊屬臨邑，至元二年，併入本縣。撥户一千二百四十，置長官司，管撫下差税，直隸本路。曲陽鎮有廟學。

州二：

棣州。上。金故州，屬山東東路。元初，濱、棣自爲一路。中統三年，改置濱棣路安撫使司。至元二年，與濱州俱隸濟南路。舊領司候司，厭次、商河、陽信三縣。元初，析滄州無棣縣之半來屬，其半仍屬滄州。至元二年，省司候司入厭次縣。領縣四：厭次。中。倚郭。商河。中。信陽，中。宋大中祥符間，與厭次縣互易其地，元因之。無棣。下。元初，析無棣縣半入滄州，以縣之三鄉來屬。滄州亦有無棣縣，故此縣又稱東無棣。

濱州。中。金故州，屬山東東路。舊領司候司，渤海、利津、蒲臺、霑化四縣。至元二年，省司候司入霑化縣，析蒲臺縣隸般陽路。領縣三：渤海。中。倚郭。利津。下。本渤海縣之永利鎮，金置縣，元初因之。霑化。下。宋升招安鎮爲縣，金改爲霑化。

般陽路。下。金淄州，屬山東東路。元初，隸濟南路。中統四年，升淄州路，以淄、登、萊三州隸之，治淄州。至元二年，改淄萊路。二十四年，改般陽路。舊領淄川、長山、鄒平、高苑四縣。太宗在潛，置新城縣。舊史《本紀》作至元十九年事。至元二年，析鄒平隸濟南路，高苑隸益都路，以濱棣路之蒲臺縣來屬。户二萬一千五百三十，口十二萬三千一百八十五。領司一：録事司。縣四：淄川。中。倚郭。長山。中。新城。中。本長山縣驛臺鎮。太宗以人民完聚，置縣曰新城，以田鎮、索鎮隸之。至元十九年，併淄萊路田、索二鎮，仍於驛臺立新城縣。蒲臺。中。本下縣，至元二年升中。

州二：

萊州。中。金故州，屬山東東路。元初，隸益都路。至元元年，改隸本路。舊領録事司，掖、萊陽、即墨、膠水、招遠五縣。至元二年，省録事司入掖縣。二十四年，析即墨縣入膠州。領縣四：掖。中。倚郭。西田場有廟學。招遠。下。本掖縣地。金初，置青峰縣，後改今名。萊陽。下。

登州。下。金故州，屬山東東路。元初，隸益都路。至元元年，改隸本路。至正十一年，立山東分元帥府於本州。領縣四：蓬萊。下。州治所。黄縣。下。福山。下。僞齊劉豫以登州之雨水鎮爲福山縣，楊疃鎮爲棲霞縣。棲霞。下。

寧海州。下。金故州，屬山東東路。元初，隸益都路。至元九年，直隸中書省。户五千七百十三，口一萬五千七百四十二。領縣二：牟平。中。州治所。文登。下。

河東山西道宣慰使司

大同路。上。金西京大同府，屬西京路。元初因之。至元十九年罷，後復置。二十五年，改大同路總管府。至大元年，省宣慰司，以大同路隸中都留守司。司罷，復置宣慰司，隸中書省。舊領大同、雲中、宣寧、懷安、天城、白登、懷仁七縣。元初，析懷安、天城二縣隸宣德府。至元二年，省雲中入大同縣。三年，置平地縣。金大同府舊有寧邊州、寧邊縣。至元中，分其地入武、朔二州。户四萬五千九百四十五，口十二萬八千四百九十六。領司一。録事司。縣五：大同。中。倚郭。白登。下。至元二年，廢爲鎮。隸大同縣，尋復置。宣寧。下。平地。下。本平地寨。至元二年省入豐州，二年復置。懷仁。下。

州八：

弘州。下。金故州，屬西京路。元初因之。舊領司候司，襄陰、順聖二縣。金貞祐二年，置大寧縣，旋廢。至元中，析順聖縣隸宣德府，又省司候司及襄陰縣入本州。

渾源州。下。金渾源縣，屬應州。後升爲州，仍置渾源縣及司候司。元初，改渾源縣爲恒陰。至元四年，司候司與縣俱省入本州。

應州。下。金故州，屬西京路。元初因之。領縣二：京城。下。州治所。山陰。下。至元二年，省入金城縣，後復置。

朔州。下。金故州，屬西京路。元初因之。舊領録事司，至元四年省入鄯陽縣。領縣二：鄯陽。下。至正末，孛羅帖木兒使其將姚伯顔不花截舊城西北，築新城。馬邑。下。金置固州，元初省。

武州。下。金故州，屬西京路。元初因之。舊領司候司及寧遠一縣。至元二年，析寧邊州之半來屬。四年，司及寧遠縣俱省入本州。

豐州。下。金故州，屬西京路。元初因之。舊領録事司及富民一縣。至元四年，俱省入本州。

東勝州。下。金故州，屬西京路。元初因之。舊領東勝一縣。元初置録事司。至元二年，析寧邊州之半來屬。四年，省録事司及東勝縣入本州。

雲内州。下。金故州，屬西京路。元初因之。舊領柔服、雲川二縣。元初，廢雲川縣，置録事司。至元四年，省司及柔服縣入本州。延祐六年，置南雲縣隷本州。其省罷年分闕。

河東山西道肅政廉訪司

冀寧路。上。金太原府，屬河東北路。太祖十三年，置太原路總管府。大德九年，以地震，改冀寧路。本隸中書省，至大元年，與晉寧路俱改隸肅政廉訪司。舊領陽曲、太谷、平晉、清源、徐溝、榆次、祁縣、文水、交城、孟縣、壽陽十一縣。金割壽陽縣之西張寨置晉州，元初升孟縣爲州。至元二年，又省晉州入壽陽縣。户七萬五千四百四，口十五萬五千三百二十一。領司一：録事司。縣十：陽曲。中。倚郭。文水。中。平晉。下。祁縣。下。舊隸寧州。至元二年，州廢。隸本路。榆次。下。舊隸晉州，至元二年，隸本路。太谷。下。清源。下。金晉州治此縣。州廢，隸本路。壽陽。下。交城。下。徐溝。下。

州十四：

汾州。中。金故州，屬河東北路。元初，置汾州元帥府，後罷。至元二年，復行州事。舊領西河、孝義、介休、平遥、靈石五縣。元初，析靈石縣隸霍州，仍置小靈石縣。後省小靈石縣入介休。領縣四：西河。中。孝義。下。至元三年，析温泉縣之半置巡檢司，隸本路。平遥。下。元初，改隸太原路。至元二年，仍屬本州。介休。下。元初改隸太原路。至元二年，仍屬本路。

石州。下。金故州，屬河東北路。元初，隸太原路。舊領司候司，離石、方山、孟門、温泉、臨泉、寧鄉六縣。至元二年，省温泉縣入孝義，升臨泉縣爲臨州。後司候司與孟門、方山二縣俱省入離石。領縣二：離石。下。倚郭。中統二年，省入本州。三年，復置。寧鄉。下。太宗九年，改隸太原府。定宗二年，改隸石州。憲宗九年，又隸太原府。至元三年，仍屬本州。

忻州。下。金故州，屬河東北路。元初，隸太原路。太宗元年，升爲九原府。後復爲州。按至元三年以崞、代、堅、臺四州隸忻州，其時忻爲九原府，故有屬州。領縣二：秀容。下。倚郭。至元二年，省入本州。四年，復置。定襄。下。

平定州。下。金故州，屬河東北路。元初，隸太原路。舊領平定、樂平二縣。至元二年，省平定縣入本州。領縣一：樂平。下。倚郭。至元二年，與平定縣俱省入本州，立巡檢司。七年，復置。

臨州。下。元初，徙治於舊城北四十里。金臨水縣，屬石州。中統二年，改臨泉縣，直隸太原路。三年，升爲州。

保德州。下。本嵐州地。宋置保德州。金因之，屬河東北路。元初，又析置芭州。憲宗七年，省倚郭保德縣入本州。至元二年，省芭州及隩州河曲縣入之。三年，又以省入管州之岢嵐州故地來屬。四年，析岢嵐之地復隸管州。

崞州。下。金崞縣，屬代州。乃馬真皇后稱制三年，升爲州。大德元年，又升爲隩州，巡檢司爲河曲縣。至元二年，隩州與所屬之河曲縣，均省入保德州爲巡檢司。大德元年，又復置河曲縣，隸本州，後復省。

管州。下。金故州，屬河東北路。元初，隸太原路。舊領静樂一縣。太祖十六年，省静樂入本州，並省岢嵐州及嵐州之樓煩縣、寧化州之寧化縣入之。至元三年，析岢嵐入保德州。四年，復隸本州。

代州。下。大德五年，興屯田於太和嶺，分山陰、雁門、馬邑、鄯陽、洪濟、金城、寧武爲七屯。金故州，屬河東北路。元初，隸太原路。舊領雁門、崞縣、廣武三縣。元初，崞縣升爲州。中統四年，省雁門縣入本州，省廣武縣入崞州。

臺州。下。金升代州五臺縣爲臺州，元初因之。

興州。下。金升嵐州合河爲興州，元初因之。

堅州。下。金升代州繁崎縣爲堅州，元初因之。

嵐州。下。金故州，屬河東北路。至元二年，省入管州。五年，復置。

孟州。下。金升太原府孟縣爲孟州，元初因之。

晉寧路。上。金平陽府，屬河東南路。元初，置平陽路總管府。大德九年，改晉寧路。舊領臨汾、襄陵、洪洞、趙城、汾西、岳陽、浮山、和川、冀氏九縣。趙城改隸霍州。至元三年，省和川、冀氏入岳陽縣。四年，復置冀氏，併岳陽入之。後復改冀氏爲岳陽縣。舊志作「猗氏」，誤。户十二萬六百二十，口二十七萬一百二十一。領司一：録事司。縣六：臨汾。中。倚郭。襄陵。中。洪洞。中。浮山。下。後至元二年，立十八盤巡檢司。汾西。下。岳陽。下。

府一：

河中府。金故府，屬河東南路。憲宗在潛，置河解萬户府，領河中府及解州府，置録事司。舊領河東、臨晉、虞鄉、猗氏、萬泉、河津、榮河七縣。至元三年，省虞鄉入臨晉，省萬泉入猗氏，併録事司入河東，罷萬户府，本府仍領解州。八年，解州直隸平陽路。十五年，復置萬泉縣。領縣六：河東。下。府治所。萬泉。下。至元十四年，縣尹皇甫祐改建新城，廢舊治。猗氏。下。榮河。下。金升爲河州。元初，復爲榮河縣。臨晉。下。河津。下。

州九：

絳州。中。金故州，屬河東南路，又升晉安府。元初，置絳州行元帥府。後罷元帥府，仍爲絳州，隸平陽路。舊領録事司，正平、曲沃、稷山、翼城、太平、垣曲、絳、平水八縣。至元二年，省録事司入正平縣。平水，金徙置汾水之西，國初省入何縣，闕。領縣七：正平。下。倚郭。太平。中。曲沃，下。翼城。下。金升翼州，下。元初，復爲縣。稷山。下。絳縣。下。垣曲。下。至元二年，省入絳縣。十六年，復置。

潞州。下。金故州，屬河東南路。元初，爲隆德府，行都元帥府事。太宗三年，復爲潞州，隸平陽路。舊領録事司，上黨、壺關、屯留、長子、潞城、襄垣、黎城、涉八縣。金末，升涉縣爲州。至元三年，復爲涉縣，析隸真定路，併録事司入上黨。領縣七：上黨。下。倚郭。壺關。下。長子。下。潞城。下。屯留。下。至元三年，省入襄垣縣。十五年，復置。襄垣。下。黎城。下。至元二年，併涉縣、偏城等十三村入之。

澤州。下。金故州，屬河東南路。以與北京澤州同，加「南」字，後又去「南」字。元初因之。舊領司候司，晉城、端氏、陵川、陽城、高平、沁水六縣。至元三年，省司候司、陵川縣入晉城，省端氏入沁水。後復置陵川縣。領縣五：晉城。下。高平。下。陽城。下。沁水。下。陵川。下。

解州，下。至元二十九年，運使那海建運城，名鳳凰城。金故州，屬河東南路。元初，隸平陽路。舊領司候司，至元四年省入解縣。領縣六：解。下。安邑。下。聞喜。下。夏。下。平陸。下。芮城。下。

霍州。下。金升平陽府霍縣爲霍州，元初因之。舊領趙城、汾西、靈石三縣。後汾西改隸平陽府，又置霍邑爲附郭縣。領縣三：霍邑。下。倚郭。趙城，下。靈石。下。舊隸汾州，後改隸。

隰州。下。金故州，屬河東南路，又改南隰州，後復去「南」字。元初因之。舊領隰川、大寧、仵城、永和、石樓五縣。元初，以仵城本隰州之仵城鎮，仍省入隰川，蒲縣本隰州屬縣，金興定時升爲蒲州，仍降爲縣來屬。領縣五：隰川。中。州治所。大寧。下。至元三年，省入隰川。二十三年，復置。石樓。下。永和。下。蒲縣。下。

沁州。下。金故州，屬河東南路。元初，隸平陽路。舊領録事司，銅鞮、武鄉、沁源、綿上四縣。至元三年，省録事司入銅鞮。十年，省綿上縣入沁源。領縣三：銅鞮。下。倚郭。沁源。下。元初，改建縣城，據紫金山之半。武鄉。下。至元三年，省入銅鞮，後復置。

遼州。下。金故州，屬河東南路，又改南遼州，後復去「南」字。元初因之。舊領遼山、榆社、和順、儀城四縣。至元三年，省儀城縣入和順。領縣三：遼山。下。倚郭。榆社。下。至元三年，省入遼山。六年，復置。和順。下。至正十四年，達魯花赤木不剌徙縣城於舊治西南。

吉州。下。金故州，屬河東南路。元初屬平陽路。舊領司候司，十二鄉、鄉寧二縣。中統二年，省司候司入十二鄉。至元二年，省十二鄉入本州。領縣一：鄉寧。下。至元三年，省入本州，後復置。

中都開寧路。大德十一年六月，築行宮於旺兀察都之地，建爲中都。至大元年，置中都留守司，兼開寧路都總管府。是年十二月，置開寧縣，以大同路隸中都留守司。四年，罷中都留守司，開寧路及所屬開寧縣均廢。

嶺北等處行中書省領和寧路

和寧路。上。始名和林，亦名哈剌和林。本乃蠻故地。太祖滅乃蠻，建四大斡兒朵於其地。二十年，分封諸子，以哈剌和林之地與少子拖雷。太宗始定都於此。七年，城和林，作萬安宫。九年，營迦堅茶寒殿，在和林北七十餘里。十年，營圖蘇胡迎駕殿，在和林北三十餘里。魯卜魯克《和林紀行書》：「憲宗三年，奉命至和林，爲哈剌闊欒之都。有大街二：其一撒剌先人所住，中爲市場；其一支那人居之，皆工匠。二街之外，爲朝貴之大邸第。又佛堂十二，回回教寺二，基都教寺一。四圍以土爲城，開四門。傍城外有大離宫，内有殿，又有倉廩庫。」定宗、憲宗皆都之。世祖中統元年，遷都大興，置和林宣慰司都元帥府。後又分都元帥府於金山之南，和林止設宣慰司。至元二十七年，復置和林等處都元帥府。大德二年，改和林宣慰司都元帥府。四年，以都元帥府並行宣慰司事。十一年，罷宣慰司都元帥府，置和林總管府。皇慶元年，改和林路總管府爲和寧路總管府。

新元史卷之四十七　志第十四

地理志二

遼陽等處行中書省，領路七、府一，屬州十二，屬縣十。至元二十四年置。

遼陽路。上。金遼陽府，領遼陽、鶴野、宜豐、石城四縣。後改爲東京，領澄、復、蓋、瀋、貴德、來遠六州，婆娑府一路。元初，澄州《事文類聚》遼陽路有澄州，知澄州當廢於大德以後。及所屬臨溟、析木二縣，復州及所屬永康、化成二縣，貴德州及所屬貴德、奉集二縣，瀋州、來遠州，宜豐縣、石城縣俱廢，以婆娑府、廣寧府、蓋州、懿州爲四路，直隸中書省。至元六年，置東京總管府，降廣寧路爲散府，懿州路爲州，以隸之。省鶴野縣入遼陽。十五年，析廣寧，仍自行路事。十七年，又以婆娑府來屬。二十五年，改東京爲遼陽路。後廢婆娑府爲巡檢司。户三千七百八，口萬三千二百三十一。壬子年抄籍數。領縣一：遼陽。下，倚郭。至元六年，省警巡院及鶴野縣入之。

州二：

蓋州。下。金故州，屬東京路。元初，升蓋州路。至元六年，降爲州，隸東京總管府，省所屬熊岳、湯池、秀巖三縣入建安。八年，又省建安縣入本州。舊史《成宗紀》：元貞元年六月，蓋州明山縣螟。舊志無明山，未知何時省併。

懿州。下。金故州，屬北京路。元初，升懿州路。至元六年，降爲州，隸東京總管府，省所領順安、靈山二縣及義州之同昌縣入本州。至正二年，又升懿州爲路，以興中、義州屬之。

廣寧府路。下。金廣寧府，屬北京路。元初，置廣寧行帥府事。後以地遠，遷治臨潢，改總管府。至元六年，以户口少，降爲散府，隸東京路。十五年，復分爲路，行總管府事。舊領廣寧、望平、閭陽、鍾秀金《志》無此縣，據王圻《續文獻通考》增。四縣。廣寧已廢。至元六年，省鍾秀縣入望平。户四千五百九十五。至順錢糧户數。領縣二：閭陽。下。初立千户所。至元十五年，以户口繁，復立行千户所。後改爲縣。望平。下。至元十五年，改爲望平軍民千户所。後復爲縣。

舊志廣寧府路下有肇州。按《金史·地理志》：「肇州屬上京路，領縣一：始興。」《寰宇通志》與《明一統志》均引元《志》：「開元城西南曰寧遠縣，又西南曰南京，又南曰合蘭府，又南曰雙城，直抵伊麗王都。正西曰谷州，西北曰上京。上京之南曰建州，西曰濱州。又西曰黄龍府，金改爲利涉軍。又西曰信州，治信武縣。北曰肇州，治始興縣。東曰永州，曰昌州，曰延州。東北曰哈州，曰奴兒干城。皆渤海、遼、金所建，元廢。」是肇州入元已廢。世祖於阿八剌忽立城名曰肇州，特以肇州爲城名，非置經制州也。舊史載之，非是。

山北遼東道肅政廉訪司

山北遼東道開元等路宣慰司。元初置行中書省於北京路，又置開元路宣撫司隸北京行省。中統四年，罷開元路宣撫司。至元二年，罷北京行省，置山北遼東道開元等路宣撫司。十五年，改宣撫司爲宣慰司。二十三年罷。是年七月，復置。至正十一年，罷海西遼東道巡防捕盜所，立鎮寧州。

大寧路。上。金大定府，屬北京路。元初爲北京路總管府。舊領興中府及義、瑞、興、高、錦、利、惠、川、建、和十州。中統三年，割興州及松山縣屬上都路。至元五年，併和州入利州，爲永和鄉。七年，興中府降爲州，仍隸北京，改北京爲大寧路。二十五年，改武平路。後復爲大寧路。舊領大定、長興、富庶、松山、神山、惠和、金源、和衆、武平、靜封，三韓十一縣。神山、靜封二縣久廢。中統二年，省長興縣入大定，升三韓縣爲高州，升松山縣爲松州。戶四萬六千六，口四十四萬八千一百九十三。壬子年數。領司一：録事司。初置警巡院，至元二年改置録事司。縣七：大定。下。龍山。下。至元四年，改屬利州，後復來屬。富庶。下。至元三年，省入中興州。後復置。和衆。下。金源。下。惠和。下。武平。下。

州九：

義州。下。金故州，屬北京路。至元七年，改隸婆娑府。後府廢，仍隸本路。至正二年，改屬懿州路。舊領宏政、開義、同昌三縣。至元六年，省同昌縣入懿州，宏政、開義二縣省入本州。

興中州。下。金興中府，屬北京路。元初省，至元七年又置興中州。舊領興中、永德、興城、宜氏四縣。元初，俱省入本州。至正二年，改隸懿州路。

瑞州。下。金故州，屬北京路。元初因之。舊領瑞安、海陽、海濱三縣。元初，俱省入本州。

高州。下。金三韓縣，屬大定府。中統二年，升爲高州，隸大寧路。

錦州。下。金故州，屬北京路。元初因之。舊領永樂、安昌、神水、興城四縣，元初俱省入本州。

利州。下。金故州，屬北京路。元初因之，舊領阜俗、龍山二縣。元初，省阜俗縣入本州，龍山縣改隸大寧路。

惠州。下。遼故州，屬大定府。金皇統三年，廢。元初，復置。

川州。下。遼故州，金廢。元初復置。

建州。下。金故州，屬北京路。元因之。舊領建平、永霸二縣。元初，俱省入本州。

東寧路。本高麗西京。至元六年，高麗人崔坦等以西京府州縣鎮六十餘城來降。八年，置東寧府，與高麗畫慈悲嶺爲界。十三年，升東寧路總管府，設録事司。以静州、義州、麟州、威遠鎮隸婆娑府。二十七年，罷東寧路，悉歸本路所屬諸城於高麗。此事舊史遺之，據《高麗史》補。本路領司一：録事司。縣二：土山。下。中和。下。

鎮一：歸化鎮。按洪福源之叛，高麗徙餘民於海島，西京遂爲邱墟。至崔坦以西京内屬，所獻六十餘城，以徙民之故，多湮廢。然據《高麗史》所載，龍州、靈州、鐵州等處守臣皆爲坦等所殺，則諸州尚置官吏，不盡爲廢郡也。

崔坦等所獻之六十餘城，其地名之可考者，曰：定遠府，郭州、撫州、黄州、領安岳、三和、龍岡、咸從、江西五縣，長命一鎮。靈州、慈州、嘉州、遼隸顯州。順州、遼頭下城，在顯州東北。殷州、宿州、德州、領江東、永清、通海、順化四縣，寧遠、柔遠、安戎三鎮。昌州、鐵州、領定戎一鎮。唐安市州，遼隸東京道。泰州、遼隸上京道，金移治長春州。价州、朔州、宣州、遼隸會州，領寧朔、席島二鎮。成州、遼頭下城，領樹德一鎮。熙州、孟州、領三登一縣，椒島、椴島、寧得三鎮。延州、領陽巖一鎮。雲州。

瀋陽路。金爲瀋州，屬東京路。舊領樂郊、章義、遼濱、挹婁四縣，因兵亂俱廢。太宗四年，高麗人洪福源率西京都護龜州四十餘城來降，立鎮守司以撫其衆。六年，徙其衆於遼陽，僑治遼陽故城。中統二年，改爲安撫高麗軍民總管府。三年，又立瀋州，以高麗質子爲安撫高麗軍民總管，分領二千餘户，治瀋州。元貞二年，併爲瀋州等路安撫高麗軍民總管府，仍治遼陽故城，領總管五，千户二十四，百户百二十五。户五千一百八十。至順錢糧户數。

總管府所轄者曰：新城州，遼城州，哥忽州，建安州，南蘇州，木底州，蓋羊州，代那州，滄籐州，磨米州，積利州，黎山州，延津州，安市州。以上十四州，並無城郭，是高麗降衆，各以其酋長領之。

開元路，金會寧府，屬上京路。舊領會寧、曲江、宜春三縣，後俱廢。太宗七年，即其地置開元、南京二萬户府。至元四年，改遼東路總管府。二十三年，又改開元路，領咸平府。後析咸平爲散府，俱隸遼東道宣慰司。至元二十七年，開元路寧遠縣饑。是本路有寧遠一屬，其省併年分闕。户四千三百六十七。至順錢糧户數。

咸平府。金舊府，屬咸平路。舊領平郭、銅山、新興、慶雲、清安、榮安、歸仁、玉山八縣，兵亂俱廢。元初隸開元路，後改隸宣慰司。至正二年，降爲咸平縣。

合蘭府水達達等路。金蒲與、合嬾、恤品、曷蘇館、胡里改五路之地。元初設軍民萬户府五：一曰桃温，距上都四千里；一曰胡里改，距上都四千二百里，大都三千八百里；一曰斡朵憐；一曰脱斡憐；一曰孛苦江；分領混同江南北之地。其人皆水達達，無城郭，逐水草爲居。户二萬九百六。至順錢糧户數。

河南江北等處行中書省，領路十一、府七、州一，屬州三十四，屬縣一百八十三。

河南江北道肅政廉訪司

汴梁路，上。宋開封府，爲東京，屬京畿路。金爲南京，屬南京路。太宗五年，崔立以南京降，仍爲南京路。至元二十五年，改汴梁路。舊領歸德府，延、許、裕、唐、陳、亳、鄧、汝、潁、徐、邳、嵩、宿、申、鄭、鈞、睢、蔡、息、盧氏行襄樊二十州。至元八年，升歸德府直隸行省，割亳、徐、邳、宿四州隸之，升申州爲南陽府，割裕、唐、汝、鄧、嵩、盧氏行襄樊七州隸之。九年，廢延州入延津縣。三十年，升蔡州爲汝寧府，直隸行省，割息、潁二州隸之。舊領開封、祥符、陽武、通許、太康、中牟、杞、鄢陵、尉氏、扶溝、陳留、延津、洧川，封邱十四縣。至元初，析鄭州之滎澤、原武二縣，析曹州之蘭陽縣來屬。户三萬一十八，口十八萬四千三百六十七。壬子年數。領司一：録事司。舊設警巡院，至元十四年改録事司。縣十七：開封。下。倚郭。祥符。下。倚郭。中牟。下。原武。下。鄢陵。中。滎澤。下。舊隸鄭州，至元二年來屬。封邱。中。金大定中，以河患，遷治新城。元初，又爲河水所湮，復遷於故城。扶溝。下。陽武。下。杞。中。中統初，河決城北面，爲水所圮，乃築新城於河北岸置縣。後又修故城，號南杞縣。延津。下。蘭陽。下。金析東明六鄉爲蘭陽縣，取首鄉蘭陽鄉爲名。舊隸曹州，至元初來屬。通許。下。尉氏。下。太康。下。洧川。下。陳留。下。

州五：

鄭州。下。金故州，屬南京路。元初因之。舊領管城、滎陽、汜水、河陰、原武、密、滎澤七縣。後析密縣隸鈞州，滎澤、原武二縣隸開封府。領縣四：

管城。下。倚郭。元初省司候司入之。滎陽。下。汜水。下。河陰。下。

許州。下。金故州，屬南京路。元初因之。領縣五：長社。下。長葛。下。郾城。下。襄城。下。臨潁。下。

陳州。下。金故州，屬南京路。元初因之。領縣五：宛邱。下。西華。下。商水。下。至元二年，省南頓、項城入之。後復置。南頓，下。延祐二年，復商水鎮爲南頓縣。項城。下。至大二年，復置。

鈞州。下。金故州，屬南京路。元初因之。至元二年，析鄭州之密縣來屬。領縣三：陽翟。下。新鄭。下。密縣。下。

睢州。下。金故州，屬南京路。元初因之。舊領襄邑、考城、柘城三縣。元初，置儀封縣於東明縣之通安堡，隸本州。領縣四：襄邑。下。倚郭。考城。下。儀封。下。柘城。下。

河南府路。金河南府，屬南京路。元初改河南府路。舊領洛陽、宜陽、永寧、登封、鞏、偃師、孟津、新安、澠池九縣。金升澠池縣爲韶州，至元八年仍爲澠池縣，改隸陝州。户九千五百二，口六萬五千七百五十一。壬子年數。領司一：録事司。縣八：洛陽。至正二十六年，罷洛陽嵩縣宣慰司，嵩縣當是至正間析洛陽縣地置之。宜陽。下。永寧。下。登封。下。鞏縣。下。至正二十年，改立軍州萬户府。孟津。下。新安。下。偃師。下。

州一：

陝州。下。金故州，又改西安軍，屬河南路。元初，仍爲陝州。舊領陝、靈寶、湖城、閿鄉四縣。至元二年，省湖城縣入閿鄉，降韶州爲澠池縣來屬。領縣四：陝縣。下。靈寶。下。至元三年，省入陝縣。八年，廢虢州爲虢略縣，治靈寶。後復置靈寶縣，以虢略爲巡檢司，併虢州之朱陽縣入之。澠池。下。金韶州，置澠池司候司。至元二年，省司候司。八年，降州爲縣，隸本州。閿鄉。下。

南陽府。金申州，屬南陽路，以南陽縣爲治所。金《志》漏申州不載。至元八年，升爲南陽府，以唐、鄧、裕、嵩、汝五州隸之。二十五年，改屬汴梁路。後直隸行省。户六百九十二，口四千八百九十三。壬子年數。領縣二：南陽。下。倚郭。有三鴉巡檢司。鎮平。下。本陽管鎮，金末置縣。

州五：

鄧州。下。金故州，屬南京路。至元八年，改隸南陽府。舊領穰縣、南陽、内鄉、淅川、順陽五縣。金末析南陽縣，置申州。元初，省淅川、順陽二縣入内鄉縣，升穰縣之新野鎮爲縣。舊設録事司，至元二年併入穰縣。領縣三：穰縣。下。倚郭。内鄉，下。新野。下。

唐州。下。金故州，屬南京路。至元八年，改隸南陽府。舊領泌陽、比陽、湖陽、桐柏四縣。至元三年，以民力不及，廢湖陽、比陽、桐柏三縣。領縣一：泌陽。下。倚郭。元初廢。至元九年，復置。大德五年，省入本州。至元十六年，知南陽府梁曾以唐、鄧二州爲襄陽府所奪，爭之，復隸南陽府。唐、鄧二州改隸襄陽府年分闕。

嵩州。下。金故州，屬南京路。至元八年，改隸南陽府。舊領伊陽、福昌二縣。後福昌改隸河南府。至元三年，省伊陽縣入本州。領縣一：盧氏。下。至元二年，隸南京路。八年，隸南陽府。十一年，來屬。

汝州。下。金故州，屬南京路。至元八年，改隸南陽府。舊領梁、郟城、魯山、寶豐四縣。至元三年，廢郟城、寶豐入梁縣。後復置郟縣。領縣三：梁縣。下。魯山。下。郟縣。下。

裕州。下。金故州，屬南京路。至元八年，改隸南陽府。舊領方城、舞陽、葉三縣。後即葉縣行隨州事，就置昆陽縣爲屬邑。至元三年，罷州，併昆陽、舞陽二縣入葉縣。後復置舞陽縣。領縣三：方城。下。倚郭。葉縣。下。舞陽。下。

汝寧府。金蔡州，屬南京路。至元七年，改隸汴梁路。三十年，行省平章政事伯顏言：「蔡州去汴梁遠，凡事稽誤，宜升散府。」遂升爲汝寧府，直隸行省，以息、潁、信陽、光四州隸之。舊領汝陽、遂平、上蔡、西平、確山、平輿六縣。至元七年，省遂平、平輿二縣入汝陽。後復置遂平縣。抄籍户口闕。至順錢糧户數七千七十五。領縣五：汝陽。下。倚郭。元初廢，後置。上蔡。下。西平。下。確山。下。遂平。下。

州四：

潁州。下。金故州，屬南京路。至元三十年，改隸汝寧府。舊領汝陰、泰和、沈邱、潁上四縣。至元二年，省四縣及録事司入本州。後復置縣三：太和。下。沈丘。下。潁上。下。

息州。下。金故州，屬南京路。中統三年廢，四年復置。至元三年，罷息州安撫司，以其民隸南京路。至元三十年，改隸汝寧府。舊領新息、新蔡、真陽、褒信四縣。至元三年，省四縣入本州。後又置二縣：新蔡。下。至元四年置。真陽。下。

光州。下。宋故州，屬淮南西路。至元十二年，歸附，隸蘄黄宣慰司。二十二年，同蘄、黄等州直隸湖廣行省。三十年，改隸汝寧府。領縣三：定城。下。固始。下。宋末兵亂，徙治無常。至元十一年，復舊治。光山。下。兵亂地荒，至元十二年復置縣。

信陽州。下。宋信陽軍，屬京西北路。至元十四年，改信陽府，隸蘄黄宣慰司。十五年，降爲州，屬湖廣行中書省。二十九年，改隸河南行省。三十年，來隸汝寧府。舊領羅山、信陽二縣。至元二十年，以羅山當驲置要衝，徙州治此，而移縣治於西南，號曰羅山新縣。户三千四百一十四，口三萬三千七百五十一。至元七年數。領縣二：羅山。下。倚郭。信陽。下。

歸德府。宋應天府，金改歸德府，屬南京路。金亡，宋復取之。元初，與亳州之酇縣同時歸附，置京東行省。未幾，罷。憲宗二年，置司、府、州、縣官以撫定新附之民。至元八年，升爲散府，直隸行省，以宿、亳、徐、邳四州隸之。舊領睢陽、寧陵、夏邑、虞城、穀熟、碭山六縣。至元二年，析虞城、碭山二縣屬濟寧府，併穀熟縣入睢陽，酇縣入永州，又降永州爲永城縣，與寧陵、夏邑二縣俱隸本府。抄籍户數闕。至順錢糧户二萬三千三百一十七。領縣四：睢陽。下。倚郭。永城。下。夏邑。下。舊隸永州，至元二年來屬。未幾，廢。至元八年，復置，以碭山入之。寧陵。下。

州四：

徐州。下。金故州，屬山東西路。至元二年降爲下州。舊領彭城、蕭、永固三縣及録事司，至是省永固縣入蕭縣，省彭城縣、録事司入本州。領縣一：蕭縣。下。至元二年，併入徐州。十二年，復置。至正八年，升徐州爲總管府，以邳、宿、滕、嶧四州隸之。十三年，降爲武安州。以所轄縣隸歸德府，嶧、滕二州仍隸益都路。

宿州。中。金故州，屬南京路。元初，廢。中統三年，復置，改隸本府。舊領臨淮、蘄、靈壁、符離四縣及司候司。至元二年，省臨淮、蘄、靈壁三縣，並司候司入本州。四年，析靈壁縣地入泗州。十七年，復置靈壁縣來屬。領縣一：靈壁。下。

邳州。下。金故州，屬山東西路。元初，廢。中統三年，復置。至元八年，改隸本府。舊領下邳、蘭陵、宿遷三縣。元初以户少，省三縣入本州。至元十二年，復置睢寧、宿遷兩縣，隸淮安路。十五年，復來屬。領縣三：下邳。下。州治所。城北有黄堌城。宿遷。下。睢寧。下。

亳州。下。金故州，屬南京路。憲宗二年，改隸歸德府。舊領譙、酇、鹿邑、城父、衛真五縣。後省城父縣入譙，衛真縣入鹿邑，酇縣入永城。未幾，復置城父。領縣三：譙。下。鹿邑。下。城父。下。

襄陽路。下。宋襄陽府，屬京西南路。至元十年，宋守將吕文焕以城降，改襄陽府爲散府。十一年，升襄陽路總管府。舊領襄陽、鄧城、宜城、穀城、南漳五縣。元初，省鄧城縣入襄陽。至元十九年，割均、房二州，南陽府光化、棗陽二縣來屬。至順錢糧户數五千九十。領司一：録事司。縣六：襄陽。下。倚郭。兵亂廢，至元十四年復置。南漳。下。舊紀：至元十四年，均州復立南漳縣。南漳改隸均州及省併年分均無考。宜城。下。穀城。下。光化。下。棗陽。下。

州二：

均州。下。宋故州，屬京西南路。至元十二年，宋行均州事徐鼎以城降，改隸湖北宣慰司。十九年，來屬本路。領縣二：武當。下。兵亂，僑治無常。至元十四年，復置。鄖縣。下。宋鄖鄉縣，至元十四年改。

房州。下。宋故州，屬京西南路。至元十二年，知州李鑑以城降。十九年，改隸襄陽路。領縣二：房陵。下。竹山。下。

蘄州路。下。宋故州，屬淮南西路。至元十二年歸附，置淮西宣撫司。十四年，改總管府，設録事司。户三萬九千一百九十，口二十四萬九千三百二十一。自此以後至德安府，皆用至元二十七年數。領司一：録事司。縣五：蘄春。中。倚郭。蘄水。中。廣濟。中。宋嘉熙兵亂，徙治江中洲。歸附後，復舊治。黄梅。中。嘉熙兵亂，僑治江中洲。後復置。羅田。下。兵亂縣廢，至元十二年復置。大德中，遷縣治於官渡沙。

黄州路。下。宋故州，屬京西北路。至元十二年歸附。十四年，升爲總管府。舊紀：至元十四年，置宣慰司。疑誤。十八年，又置黄蘄州宣慰司，治黄州路。二十三年，罷宣慰司，直隸湖廣行省。二十九年，復置淮西道宣慰司，以蘄州、黄州二路隸之。大德三年，罷淮西道宣慰司，蘄、黄二路改隸河南江北行省。户一萬四千八百七十八，口三萬六千八百七十九。領司一：録事司。縣三：黄岡。中。州治所。黄陂。下。兵亂，僑治蘄州青山磯。歸附，還舊治。

麻城。下。兵亂，徙治什子山。歸附，還舊治。

淮西江北道肅政廉訪司

廬州路。上。宋故州，屬淮南西路。至元十三年，歸附。十四年，升爲總管府，隸淮西江北道。户三萬一千七百四十六，口二十二萬九千四百五十七。領司一：録事司。縣三：合肥。上。倚郭。梁縣。中。舒城。中。

州三：和州。中。宋故州，屬淮南西路。至元十四年，置安撫司。明年，升和州路。二十八年，降爲州，隸廬州路。舊設録事司，後省入歷陽。領縣三：歷陽。上。倚郭。含山。中。烏江。中。

無爲州。中。宋無爲軍，屬淮南西路。至元十四年，升無爲路。二十八年，降爲州，罷巢州爲縣隸之。領縣三：無爲。上。倚郭。廬江。中。巢縣。下。至元十四年，置鎮巢府。二十三年，降爲巢州。二十八年，復爲縣。

六安州。下。宋六安軍，屬淮南西路。至元十二年，歸附。二十二年，改隸黄蘄州宣慰司。二十八年，降爲縣，隸廬州路。後又升爲州。領縣二：六安。中。英山。中。

安豐路。下。宋壽春府，又以安豐縣爲安豐軍，並屬淮南西路。至元十四年，改安豐路總管府。十五年，降爲散府。二十八年，復升爲路，降臨濠府爲濠州以隸之。至正十二年，置安豐分元帥府。户一萬七千九百九十二，口九萬七千六百一十一。領司一：録事司。

縣五：壽春。中。倚郭。安豐。下。霍邱。下。壽春、安豐、霍邱三縣，宋隸壽春府。至元十八年，來屬本路。元統二年，立淮鄉臨水山巡檢司。下蔡。下。與蒙城俱隸安豐府。二十八年，罷府，來屬本路。蒙城。下。金屬壽州。至元十八年，來屬本路。

州一：

濠州。下。宋故州，屬淮南西路。至元十三年歸附，置安撫司，十五年，升爲臨濠府，二十八年，復爲濠州，隸本路。舊領鍾離、定遠二縣。至元二十八年，降懷遠州爲縣，隸之。領縣三：鍾離。下。倚郭。定遠。下。懷遠。下。宋爲懷遠軍，領荆山一縣。至元二十八年，以軍爲縣，省荆山入之。

安慶路。下。宋安慶府，屬淮南西路。至元十二年，宋將范文虎以城降。十三年，置安撫司。十四年，改安慶路總管府，屬黄蘄州宣慰司。二十三年，罷宣慰司，直隸行省。舊領懷寧、宿松、望江、太湖、桐城五縣。至元三年，析懷寧縣境置灊山縣。户三萬五千一百六，口二十一萬九千四百九十。領司一：録事司。大德元年置。縣六：懷寧。中。宿松。中。天曆初，立鐵柱於小孤山，號海門第一關。望江。下。太湖。中。桐城。中。宋末徙治樅陽，又徙於李陽河。元初，始還舊治。灊山。下。本懷寧縣之清朝、玉照二鄉地。宋立四寨，仍隸懷寧縣。至元中，置野人原寨。至治間，始析置灊山縣，以山爲名。

淮東道宣慰使司皇慶二年，改淮東淮西道宣慰使司爲淮東道宣慰使司。

江北淮東道肅政廉訪司

揚州路。上。宋揚州，屬淮南東路。至元十三年歸附，置淮東都元帥府。十四年，改揚州路總管府。十五年，置淮東道宣慰司，本路屬焉。十九年，省宣慰司，本路直隸行省。二十六年，改浙西道宣慰司爲淮東淮西道宣慰司，仍治揚州路，升本路高郵府爲散府，直隸宣慰司。户二十四萬九千四百六十六，口一百四十七萬一千一百九十四。領司一：録事司。縣二：江都。上。倚郭。泰興。上。

州五：

真州。下。宋故州，屬淮南東路。至元十三年，置真州安撫司。十四年，改真州路總管府。二十一年，降爲州，隸揚州路。領縣二：揚子。上。倚郭。宋永正縣。至元二十八年，改揚子縣，移治新城，省録事司入之。六合。下。

滁州。下。宋故州，屬淮南東路。至元十五年，改滁州路總管府。二十年，仍爲州，隸揚州路。領縣三：清流。中。至元十四年，省録事司入之。來安。下。全椒。下。

泰州。上。宋故州，屬淮南東路。至元十四年，改泰州路總管府。至二十一年，仍爲州，隸揚州路。領縣二：海陵。上。倚郭。宋端平後，去縣城五里别築新城。後張士誠據之。如皋。下。

通州。中。宋故州，屬淮南東路。至元十五年，改通州路總管府。二十一年，仍爲州，隸揚州路。領縣二：静海。上。倚郭。海門。中。

崇明州。下。本通州海濱沙洲。宋建炎中有昇州句容縣姚、劉二姓避兵於沙上，其後遂稱姚劉沙。宋嘉定中，置天賜監場。至元十四年，置崇明州。

淮安路。上。宋楚州，又升屬縣山陽縣爲淮安軍，又改軍爲州，屬淮南東路。至元十三年，置行淮東安撫司。十四年，改總管府。二十年，置淮安府路總管府，以臨淮府，海寧、泗、安東三州隸之。二十七年，罷臨淮府。舊領山陽、鹽城、淮安、淮陰、新城、清河、桃園七縣，設録事司。至元二十年，省淮安、新城、淮陰三縣入山陽縣。户九萬一千二十二，口五十四萬七千三百七十七。領司一：録事司。縣四：山陽。上。宋淮安縣，至元十二年，以本縣馬羅軍寨爲山陽縣。十三年，淮安路歸附，仍存淮安縣。二十年，省淮安及新城縣入之。鹽城。上。桃園。下。本淮陽軍之桃園鎮，金置淮濱縣，後廢，至元中置桃園縣。清河，下。本泗州之清河口，宋置清河軍，至元十五年改爲縣。

州三：

海寧州。下。宋故州，屬淮南東路。金《志》亦有海州，後復爲宋地。至元十二年，歸附。十五年，升海州路爲總管府，又改爲海寧府，旋降爲州，隸淮安路。舊領録事司，朐山、東海、懷仁、沭陽四縣。至元二十年，省東海縣與録事司入朐山。領縣三：朐山。中。沭陽。下。贛榆。下。宋懷仁縣，金改贛榆。

泗州。下。宋故州，屬淮南東路。金《志》亦有泗州，後復爲宋地。至元十三年，降爲下州。舊領臨淮、淮平、虹、靈壁、睢寧五縣。至元十六年，析睢寧縣屬邳州。十七年，析靈壁縣屬宿州，以臨淮府五河縣來屬。二十一年，省淮平縣入臨淮。二十七年，廢臨淮府，以盱眙、天長二縣來屬。領縣五：臨淮。下。虹縣。下。宋故縣，金廢，元初復置。五河。下。盱眙。上。宋招信軍。至元十三年，行招信軍安撫司事，領盱眙、天長、招信、五河四縣。十四年，升招信路總管府。十五年，改臨淮府。十七年，以五河縣在淮北，改屬泗州。二十年，併招信縣入盱眙。二十七年，廢臨淮府入盱眙。天長。中。至正十五年，置淮東等處宣慰使司都元帥於本縣。

州一：安東州。下。宋漣水軍，後改安東州，屬淮南東路。至元十二年，置安東分元帥府。後改隸淮安路。領縣一：漣水。下。

高郵府。宋高郵軍，屬淮南東路。至元十四年，升爲高郵路總管府。二十年，降高郵路爲府，隸揚州路，後改爲散府，隸宣慰司。舊領録事司及高郵、興化二縣。至元二十年，廢安宜府爲寶應縣來屬，又省録事司入高郵縣。户五萬九十有八。至順錢糧户數。領縣三：高郵。上。倚郭。興化。中。寶應。上。舊爲寶應軍。至元十六年，改爲安宜府。二十年，廢府爲縣，來屬。

荆湖北道宣慰司至正十一年，兼都元帥府。

山南江北道肅政廉訪司

中興路。上。宋爲江陵府，屬荆湖北路。至元十二年，歸附。是年，置懷遠、靈武二縣，分處新民。未詳何時裁併。十三年，改上路總管府，設録事司。天曆二年，以文宗潛藩，改爲中興路。户一十七萬六百八十，口五十九萬九千二百二十四。領司一：録事司。縣七：江陵。上。公安。中。石首。中。松滋。中。枝江。下。潛江。下。舊治白洑。至元二十七年，水圮城，遷今治。監利。中。

峽州路。下。宋峽州，屬荆湖北路。至元十三年，歸附。十七年，升爲峽州路。户三萬七千二百九十一，口九萬二千九百四十七。領縣四：夷陵。中。宋末隨州遷治不常。歸附後，還江北舊治。宜都。下。宋舊縣。長陽。下。遠安。下。至正初，達魯花赤沙班遷縣治於亭子山下。

安陸府。宋郢州，隸京西南路。至元十三年，歸附。十五年，升爲安陸府，隸宣慰司。户一萬四千六百六十五，口三萬三千五百五十四。領縣二：長壽。中。京山。中。兵亂，移治漢濱。至元十二年，還舊治。

沔陽府。宋復州，屬荆湖北路。至元十三年，歸附，升爲復州路。十五年，改爲沔陽府。户一萬七千七百六十六，口三萬九百五十五。領縣二：玉沙。中。倚郭。景陵。中。宋舊縣，兵亂，徙治無常。歸附後，還舊治。

荆門州。下。宋荆門軍，屬荆湖北路。至元十二年，歸附。十四年，升爲荆門府。十五年，遷府治於古城，降爲州。户二萬九千四百七十一，口一十六萬五千四百三十五。領縣二：長林。上。當陽。中。

德安府。宋舊府，屬荆湖北路。宋咸淳七年，徙治漢陽。至元十三年，歸附，還舊治，隸湖北道宣慰司。十八年，罷宣慰司，直隸行省，爲散府。三十年，改隸黄州路。後復隸宣慰司。舊領安陸、孝感、應城、雲夢、應山五縣。至元十五年，析應山縣隸隨州。户一萬九百二十三，口三萬六千二百一十八。領縣四：安陸。下。孝感。下。宋建炎中遷縣治於紫資寨。至元十六年，還舊治。應城。中。雲夢。下。州一：隨州。下。宋故州，屬京西南路。至元十二年，歸附。十三年，以兵亂，遷徙無常，即黄仙洞爲州治。舊領隨縣。十五年，以德安府應山縣來屬。户一萬五千九百六十六，口五萬二千六百六十四。領縣二：隨縣。下。應山。下。

新元史卷之四十八　志第十五

地理志三

陝西諸道行御史臺大德三年罷，延祐二年復置。

陝西等處行中書省，領路三、府五、州十八，屬州十一，屬縣七十九。

奉元路。上。金爲京兆府，屬京兆府路。憲宗三年，置從宜府於京兆。至元十五年，改京兆府爲安西府。十六年，升安西府爲安西路。皇慶元年，改爲奉元路。舊領長安、咸寧、興平、涇陽、臨潼、藍田、雲陽、高陵、終南、櫟陽、鄠、咸陽十二縣。至元元年，省雲陽縣入涇陽。舊志：併耀州之雲陽。案雲陽，宋隸耀州，金隸京兆府。四年，省櫟陽縣入臨潼。七年，又以盩厔縣來屬，省終南入之。户三萬三千九百三十五，口二十七萬一千三百九十九。壬子年數。領司一：録事司。縣十一：咸寧。下。長安。下。咸陽。下。興平。下。臨潼。下。至元四年，併櫟陽縣入之。藍田。下。涇陽。下。至元元年，省雲陽縣入之。高陵。下。至正末，李思齊築鹿臺城於縣西南二十五里。盩厔。下。金故縣，隸鳳翔府，後升爲恒州。至元初，降爲縣來屬。鄠縣。下。金故縣，隸鳳翔府，後隸恒州。元初，升爲州，增置柿林縣。至元元年，復降鄜州爲縣，省柿林入之。

州五：

同州。下。金故州，屬京兆府路。舊領馮翊、朝邑、白水、郃陽、澄城、韓城六縣。元初，省馮翊縣入本州。領縣五：朝邑。下。白水。下。郃陽。下。宋舊隸同州，金改隸禎州。至元初廢禎州，仍隸本州。澄城。下。韓城。下。金貞祐三年，升爲禎州。至元元年廢，二年再置，六年降爲韓城縣。

華州。下。金故州，屬京兆府路。舊領鄭、華陰、下邽、蒲城、渭南五縣。元初，省鄭縣入本州，至元十二年，復置鄭州，後省併。年分闕。省下邽縣入渭南。領縣三：華陰。下。蒲城。下。渭南。下。

耀州。下。金故州，屬京兆府路。舊領華原、同官、美原、三原四縣。至元元年，省華原縣入州，復置富平縣，省美原縣入富平。領縣三：三原。下。富平。下。宋故縣，金省入美原，至元元年復置。同官。下。

乾州。下。金故州，屬京兆府路。舊領奉天、醴泉、武功、好畤四縣。至元元年，省奉天縣入本州。五年，復置奉天，省好畤入之，又析邠州之永壽來屬。後又改奉天縣爲醴泉。領縣三：醴泉。下。至正初，改築新城於城西三十里。武功。下。金以嫌顯宗諱，改爲武功武亭。元復，後廢。至正四年，復置。永壽。下。至元十五年，徙縣治於麻亭。

商州。下。金故州，屬京兆府路。領縣一：洛南。下。

延安路。下。金延安府，屬鄜延府路。元改延安路。舊領膚施、延川、延長、臨真、甘泉、敷政、門山七縣。元初析甘州之宜川來屬，又省丹州入宜川縣。户六千五百三十九，口九萬四千六百四十一。壬子年數。領縣八：膚施。下。甘泉。下。宜川。下。元初，置司候司。至元六年，省入宜川。按金《志》，丹州縣一：宜川。宋《志》，鄜州縣一：宜川。宋《志》奪鄜州所屬之四縣，又奪丹州，誤以宜川屬鄜州也。舊志無丹州，以併丹州入宜川也。延長。下。延川。下。安定。下。本宋舊堡。憲宗二年，升爲安定縣。至元元年，析置丹頭縣。四年，併入本縣。安塞。下。本金舊堡。憲宗二年，升爲縣。至治三年，徙縣治於龍安鎮。保安。下。金爲保安州。至元六年，降爲縣。

州三：鄜州。下。金故州，屬鄜延路，舊領洛交、直羅、鄜城、洛川四縣。至元四年，省鄜城入洛川，又省洛交、直羅入州。六年，廢坊州，以中部、宜君二縣來屬。領縣三：洛川。下。中部。下。宜君。下。

綏德州。下。金故州，屬鄜延路。舊領清澗一縣，舊志：金領八縣。誤以城寨爲縣。十寨、一城、一堡。歸附後，升米脂寨爲縣，省嗣武城入之，升懷寧寨爲縣，省綏平寨入之。至元四年，又省定戎寨入米脂，懷寧縣入清澗，義合寨、綏德寨入本州。領縣二：青澗。下。米脂。下。

葭州。下。金故州，屬河東北路。後改屬鄜延路。舊領八寨、九堡。至元六年，省通泰堡、彌川堡入州，省太和寨入神木縣，建寧寨入府谷縣。領縣三：神木。下。元初，置靈州於古麟州之神木寨。至元六年，改靈州爲神木縣。吴堡。下。舊爲吴堡寨。府谷。下。宋爲府州。元初，建州治。至元六年，改爲府谷縣。

興元路。下。宋爲興元府，屬利州路。元初，改興元路總管府。至正十五年，改興元等處宣慰司都元帥府。舊領南鄭、城固、褒城、西縣四縣。元初，以鳳、金、洋三州來屬，析本路所屬西縣隸沔州，以洋州西鄉縣隸本路。户二千一百四十九，口一萬九千三百七十八。至元二十七年數。領縣四：南鄭。下。宋析置廉水縣，元初併廉水入之。城固。下。褒城。下。元徙治於山河堰東南五里。西鄉。下。宋端平中縣廢，元復置。

州三：

鳳州。下。宋故州，屬秦鳳路，後改隸利州路。元初，改隸興元路。至元五年，以倚郭梁泉縣省入本州。後至元二年，立留壩鎮巡檢司。

洋州。下。宋故州，屬利州路。元初，改隸興元路。舊領興道、真符、西鄉三縣。元初，析西鄉縣隸興元路。至元二年，併興道、真符二縣入本州。

金州。下。宋故州，屬京西南路，後改隸利州路。元初，隸興元路。舊領西城、漢陰、洵縣、石泉、平利、上津六縣。元初，俱省入本州。

陝西漢中道肅政廉訪司舊治安西路。延祐三年，徙治鳳翔。

鳳翔府。金故府，屬鳳翔府路。元初，屬興元路，尋置鳳翔路總管府。至元九年，改爲散府。舊領鳳翔、寶雞、虢、郿、盩厔、扶風、岐山、普潤、麟游九縣。元初，以郿、盩厔二縣改隸安西路，虢、普潤二縣並廢。户二千八十一，口一萬四千九百八。壬子年數。領縣五：鳳翔。下。扶風。下。岐山。下。寶雞。下。有益門城，元末李思齊所築。麟游，下。

邠州。下。金故州，屬慶原路。元初，直隸行省。舊領宜禄、新平、淳化、永壽、三水五縣。至元七年，省宜禄入本州，省三水入淳化縣，永壽改隸乾州。領縣二：新平。下。淳化。下。

涇州。下。金故州，屬慶原路。元初，隸都元帥府，又隸鞏昌都總帥府，又隸平涼府，後直隸行省。舊領涇川、長武、良原、靈臺四縣。至元十一年，省良原縣入靈臺，長武縣入涇川。領縣二：涇川。下。倚郭。靈臺。下。至元七年，併入涇川。十一年，復置。

開成州。下。金爲鎮戎州，屬鳳翔路。元初爲原州。鎮戎州，本唐原州高縣之地。至元十年，皇子西安王分治秦蜀，置開成府視上都，號爲上路。至治三年，降開成州。舊領東山、三川二縣，後改隸鎮原州，置開成爲附郭縣。領縣一：開成。下。

州一：

廣安州。下。金升宋東山寨爲廣安縣，隸鎮戎州，後廢。至元十年，復置廣安縣。十五年，升爲州，仍隸本路。開成路降州，廣安州應直隸行省。無明文可證。仍依舊志，隸開成州之下。

莊浪州。下。本莊浪路。大德八年，降路爲州。領縣一：莊浪。下。延祐六年，升莊浪巡檢司爲莊浪縣，移巡檢司於比卜渡。

鞏昌等處總帥府。元初爲鞏昌路便宜都總帥府，統鞏昌、平涼、臨洮、慶陽、隆慶五府及秦、隴、會、環、金、德順、徽、金洋、安西、河、洮、岷、利、巴、沔、龍、大安、褒、涇、邠、寧、定西、鎮原、階、成、西和、蘭二十七州。至元五年，析安西州屬脱思麻路。六年，析河州屬吐番宣慰司。七年，省洮州入安西州。八年，析岷州屬脱思麻路。十三年，置鞏昌路總管府。十四年，復行便宜都總帥府事。是年，析隆慶府，利、巴、大安、褒、沔、龍等州隸廣元路。二十年，又析涇、邠二州隸陝西漢中道宣慰司。帥府所統者：鞏昌、平涼、臨洮、慶陽四府，秦、隴、寧、定西、鎮原、階、成、西和、蘭、會、環、金、德順、徽、金洋十五州。二十一年，仍置便宜都總帥府。二十五年，改爲宣慰使司兼便宜都總帥府。二十六年，行省言：「鞏昌便宜都總帥府已升爲宣慰司，以舊兼府事，别立散府，調官分治。」從之。

鞏昌府。金爲鞏州，屬臨洮路。元初，改鞏昌府。舊領隴西、通渭、定西、通西、安西五縣。金升定西爲州，析通西、安西隸之。至元十三年，以金之寧遠寨置寧遠縣，伏羌寨置伏羌縣，鹽川鎮置漳縣。户四萬五千一百三十五，口三十六萬九千二百七十二。壬子年數。領司一：録事司。縣五：隴西。下。寧遠。下。伏羌。下。通渭。下。宋通渭寨，金升渭縣。漳縣。下。宋名鹽川寨，金爲鎮。至元十三年，置縣。

平涼府。金故府，屬鳳翔路。元初，屬鞏昌帥府。舊領平涼、潘原、崇信、華亭、化平五縣。後省潘原縣入平涼，化平縣入華亭。領縣三：平涼。下。崇信。下。華亭。下。

臨洮府。金故府，屬臨洮路。元初，隸鞏昌帥府。泰定元年，更置臨洮總管。舊領狄道、當川、康樂三縣。元初，省當川、康樂二縣入狄道。至元十三年，升渭源堡爲渭源縣。領縣二：狄道。下。渭源。下。

慶陽府。金故府，屬慶原路。元初，隸鞏昌帥府。舊領安化、彭原、合水三縣。至元七年，併安化、彭原二縣入合水。領縣一：合水。下。

秦州。中。金故州，屬鳳翔路。元初，隸鞏昌帥府。舊領成紀、治坊、甘谷、清水、雞川、隴城、秦安七縣。至元七年，省雞川、隴城二縣入秦安，治坊縣入清水，甘谷縣入通渭。領縣三：成紀。中。清水。中。秦安。中。

隴州。中。金故州，屬鳳翔路。元初，隸鞏昌帥府。舊領汧陽、汧源、隴安三縣。至元七年省隴安縣入汧源。延祐四年，又省汧源縣入本州。領縣一：汧陽。下。

寧州。下。金故州，屬廣源路。元初，隸鞏昌帥府。舊領安定、定平、真寧、襄樂四縣。至元七年，省襄樂、安定、定平入本州。領縣一：真寧。下。

安定州。下。宋爲定西城，屬蘭州。金爲定西縣，升爲州，屬秦鳳路。元初，隸鞏昌帥府。至正十二年，以地震，改安定州。十五年，又置軍民安撫司。舊領通西、安西二縣。至元三年，省二縣入本州。

鎮原州。下。金原州，屬廣源路。元初，改鎮原州，隸鞏昌帥府。舊領臨涇、彭陽二縣。元初，以鎮戎州之東山、三川二縣來屬。至元七年，省四縣俱入本州。

西和州。下。宋岷州，徙治於長道縣之白石鎮，改西和州，屬秦鳳路。元初，隸鞏昌帥府。舊領祐川、大潭、長道三縣。大潭、祐川，軍興久廢。至元七年，省長道入本州。

環州。下。金故州，屬慶原路。元初，隸鞏昌總帥府。舊領通遠一縣，至元七年，省入本州。

金州。下。本宋蘭州龕谷寨。金升爲龕谷縣，又置金州，以龕谷縣爲治所。至元七年，省縣入本州。

靜寧州。下。金爲德順州，屬鳳翔路。元初，隸鞏昌帥府。舊領隴干、永洛、威戎、隆德、通邊、治平六縣。元初，省治平、永洛二縣入隴干。後復省隴干入本州，改爲静寧州。領縣一：隆德。下。威戎、通邊二縣，金末已廢。

蘭州。下。金故州，屬臨洮路。元初，隸鞏昌帥府。舊領定遠、阿干二縣。元初，置司候司。至元七年，省司候司入本州。至大中，以定遠縣改隸金州，後廢入金州。領縣一：阿干。下。

會寧州。下。金會州，屬臨洮路。元初，隸鞏昌帥府。至正十二年，以地震，改會寧州。舊領保川一縣。金末，州陷於河西，僑治州西南百里會川城，名新會州。元初，遷於保川縣，改保川縣爲西寧。至元七年，併縣入州。

徽州。下。元初，置南鳳州於鳳州之河池縣，又升永寧鄉爲縣，析鳳州之兩當縣，同隸南鳳州。至元元年，改爲徽州，七年，省河池、永寧二縣入本州。領縣一：兩當。下。宋徙治於廣鄉鎮，元因之。

階州。下。宋故州，屬秦鳳路。元初，隸鞏昌帥府。舊領福津、將利二縣，至元七年，省入本州。新州治在柳樹城，距舊城東八十里。

成州。下。宋故州，屬秦鳳路。元初，隸鞏昌帥府。舊領同谷、栗亭二縣。太宗十三年，宋成都將田世顯來降，命遷於栗亭管民司事，不隸成州。析秦州之天水縣來屬。至元七年，省同谷、天水二縣入本州。太宗十年，宋雷、李二將來降，命還於成州，行金洋州事，隸鞏昌帥府。舊《志》别立金洋州，誤。此是行金、洋二州事，非又置金洋州。

吐番等處宣慰司都元帥府以下宣慰司三、宣撫司二，俱隸宣政院。

河州路。下。金河州，屬臨洮路。元初，置河州路軍民總管府。舊領枹罕、寧河二縣。元初，省枹罕入本州，升定羌城爲定羌縣，安鄉關爲安鄉縣。領縣三：定羌。下。安鄉，下。寧河。下。

洮州路。下。金故州，屬臨洮路。元初，升洮州路，置元帥府。領縣一：可當。下。金故縣，元初因之。金《志》闕。

貴德州。下。本金積石州西界之地。元初，置貴德州，隸宣慰司，後廢。

積石州。下。宋積石軍溪哥城。金升爲州，屬臨洮路。元初置元帥府。

雅州。下。宋故州，屬成都路。憲宗八年，攻拔其城，改隸馬湖路。後改隸吐番宣慰司。領縣五：石山。下。瀘山。下。百丈。下。榮經。下。嚴道。下。石山、嚴道二縣，别隸六番招討使司。

黎州。下。宋故州，屬成都路。元初，隸馬湖路，後改隸吐番宣慰司。領縣一：漢源。下。

十八族元帥府。

帖成河里洋脱元帥府。

當陽元帥府。以上屬吐番宣慰司。

脱思麻路宣慰司都元帥府。本爲元帥府。至元三年，以西安州來屬。五年，又以岷州來屬。大德十一年，升爲宣慰司，以禮店文州萬户府隸之。領州三：

西安州。宋故州，屬秦鳳路。至元三年，來屬。

岷州。宋岷州，改西和州。元初，於祐川縣故地置岷州。至元七年，來屬。後置元帥府。

鐵州。沿革闕。

禮店文州蒙古漢兒軍民元帥府。至元九年置，後改隸吐番宣慰司。大德十一年，以屬吐番宣慰司不便，命仍隸脱思麻路。以上屬脱思麻路宣慰司。

松潘、客疊、威、茂等處軍民安撫司。至大二年，改爲宣撫司，遷治茂州汶川縣。

茂州。宋故州，屬成都路。領縣二：文山。下。汶川。下。

静州茶上必里溪安鄉等二十六族軍民千户所。

龍木頭都留等二十二族軍民千户所。

岳希蓬蘿匐村二十二族軍民千户所。

析藏軍民萬户府。以上屬松潘等處宣撫司。

碉門、魚通、黎、雅、長河西、寧遠等處軍民宣撫司。至元十九年，移成都宣慰司於碉門。大德二年，併土番碉門安撫司、運司，改爲碉門、魚通、黎、雅、長河西、寧遠軍民宣撫司。舊史《百官志》作安撫司，誤。

魚通路軍民萬户府。

碉門、魚通等處管軍守鎮萬户府。

長河西管軍萬户府。

朵甘思哈荅、李唐、魚通等處錢糧總管府。

亦思馬兒甘軍民萬户府。

朵甘思管軍民萬户府。

剌馬兒剛等處招討司。

奔不思招討司。

奔不兒亦思剛百姓達魯花赤。

唆尼招討司。

征沔招討司。

天全招討司。

六番招討司。以上屬碉門漁通宣撫司。

烏思藏、納里迷、古魯孫等三路宣慰使司都元帥府

烏思藏管蒙古軍都元帥府。

納里迷古魯孫元帥府。

擔裏管軍招討使司。

沙魯思管民萬户。

搽里八管民萬户。

速兒麻加瓦管民官。

撒剌管民官。

出密萬户府。

嶅籠答剌萬户府。

思答籠剌萬户府。

伯木古魯萬户府。

湯卜赤八千户所。

加麻瓦萬户府。
札由瓦萬户府。
牙里不藏思八萬户府。
迷兒萬户府。以上屬烏思藏宣慰司。
四川等處行中書省，領路十一、府二、屬府三，屬州三十九，軍一，屬縣九十四。蠻夷土官，不在此數。
西蜀四川道肅政廉訪司
成都路。上。宋爲成都府路。元初置成都路總管府。至元十三年，設録事司。舊領嘉定、崇慶二府，眉、邛、黎、雅、威、茂、簡、漢、彭、綿十一州。後嘉定自爲一路，以眉、黎、雅、邛隸之。二十年，又析黎、雅屬吐番招討司，茂州屬松潘等處安撫司，降崇慶爲州，省隆州入仁壽縣。舊領成都、華陽、郫、新都、温江、新繁、雙流、靈泉、廣都九縣。至元二十年，析靈泉縣隸簡州，省廣都縣入雙流，以仁壽、金堂二縣來屬。户三萬二千九百一十二，口二十一萬五千八百八十八。至元二十七年數。領司一：録事司。縣九：成都。下。宋爲府治所。至元十三年，以本縣元管大城内西北隅，併入録事司。華陽。下。新都。下。郫縣。下。温江。下。雙流。下。新繁。下。仁壽。下。本宋隆州，領仁壽、井研二縣。至元二十年，省隆州、井研入仁壽縣來屬。金堂。下。本宋懷安軍，領金水、金堂二縣。元初，升爲懷州。至元二十年，省懷州、金水入金堂縣來屬。

州七：

彭州。下。宋故州，屬成都府路。元初因之。舊領九隴、濛陽、崇寧三縣。至元中，省九隴縣入本州。領縣二：濛陽。下。崇寧。下。

漢州。下。宋故州，屬成都府路。元初因之。舊領雒、什仿、綿竹、德陽四縣。中統初，省雒縣入本州。領縣三：什邡。下。德陽。下。至元八年，升爲德州。十三年，仍爲縣，隸成都路。十八年來屬。按舊《紀》：十八年以漢州德陽縣屬成都路。《紀》、《志》抵牾，未審孰是。綿竹。下。至元十三年，省入州，後復置。

安州。下。宋石泉軍，屬成都府路。中統五年，升爲州。舊領石泉、神泉、龍安三縣。是年，又省神泉、龍安二縣入本州。領縣一：石泉。下。

灌州。下。宋永康軍，屬成都府路。後廢爲灌口寨。元初，復置灌州。至元十三年，省所屬導江、青城二縣入本州。

崇慶州。下。宋崇慶府，屬成都府路。至元十二年，置總管府。二十年，降爲崇慶州。舊領晉原、江原、新津、永康四縣。至元二十年，省江原縣入本州。領縣三：晉原。下。新津。下。永康。舊《志》漏此縣。《明一統志》：「本朝省永康入崇慶州。」可證。

威州。下。宋故州，屬成都府路。舊領保寧、通化二縣。至元十九年，省保寧縣入本州。領縣一：通化。下。

簡州。下。宋故州，屬成都府路。舊領陽安、平泉二縣。至元二十年，省陽安入本州。二十二年，又併成都府所屬靈泉縣入之。平泉縣以地荒，亦廢不置。

嘉定府路。下。宋嘉定府，屬成都府路。至元十三年，升爲路，置總管府，後罷。二十二年，復置。舊領龍游、夾江、犍爲、峨眉、洪雅五縣。二十五年，省洪雅縣入夾江。領司一：録事司。縣四：龍游。下。夾江。下。峨眉。下。犍爲。下。

州二：

眉州。下。宋故州，屬成都府路。至元十四年，改隸嘉定府路。舊領眉山、彭山、丹稜、青神四縣。至元二十年，省州治眉山縣及丹稜縣，併入本州。領縣二：彭山。下。青神。下。

邛州。下。宋故州，屬成都府路。至元十四年。置安撫司，兼行州事。舊領臨邛、火井、蒲江、依政、安仁、大邑六縣。元初，省火井、安仁入大邑。至元二十一年，省州治臨邛縣及依政、蒲江二縣入本州。領縣一：大邑。下。

廣元路。下。宋爲利州路端平，後地荒民散者十有七年。憲宗二年，命汪特格城利州。三年，置都元帥府。至元十四年，罷帥府，改爲廣元路總管府。十六年，以廣元等路爲四川北道，置宣慰司。十九年，罷，仍爲總管府。舊領綿谷、葭萌、昭化、嘉川四縣。至元十四年，省葭萌縣入昭化，省嘉川入綿谷。户一萬六千四百四十二，口九萬六千四百六。至元二十七年數。領縣二：綿谷。下。昭化。下。

府一：

保寧府。下。宋爲閬州，屬利州路，以兵亂，移治大獲山。憲宗八年，宋守將楊大淵降，置東川路元帥府。至元十三年，升保寧府。二十年，罷元帥府，改保寧路。後仍改爲府，屬本路。舊領閬中、蒼溪、南部、新井，奉國、新政、西水七縣。又置新得、小寧二州來屬。後併二州入閬中縣，又省奉國入蒼溪縣，新井、新政、西水入南部縣。領縣三：閬中。下。倚郭。蒼溪。下。南部。下。

州四：

劍州。下。宋爲龍慶府，屬利州路。至元二十年，改劍州。舊領普安、武連、陰平、梓潼、普成、劍門六縣。武連、陰平二縣久廢。至元二十年，省普成、劍門二縣入普安。領縣二：普安。下。梓潼。下。

龍州。下。宋爲政州，又改龍州，屬利州路。憲宗八年，宋守將王知府以城降。至元二十二年，省所屬江油縣入本州。

巴州。下。宋故州，屬利州路。舊領化城、恩陽、曾口、難江、通江五縣。至元二十年，省難江、恩陽二縣入化城。領縣三：

化城。下。曾口。下。通江。至元二十年，省通江入曾口縣。二十九年，廢新得州，又置通江縣。

沔州。下。宋故州，屬利州路。至元十四年，隸廣元路。舊領略陽、長舉二縣。至元二十年，廢褒州，置鐸水縣，遷州治於鐸水，又降大安州爲縣來屬，省所屬長舉縣及興元府之西鄉縣入略陽。領縣三：鐸水。下。倚郭。本西縣舊鎮，世祖始以其地升爲褒州，改鎮爲縣。大安。下。略陽。下。沔州舊治略陽，元移治鐸水縣。

順慶路。下。宋爲順慶府，屬潼川府路。以兵亂，徙治青居山。憲宗八年，宋裨將劉淵以城降。中統元年。置征南都元帥府。至元四年，置東川路統軍司。後改東川府。十五年，復改順慶府。十六年，置四川東道宣慰司。十九年，罷。二十年，升爲路，設録事司。舊領南充、西充、流溪三縣。至元二十年，省所屬流溪縣入西充。户二千八百二十一，口九萬五千一百五十六。至元二十七年數。領司一：録事司。縣二：南充。下。至元二十年，併合州之漢初縣入之。西充。下。

府一：

廣安府。宋爲廣安軍，又改寧西軍，屬潼川府路，後城大良平爲治所。憲宗八年，宋守將蒲元圭以城降。至元十五年，廢寧西軍。二十年，置廣安府。舊領和溪、新明、渠江、岳池四縣。至元二十年，省和溪、新明二縣入岳池。領縣二：渠江。下。倚郭。岳池。下。

州二：

蓬州。下。宋故州，屬利州路。元初，置宣撫司都元帥府，後罷。至元二十年，又置蓬州路總管府。後復爲蓬州。舊領蓬池、良山、儀隴、伏虞、營山、相如六縣。至元二十年，省良山縣入營山，併蓬池、伏虞二縣入儀隴。領縣三：相如。下。倚郭。省金城寨入之。宋州治蓬池，至元二十年，蓬池省併，移治相如。儀隴。下。營山。下。

渠州。下。宋故州，屬潼川府路。中統三年，置渠州路軍民總帥府。至元十三年，置安撫司。二十年，罷安撫司爲渠州來屬。舊領流江、鄰水、鄰山、大竹四縣。至元二十年，併鄰水、鄰山二縣入大竹。領縣二：流江。下。至元二十六年，省入本州。後復置。大竹。下。

潼川府。宋故府，屬潼川府路。兵後地荒。中統元年，置潼川都元帥府。至元十五年，置宣慰司。後仍爲散府。舊領郪、中江、涪城、射洪、通泉、鹽亭、銅山、飛烏、東關、永泰十縣。元初，增置安岳縣。至元二十年，省涪城縣入郪縣，通泉縣入射洪，銅山、飛烏二縣入中江，東關、永泰二縣入鹽亭。領縣五：郪縣。下。倚郭。中江。下。射洪。下。宋末，縣省。元初，復置。鹽亭。下。安岳。下。宋普州，領安岳、樂至、安居三縣，後州縣俱廢。元初，復置安岳縣，併安居、樂至二縣地入之。

州二：

遂寧州。下。宋爲遂寧府，屬潼川府路。兵亂，權治蓬溪。元初，改爲州。舊領小溪、長江、蓬溪、青石、遂寧五縣。至元十九年，併遂寧、青石二縣入小溪，長江縣入蓬溪。領縣二：小溪。下。蓬溪。下。宋末縣省，元復置。

綿州。下。宋故州，屬成都府路。至元二十年，改隸潼川府。舊領巴西、彰明、魏城、羅江、鹽泉五縣。鹽泉久廢。至元二十年，省巴西、魏城二縣入本州。領縣二：彰明。下。羅江。下。

永寧路。下。宋爲瀘州江安、合江二縣之境。元初置西南番總管府。至元二十五年，改爲永寧路。領縣一：定川。下。

州一：

筠連州。下。宋羈縻州筠州、連州，元初，合爲一。州領縣一：騰川。下。

九姓羅氏黨蠻夷長官千户所。元初立夷民羅氏黨九人爲總把，至元中改爲長官千户。

四川南道宣慰司至元十六年置。

重慶路。上。宋爲重慶府，屬夔州路。以兵亂，遷治無常。至元十六年，置重慶路總管府。二十一年，升爲上路，析忠、涪二州爲屬郡。二十二年，又以瀘、合二州來屬。舊領巴、江津、壁山三縣。至元二十年，以南川縣來屬，廢南平軍入之。二十二年，省壁山縣入巴縣。後至元四年，又置墊江縣。户二萬二千三百九十五，口九萬三千五百三十五。至元二十七年數。領司一：録事司。縣四：巴縣。下。倚郭。江津。下。至元十六年，賜四川行省參政昝順田民百八十户於江津縣。南川。下。至元十二年，省重慶府隆化縣入之。墊江。下。

州六：

瀘州。下。宋故州，屬潼川府路。宋守將劉整以城歸附。宋人復取之，改江安州，徙治江南。至元十六年，復改瀘州，還故治。二十二年，來屬重慶路。舊領潼川、合江、江安、納溪四縣。至元二十年，省瀘川縣入本州。領縣三：江安。下。納溪。下。合江。下。宋治安樂故城，元升爲合江州，移治神臂江南。至元二十八年，復爲縣。

忠州。下。宋爲忠州，又升咸淳府，屬夔州路。元初，仍爲忠州。舊領臨江、豐都、墊江、南賓、龍渠五縣。龍渠縣久廢。至元中，省臨江縣入本州，省墊江縣入豐都。領縣三：臨江。下。南賓。下。豐都。下。

合州。下。宋故州，屬夔州路，後遷州治於釣魚山。至元十五年，宋將王立以城降，復還舊治。二十二年，來隸重慶路。舊領録事司，石照、漢初、赤水、銅梁、巴川五縣。至元二十年，省隸事司及巴川縣入銅梁，赤水縣入石照，漢初縣入順慶路之南充，又省昌州及永昌、昌元二縣入大足縣來屬。領縣五：銅梁。下。舊治在縣北列宿壩，後移治涪江南岸東溪壩。元初，移今治，省巴江縣入之。定遠。下。本宋地，名女菁平。至元四年，便宜都總帥汪良臣立寨於母章德山。五年，改爲定遠城，置武勝軍，行和溪安撫司事。後復改定遠州。二十四年，降爲縣。石照。下。《明一統志》：元省石照縣入本州。其省入年分闕。大足。下。舊隸昌州，至元二十年，州廢來屬。昌寧。下。本昌元縣。至元二十年，省入大足縣。後復置今縣。

涪州。下。宋故州，屬夔州路，後移治三臺山。元初，復舊治。舊領涪陵、賓化、樂温、武龍四縣。賓化縣久廢。至元二十年，省涪陵、樂温二縣入本州。領縣一：武龍下。

資州。下。宋故州，屬潼川府路，元初省入簡州，後復置。舊領盤石、資陽、内江、龍水四縣，盤石、資陽、龍水三縣久廢。領縣一：内江。下。

珍州。下。宋故州，屬夔州路。領縣二：樂源。下。綏陽。下。

紹慶路。下。宋紹慶府，屬夔州路。至元二十八年，置總管府。泰定四年，紹慶路四洞酋何者等降，並命爲蠻夷長官，仍設巡檢司以撫之。户三千九百四十四，口一萬五千一百八十九。至元二十七年數。領縣二：彭水。下。黔江。下。

紹熙路。下。宋紹熙府，元初廢。至正初，置紹熙路總管府。領縣四：營懷。下。威遠。下。資官。下。應靈。下。

懷德府宣撫司至順二年，四川行省招諭懷德府驢谷什用等四洞及生蠻十二洞内附。詔升懷德府爲宣撫司以領之，諸洞各設長官司及巡檢司。

領州四：

來寧州。下。

柔遠州。下。

酉陽州。下。宋思州，又改酉陽州，元初因之。領縣三：務川。下。中水。下。寧夷。下。

服州。下。

石柱軍民宣撫司。宋石柱安撫司，元初改宣撫司。

石耶洞軍民府。本石柱宣撫司地，元初析置軍民府。

邑梅沿邊溪洞軍民府。元初改併鄉洞，置軍民府。

夔州路。下。宋爲夔州都督府。至元四年，置夔府路總帥府，戍開州。十五年，改夔州路總管府，以施、萬、雲安、大寧四州來屬。二十二年，又以開、達、梁山三州來屬。二十五年，析施州清江縣地入本路。户二萬二十四，口九萬九千五百九十八。至元二十七年數。

領司一：録事司。縣二：奉節。下。巫山。下。

州七：

施州。下。宋故州，屬夔州路。舊領清江、建始二縣。至元二十二年，省清江縣入本州。領縣一：建始。下。

達州。下。宋故州，屬夔州路。至元十五年，隸四川東道宣慰司。二十二年，改隸夔州路。舊領通川、永睦、新寧、巴渠、東鄉、明通六縣。永睦、巴渠、明通、東鄉四縣，至元中並省。領縣二：通川。下。新寧。下。宋《志》作新興，誤。

梁山州。下。宋爲梁山軍，屬夔州路。至元二十二年，改爲州。領縣一：梁山。下。

萬州。下。宋故州，屬夔州路。舊領南浦、武寧二縣。至元二十年，省南浦縣入本州。領縣一：武寧。下。

雲陽州。下。宋爲雲安軍，屬夔州路，又析置安義縣，尋爲雲安監。至元十五年，置雲安軍。二十年，升雲陽州，省雲安監入之。

大寧州。下。宋爲大寧監，屬夔州路。至元二十年，升爲州，省所屬大昌縣入之。

開州，下。宋故州，屬夔州路。舊領開江、清水二縣，元初，俱省入本州。

叙南等處蠻夷宣撫司大德七年，改叙州宣慰司爲叙南等處宣撫司。後至元三年，立横江巡檢司。

叙州路，下。宋戎州，屬潼川府路，後改叙州。宋末，城登高山爲治所。至元十二年，宋將郭漢傑以城降。十三年。置安撫司，未幾徙治三江口。罷安撫司，仍爲叙州。十八年，升爲路。二十二年，復置安撫司。二十三年，復爲路。舊《紀》：降叙州爲縣，誤。隸蠻夷宣撫司。領縣四：宜賓。下。有憲宗神御殿。慶符。下。南溪。下。宣化。下。宋舊縣，後廢爲鎮。元初，復置縣。

州二：

富順州。下。宋富順監，屬潼川府路。至元十二年，置富順監安撫司。二十年，罷安撫司，置富順州。

高州。下。宋爲羈縻州，後屬長寧軍。熙寧八年，夷人得個祥獻十州，内有高州。至元十五年，雲南行省遣使招諭内附。十七年，知州郭安復行州事。

馬湖路。下。本馬蠻地。宋時，蠻主屯於湖内。至元十三年内附。十九年，置總管府，遷於夷部溪口，瀕馬湖之南岸爲府治。二十五年，以沐川等五寨析隸嘉定者，還隸本府。領州二：

長寧州。下。本羈縻州，宋政和中建爲長寧軍。至元十二年，守將黄立以城降。二十二年，設録事司，後與所屬安寧縣俱省入本軍。泰定二年，又改軍爲州。

戎州。下。宋晏州，爲羈縻州。熙寧八年，夷人得個祥獻。至元十三年，蠻夷部宣撫司遣使招諭。十七年，部長得蘭紐來見，授大壩都總管。二十二年，升爲戎州，州治在箐前。所領長官司六：

泥溪長官司

平夷長官司。

蠻夷長官司。

夷都長官司。

雷波長官司。

沐川長官司。以上六長官司，宋俱爲馬湖部落。後至元二年，併爲三長官司。

鎮安路。下。領州一：

上林州。下。

長官司三：

鹿林蠻夷長官司。

鹿長蠻夷長官司。

諸部蠻夷長官司。

上羅計長官司。領蠻地羅計、羅星，乃古夜郎境，爲西南種族。宋設長寧軍，十州族姓俱效順，長、寧、晏、奉、高、薛、鞏、淯、思、峨等十州。各授以官。其後分姓他居，遂有上、下羅計之分。至元十三年，宣撫昝順引本部夷酋得賴阿當歸順，授得賴阿當千户。十八年，黎州同知李奇以武略將軍來充羅星長官。二十二年，夷人叛，誘誅羅星夷，行樞密院討平之。

下羅計長官司。本唐珙州，領蠻地，與叙州、長寧軍相接。至元十二年，長寧知軍率之内附。十三年，昝順引夷酋得顔個詣行樞密院降，奏充下羅計蠻夷千户。二十二年，諸蠻皆叛，惟本部無異志。後復爲珙州。

四十六囤蠻夷千户所。領豕蛾夷地，在慶符縣南抵定川。唐羈縻定州之文江縣也。至元十四年收附，宣慰使昝順招撫騰串豕蛾昔霞等部。於慶符縣僑置千户所，領四十六囤，曰黄水口上下落骨，山落牟許滿吴，麽落財，麽落賢，騰息奴，屯莫面，落搔，麽落梅，麽得辛，上落松，麽得會，麽得惡，落魂，落昧下村，落島，麽得亨，落燕，落得慮，麽得了，麽騰斛，許宿，麽九色，落搔屯右，麽得晏，落能，山落寡，水落寡，落得雷，麽得具，麽得淵，騰日彭，落昧上村，賴扇，許焰，騰朗，周頭，賣落炎，落女，愛答落，愛答速，麽得奸，阿郎頭，下得辛，上得辛，愛得婁，落鷗。

諸部蠻夷：

秦加大散等洞。以下各設蠻夷官。

斜崖冒朱等洞。

隴堤紂皮等洞。

石耶洞。

散毛洞。元初爲柔遠州。至元三十一年，散毛洞主覃順來貢方物，升其洞爲府。至正元年，降詔諭死可伐，散毛洞蠻覃全在叛，招降之，以爲散毛誓厓等處軍民宣撫使，置官屬。按《百官志》有「散毛洞安撫司」，疑「宣撫」爲字誤也。

彭家洞。

黑土石等處。

市備洞。至元十七年，施州、市備、大盤、散毛等洞款納。

樂化、兀都剌布、白享羅等處。

洪望、册德等族。

大江九姓羅氏。泰定三年湖廣行省奏九姓長官招降叛蠻，當即羅氏也。

水西。

鹿朝。

阿永蠻部。至元二十一年，酋長阿泥入覲，自言阿永鄰境烏蒙等蠻悉隸皇太子位，請依例附屬。詔從其請隸官府。

師壁洞安撫司。至元二十八年，賜師壁洞安撫司、師壁鎮撫所、師羅千户所印。至正十一年，師壁安撫司土官田驢什用、盤順府土官墨奴什用降，立長官司四，巡檢司七。

永順等處軍民安撫司。至大二年，以永順保靖南渭安撫司改永順等處安撫司。至正十一年，改宣撫司。按舊《志》以南渭州、保靖州屬新添葛蠻，隸湖廣行省，當是至大三年改永順安撫司後之制。

阿者洞。延祐七年，慈利州賊結懷德府阿者洞驢各什用、謝甲洞巨仙什用、恩石洞没爾什用、安壩洞重達義等入寇。阿者洞、謝甲洞又隸懷德府，未審何時改屬。

謝甲洞。至正十二年，向亞甲洞主墨得什用出降，立盤順府。向亞甲即謝甲。

上安下壩。

阿渠洞。

下役洞。

驢虛洞。

錢滿等處。

水洞下曲等寨。

必藏等處。

酉宜等處。

雍邦等處。

崖筍等處。

冒朱洞。

麻井柘歌等寨。

新附嵬羅金井。

沙溪等處。

宙窄洞。

新容米洞。至正十年，立四川容美洞軍民總管府。容美即容米也。至大元年，唐伯圭言：「十七洞之衆，惟容米洞、岡吉洞、抽攔洞有兵一千餘，皆不足懼。可分四道進兵：其一自紅沙寨直趨容米坑、珍昧惹、謝加阿惹、石驢等洞，其一從苦竹寨抵桑廚、上桑廚、抽攔洞，其一由紹慶至沙手摩大科、陽蔓師、大翁迦洞〔一〕，其一徵叉巴等洞兵接應。如此可平。」按伯圭所言各洞，多舊《志》所無。今附載容米洞下，以資參考。

甘肅等處行中書省。領路七、州二，屬州五。至元十八年，置行中書省。二十二年，罷，置宣慰司。隸寧夏行省。二十三年，復行省，罷宣慰司。

河西隴北道肅政廉訪司本爲鞏昌道。大德六年，移治甘州。至正三年，改河西隴北道。

甘州路。上。西夏改唐甘州爲宣化府。元初，仍爲甘州。至元元年，置甘肅路總管府。三年，置宣慰司。五年，罷宣慰司。舊《紀》作宣撫司，乃字誤。八年，改甘州路總管府。户一千五百五十，口二萬三千九百八十。至元二十七年數。

永昌路。下。宋爲西涼府，西夏因之。太祖二十一年，克西涼府及所屬槊羅、河羅等縣。至元十五年以永昌王宫殿所在，置永昌路，降西涼府爲州。領州一：

西涼州。下。

巡檢司一：

古浪城巡檢司。唐和戎城故地。

肅州路。下。宋爲肅州，西夏因之。太祖二十一年，克肅州。至元七年，置肅州路總管府。户一千二百六十二，口八千六百七十九。至元二十七年數。

沙州路。下。宋爲沙州，西夏因之。太祖二十二年，克沙州，隸拔都大王。至元十四年，復置沙州。十七年，升沙州路總管府。以貧民乞糧，須白於肅州路，往來甚遠，故升沙州爲路。領州一：

瓜州。下。宋爲瓜州，西夏因之。西夏亡，州廢。至元十四年，復立，二十八年，徙居民於肅州，但名存而已。

亦集乃路。下。在肅州東北五百里，城東北有大澤，西北俱沙磧。西夏立威福軍。太祖二十一年，歸附。至元二十三年，置總管府。舊領山丹、西寧二州，後並直隸行省。

寧夏府路。下。西夏爲興州，升興慶府，又改中興。太祖二十二年，西夏主李睍以城降。中統二年，置行省於中興府。至元八年，立西夏中興等路行尚書省。九年，改爲行中書省。十年，罷。二十四年，以中興府隸甘肅行省。二十五年，置寧夏路總管府。三十一年，分省按治寧夏。尋併歸甘肅行省。領州三：按至元十二年，於中興路改置懷遠、靈武二縣，分處新民。省併年分闕。

靈州。下。宋爲靈州，西夏改翔慶軍。元初，仍立州。

鳴沙州。下。宋靈州鳴沙縣，西夏因之。元初，升鳴沙州。

應理州。下。西夏爲應理縣。太祖二十一年，克應理縣，後升爲州。

山丹州。下。宋爲删丹縣。西夏取之。置甘肅軍。元初，爲阿只吉大王分地。至元六年，行山丹城事，譌删爲山字。二十二年，升爲州，直隸行省。

西寧州。下。吐番青唐城，宋改爲西寧州。元初，章吉駙馬分地。至元二十三年，置西寧州等處拘榷課程所。

兀剌海路。太祖二年，伐西夏，克兀剌海城。故城在龍骨山與山丹州接界。

【校勘記】

〔一〕「沙手摩大科」，本書卷二四八列傳第一百四十五《雲南湖廣四川等處蠻夷》作「挲摩大科」。

新元史卷之四十九　志第十六

地理志四

雲南諸路行中書省。領路四十二、府七，屬府三，屬州五十六，屬縣五十三。甸寨軍民等府，不在此數。

雲南諸路道肅政廉訪司治中興路。至元二十七年，置雲南行御史臺。二十九年，徙行御史臺於西川，設雲南道肅政廉訪司。三十年，復立行臺。大德二年，罷，復置肅政廉訪司。又至順二年，置雲南等處宣慰司都元帥府，舊《志》不書，當爲元統後所罷。

中慶路。上。唐姚州。南詔蒙氏爲善闡府。至大理段氏，以高智昇領善闡牧，世有其地。憲宗三年，世祖征大理，收府八，善闡其一也。憲宗五年，置萬户府十有九，分善闡爲萬户府四。至元七年，改爲路。八年，分大理國三十七部爲南北中三路，路設達魯花赤并總管。十三年，置雲南行中書省，分置州縣，改善闡爲中慶路。領司一：録事司。縣三：昆明。中。倚郭。憲宗四年，分其地立千户二。至元十二年，改善州，領昆明、官渡二縣。二十一年，廢州存縣。尋又省官渡縣入焉。富民。下。唐匡州。烏蠻酋些門些禾即其地築馬舉籠城，號梨瀼甸。至元四年，立梨瀼千户所。十二年，改爲富民縣。

宜良。下。唐匡州。爨酋囉氏即其地築囉哀籠城。憲宗六年，立宜良匡城及大池千户所，隸嵩盟萬户府。至元十三年，升宜良州，領大池、匡地二縣。二十一年，州罷爲縣，省二縣入焉。

州四：

嵩盟州。下。舊《志》作嵩明，誤脱「盟」字下半，《明一統志》可證。治沙札卧城。烏爨車氏等居此，後爲枳氏所奪，因名枳磑。漢人嘗立長州，築金城及阿葛城，與爨盟，故又名其地曰嵩盟。蒙氏置長州，段氏改嵩盟郡。憲宗六年，置嵩盟萬户府。至元十二年，復改長州。十五年，升嵩盟府。廿二年，降爲州。領縣二：楊林。下。雜種爨枳氏、車氏、斗氏、麽氏所居。城東門内有石如羊，因名羊林。憲宗七年，立羊林千户所。至元十二年，改爲楊林縣。邵甸。下。治白邑村。車爨、斗爨舊名爲東甸，土音以東爲邵。憲宗七年，立邵甸千户。至元二十二年，改爲縣。

晉寧州。下。蒙氏改唐晉寧縣爲陽城堡部，段氏因之。憲宗七年，置陽城堡萬户府。至元十二年，改晉寧州。舊領三縣：晉寧、呈貢、歸化。後併晉寧縣入本州。領縣二：呈貢。下。世爲烏白、些門、些莫、徒阿、茶夾五種爨所居，號晟貢城。憲宗六年，立呈貢千户所。至元十二年，析詔營、切龍、呈貢、雌甸、塔羅、和羅忽六城及烏納山立呈貢縣。歸化。下。舊爲安江城，有吴氏居之，因名大吴龍，後爲些莫徒爨永偈所據，世隸善闡。憲宗六年，分隸呈貢千户。至元十三年，割大吴龍、安江、安溯立歸化縣。

昆陽州。下。南寧夷爨翫降，隋拜昆州刺史，即此地。至唐没於南詔。其後大理以高氏治之，名巨橋城。憲宗併羅富等十二城，立巨橋萬户府。至元十三年，改昆陽州。舊領三縣：三泊、易門、河西，後併河西縣入本州。領縣二：三泊。下。僰、獠所居之地，後爲大理所有，以隸善闡。至元十三年，於那龍城置三泊縣。易門。下。治市坪村。烏蠻酋紳磨由男所居之地。段氏時，高智昇治善闡，以高福世守其地。至元四年，立洟門千户所。十二年，改爲縣。縣西有泉曰洟源，譌爲易門。

安寧州。下。唐安寧縣。蒙氏以蠻酋蘇阿褒治之，段氏以善闡酋孫氏爲安寧城主。後袁氏、高氏互有其地。憲宗七年，隸陽城堡萬户府。至元三年，置安寧千户所。十二年，改安寧州。舊領三縣：禄豐、羅次、大甫。後省大甫縣入本州。領縣二：禄豐。下。舊爲禄琫甸白村，烏僰蠻居之，以地瘴熱，遷徙不常。段氏時，高智昇子義勝治其地。至元十三年，割安寧千户所之禄琫、化泥、驥宗龍三處立禄豐縣。因江中有石如甑，蠻語石爲禄，甑爲琫，譌爲禄豐也。羅次。下。治壓磨吕白村，本烏蠻羅部地。至元十二年，置羅次州，隸中慶路。二十四年，改爲縣，隸本州。

威楚開南等路。下。夷名俄碌睒。爨蠻築城居之，城名威楚。蒙氏以此地屬銀生節度。段氏以銀生屬姚州，又名當筋睒，又改爲白鹿郡，又爲威楚郡。高昇泰執大理國柄，封其侄量成於威楚，築外城號德江城〔一〕，傳至裔孫長壽。憲宗三年，歸附。六年，立威楚萬户府。至元八年，改威楚路，置總管府。後改宣慰司，又仍爲總管府。舊領威楚、定遠、南寧三縣。後省南寧縣入定遠，改崿嘉千户所爲崿嘉縣。領縣三：威楚。下。倚郭。唐故縣，爲爨蠻所據。元初，立千户所。至元十五年，升爲威州，立富民、净樂二縣。二十一年，降爲威楚縣，併二縣入之。定遠。下。唐髳州。夷名直睒，蒙氏改牟州，以爨酋撻葛守之，築新城曰耐籠。高氏又命雲南些莫徒酋夷羨徙二百户於黄蓬穽。憲宗四年，立牟州千户所，黄蓬穽爲百户。至元十二年，改定遠州，黄蓬穽改南寧縣。後改州爲縣，併南寧縣入之。

峨嘉。下。

州四：天曆二年，威楚路黄州土官哀放入貢，乃羈縻州。

鎮南州。下。濮落蠻所居川名欠舍，中有城曰雞和，蒙氏置石鼓縣，又於沙卻置俗富郡，即今州治也。大理時，欠舍、沙卻之地俱爲高氏所有。憲宗三年，内附。七年，置欠舍千户、石鼓百户。至元二十二年，改欠舍千户爲鎮南州，立定邊、石鼓二縣。二十四年，省二縣入本州。州屬尚有安遠一縣，省併年分闕。

南安州。下。黑爨蠻所居寨名摩楚，大理時爲高氏所據。憲宗立摩芻千户，隸威楚萬户府。至元十二年，改爲南安州，隸本路。領縣一：廣通。下。夷名路睒。蒙氏立路睒縣，大理時爲高氏屬地。其後宜州酋些莫徒裔易哀等附之，至高長壽遂移居路睒，築城曰龍戲新柵。憲宗七年，内附，立路睒千户。至元十二年，改爲廣通縣。

開南州。下。蒙氏爲銀生府，分十二甸，昔濮、和泥二種蠻所居。後爲金齒白蠻所據，蒙氏、段氏皆莫能復。中統三年，討平之，以所部隸威楚萬户府。至元十二年，置爲開南州。

威遠州。下。其川有六，昔濮、和泥二種蠻所居。後爲白夷酋阿只步等所據。中統三年，討平之。至元十二年，置爲威遠州，與開南並隸威楚路。

武定路軍民總管府。下。本玀鹿等蠻所居之地。至大理，使烏蠻阿剹治此，其裔孫法瓦浸盛，併納洟朊共籠等地，以其遠祖羅婺爲部名。憲宗四年，内附。七年，置羅婺萬户府。至元八年，併所隸仁德、于矢二部入羅婺，爲北路總管府。十一年，割出仁德、于矢二部，改本路爲武定。領縣一：

南甸。下。本路所治蠻名瀼甸，又曰洟陬籠。至元二十六年置縣。

州二：

和曲州。下。僰𤠫諸種蠻所居，名叵簉甸。蒙氏時，白蠻據其地。至段氏，以烏蠻阿剹併吞諸蠻聚落三十餘處，分兄弟子姪治之，皆隸羅婺部。憲宗六年，改叵簉甸曰和曲。至元二十六年，升爲州。領縣一：元謀。下。舊名華竹，又曰環州。至元十六年，改爲縣。

禄勸州。下。舊名洪農碌勸甸，易籠蠻所居。至元二十六年，置禄勸州。領縣二：易籠。下。地名培場，有二水，合流繞城而東。蠻語洟爲水，籠爲城，故又名易籠。羅婺部大酋居之，爲羣蠻會集之地。至元二十六年，置易籠縣。石舊。下。舊有四甸：曰掌鳩，曰法塊，曰抹捻，曰曲蔽。後譌掌鳩爲石舊。至元二十六年，置縣。

鶴慶路軍民總管府。下。夷名其地爲白鶴川及樣共川，隸於越析詔。蒙氏合六詔爲一，於樣共置統謀郡。憲宗三年，内附，爲鶴州。七年，立二千户所，仍稱統謀，隸大理萬户府。至元十一年，罷統謀千户，復爲鶴州。二十年，爲燕王分地，隸行省。二十三年，升爲鶴慶府。尋改爲路。領縣一：劍川。下。夷名義督羅魯城，一名劍川。昔浪穹詔與南詔戰，敗走保劍川，改稱劍浪詔。後爲南詔所併，置劍川節度。大理時，改爲義督瞼。憲宗四年，内附。七年，立義督千户所。至元十一年，罷千户，立劍川縣。

雲遠路軍民總管府。本南詔乞藍夷地。元貞二年，雲南省臣也先不花征乞藍，拔瓦農、開陽二寨，其黨答剌率諸蠻來降，乞藍悉平，以其地爲雲遠路軍民總管府。

徹里軍民總管府。爲倭泥、貉玃、蒲剌、黑角諸蠻雜居之地。世祖命兀良合䚟伐交趾，經其地，悉降之。至元中，置徹里軍民總管府，領六甸。按大德中，雲南行省言：乞别立徹里軍民宣撫司。泰定二年，又立車里軍民總管府。疑廢置不常，故罷而復立也。

廣南西路宣撫司。宋特磨道，儂智高後裔居之。至元中，立廣南西路宣撫司。舊領路城、上林、羅佐、安寧、富州五州。後析路城、上林、羅佐三州隸來安路。本路領州二：

安寧州。下。富州。下。

麗江路軍民宣撫司。烏蠻麽、些所居之地，爲越析詔之屬部。後隸南詔，置麗水節度。宋時，爲蠻酋蒙醋醋所據，段氏莫能制。憲宗三年，世祖征大理，自卞頭濟金沙江，麽、些酋拒守。四年春，討平之，置茶罕章管民官。至元八年，置宣慰司。十三年，改麗江路，置軍民總管府。二十二年，府罷，立宣撫司。領府一：

北勝府。舊爲施蠻之地。南詔異牟尋取之，名北方賧，徙瀰河白蠻及羅落、麽、些諸蠻以實其地，號成偈賧，又改名善巨郡。大理段氏使高大惠治此郡，改名成紀鎮。憲宗三年，其酋高俊内附。至元十五年，立爲施州。十七年，改爲北勝州。二十五年，升爲府。雲南行省言：「金沙江西通安蘭五城，宜依舊隸茶罕章宣撫司。金沙江東永寧等處五城宜廢，以北勝施州爲北勝府。」本府領州三：

順州。下。夷名牛賧。南詔異牟尋徙諸浪人居之，與羅落、麽、些蠻雜處。後羅落蠻酋成斗族漸大，自爲一部，遷於牛賧，至十三世孫自瞠，猶隸大理。憲宗三年，内附。至元十五年，改牛賧爲順州。

蒗渠州。下。夷名羅共賧。羅落、麽、些三種蠻世居之。至元九年，内附。十四年，立寶山、莨渠二縣。十六年，改寶山、莨渠二縣爲州。本屬麗江路，後改屬北勝府。

永寧州。下。夷名樓頭賧，接吐番東徼，地名賧藍。麽、些蠻泥月烏逐出吐番，居此地。憲宗三年，其三十三世孫和字内附。至元十六年，改爲州，屬北勝府。

州四：

通安州。下。夷名三賧，爲越析麽些詔地，併於南詔，僰緬蠻居之，其後麽、些蠻又據之，世屬段氏。憲宗三年，其裔孫麥良内附。中統四年，以麥良爲三賧管民官。至元九年，其子麥兀襲父職。十四年，改爲通安州。

蘭州。下。南詔獷蠻地，名羅眉川，段氏始置蘭滄郡，以董慶者治之。後周氏疆盛，與董氏分爲二部，以蘭滄江爲限。憲宗四年内附，隸茶罕章管民官。至元十二年，改蘭州。

寶山州。下。麽、些蠻地。其先自樓頭徙此。世祖征大理，自卡頭濟江。圍大匱等寨。其酋内附，名其寨曰察罕忽魯罕。至元十四年，以大匱七處置寶山縣。十六年，升州。

巨津州。下。濮、獹二蠻之地，名羅波九睒。後爲麽、些蠻所奪，又爲蒙氏所併，屬麗水節度。憲宗三年，内附。至元十四年，於九睒置巨津州，以橋爲南詔、吐番來往之通津，故名。領縣一：臨西。下。大理極邊之地，夷名羅衰間，居民皆麽、些二種蠻。至元十四年，立臨西縣，以西臨吐番，故名。

東川府路。下。本大理國閟畔部。憲宗時，置萬户。至元十五年，改軍民府。二十八年，罷雲南四州，置東川府。至元十一年，立雲南鄧、川、趙、姚四州。當是罷此四州，置東川府。

茫部路軍民總管府。下。至元中置。領州二：

益良州。下。强州。下。

孟傑路。下。泰定三年，八百媳婦蠻請官守，置木安、孟傑二府於其地。

木安路。下。泰定三年置。

普安路。下。南詔東邊東爨烏蠻七部落居之。其後爨酋阿宋據其地，號于矢部，世爲酋長。憲宗七年，内附，命爲于矢萬户。至元十三年，改普安路總管府。明年，更立招討司。十六年，改宣撫司。二十二年，罷司爲路。

曲靖等路管軍總管府。唐爲曲州、靖州，後没於南詔蒙氏，置石城郡。段氏因之。後爲磨彌蠻酋所據。憲宗六年，内附，置磨彌部萬户府。至元八年，改爲中路。十三年，改曲靖路總管府。二十年，隸皇太子位下。二十五年，升宣撫司。二十八年，以曲靖路宣撫司改立管軍總管府。領縣一：南寧。下。倚郭。唐爲南寧州，治石城，後没於南詔蒙氏，改石城郡。段氏時，烏蠻酋據其地。憲宗三年，内附。六年，立千户所。至元十三年，升南寧州。二十二年，降爲縣。

州五：

陸涼州。下。南詔落温部蠻據其地。憲宗三年，内附，置落温千户所，隸於落蒙萬户。至元十三年，改爲陸涼州。領縣二：芳華。落温部之地，夷名忻歪，又名部封。元初，置千户。後改爲縣。河納。下。治蔡村。蒙氏置陸郎縣。元初，復併於落温部，置百户。至元中，改河納縣。

越州。下。舊爲魯望川，普麽部蠻居其地。憲宗四年，内附。六年，置千户所。至元十二年，改越州。

羅雄州。下。舊爲塔敝納夷甸。相傳槃瓠之裔，有羅雄者，前居此甸。至其孫普恐，名其部曰羅雄。憲宗四年，内附。七年，隸普磨千户。至元十三年，析夜苴部爲羅雄州。

領縣一：亦佐。下。本夜苴部地。至元十三年，置縣。

馬龍州。下。夷名撒匡。僰刺蠻居之，後爲納垢蠻部所奪。至羅苴内附，置千户所。至元十三年，改爲州。即馬龍舊城也。領縣二：

馬龍，下。通泉。下。本通泉鄉，納垢蠻之孫易陬分居其地。元初，爲易籠百户，後改爲通泉縣。

霑益州。下。唐爲西平州，又改盤州。後没於南詔，爲僰、刺二種蠻所居。磨彌部又奪之。元初，其孫普垢剾内附。憲宗七年，以本部隸磨彌萬户府。至元十三年，改霑益州。領縣三：交水。下。治易陬籠城。磨彌部酋蒙提居之。後大理高氏逐其子孫，而有其地。憲宗五年，内附。至元十三年，立爲縣。後至元二年，與羅山、石梁併入巡檢司。石梁。下。石梁山。本伍勒部酋世居其地。至元十三年，立爲縣，後併入巡檢司。二十四年，復立。羅山。下。夷名落蒙山，乃磨彌部東境。至元十三年，立爲縣，後併入巡檢司。

澂江路。下。唐南寧、昆二州地。後没於南詔，名羅伽甸，麽、些蠻居之，又爲僰蠻所奪。蒙氏置河陽郡。大理段氏析爲三部：曰强宗，曰休制，曰步雄。步雄部後居羅伽甸者，又號羅伽部。憲宗四年，内附。六年，置羅伽萬户府。至元三年，改萬户爲中路。十六年，升爲澂江路。領縣三：河陽。下。附郭。歸附後爲千户所。至元十六年，改河陽州。二十六年，降爲縣。江川。下。南詔徙曲旺蠻居此。段氏以些、麽蠻子孫分管其地，名步雄部。憲宗時，其酋弄景内附，置千户所。至元十三年。改千户爲江川州。二十年，降爲縣。又置雙龍縣，旋省。陽宗。下。麽、些蠻居此，號强宗部。憲宗時，其酋盧舍内附，立爲千户所。至元十三年，改爲陽宗縣，譯言强爲陽也。

州二：

新興州。下。唐求州，爲羈縻州。後没於南詔，置温富州。段氏徙些、麽蠻居其地。元初，内附，置部傍、普舍二千户所。至元十三年，改部傍千户爲休納縣，又於休納置新興州，隸澂江路。舊領休納、普舍、研和三縣，後省休納縣入本州。領縣二：普舍。下。强宗部蠻之裔長曰部傍，據普具龍城，次曰普舍，據普札龍城。後普舍孫苴𠟍内附，立普舍千户所。至元十三年，改爲縣，治普札龍城。研和。下。步雄部蠻居此。其孫龍鍾内附，立百户，至元十三年，改爲縣。

路南州。下。夷名路甸，有城曰撒吕，黑爨蠻之裔落蒙所築，因名落蒙部。憲宗時，内附，置落蒙萬户府。至元七年，併落蒙、羅迦、末迷三萬户爲中路。十三年，分中路爲二路，改羅迦爲澂江路，落蒙爲路南州。舊領彌沙、邑市二縣。至元二十四年，併彌沙縣入邑市。領縣一：邑市。下。至元十三年，即邑市、彌歪二城立邑市縣，彌沙等五城立彌沙縣，後併彌沙入本縣。

普定路。下。本普里部蠻。元初内附，置普定府。至元二十七年，斡羅思、吕國瑞賄丞相桑哥，請創羅甸宣慰司，奏言：「招到羅甸國札哇并龍家、宋家、犵狫、苗人諸種蠻夷四萬六千六百户。」阿卜、阿牙者來朝，爲曲靖路宣慰司同知脱因及普安路官所阻。雲南行省言：「羅甸即普里也，歸附後改普定府，印信俱存，隸雲南省三十餘年，賦役如期。今創羅甸宣慰安撫司，隸湖南行省。斡羅思等擅以兵脅降普定土官矣資男、札哇、希古等，勒令同其入覲。邀功希賞。乞罷之，仍以其地隸雲南。」從之。大德七年，改爲路。是年，中書省臣言：「蛇節等作亂，普定知府容苴率衆效順。容苴没，其妻適姑亦能宣力戎行，乞令襲其夫職。仍改普定爲路，隸曲靖宣慰司，以適姑爲本路總管，佩虎符。」按舊《志》普定路直隸行省，不隸於宣慰司。未知何時所改。領州四：

永寧州。下。領慕役項營下二寨長官司。

鎮寧州。下。本荒服地。元初始置四州，隸本路。領十二營、康佐二寨長官司。

習安州。下。領寧谷、西堡二寨長官司。

安順州。下。

仁德府。僰、刺蠻之地，號仲劄溢源部。後烏蠻名新丁者奪之，其後號新丁部，又譌新丁爲仁地。或云蒙氏改爲尋甸，段氏改仁德部。憲宗五年内附，明年立爲仁地萬户。至元十三年，改爲仁德府。領縣二：爲美。下。地名溢浦適侶睒甸，即仁地之故部。至元二十四年，置縣。歸厚。下。地名易浪浦籠，舊屬仁地部。至二十四年，置儻俸縣。二十五年，改歸厚縣。

羅羅、蒙慶等處宣慰司都元帥府。至元十二年，置羅羅宣慰司。泰定四年，八百媳婦蠻請官守，改爲羅羅、蒙慶等處宣慰司都元帥府。至正二年，罷。六年，復置八百宣慰司。

建昌路。下。唐巂州中都督府。後爲蒙詔所據，立城曰建昌府，以烏、白二蠻實之。傳至阿宗，娶落蘭部建蒂女沙智。憲宗時，建蒂内附，以阿宗守建昌。至元十二年，析其地置總管府五、州二十三、建昌其一路也。本路領州九：

建安州。下。建昌路治所。元初，置千户二。至元十五年，割建鄉城十四村及建蒂四村，置寶安州。十七年，改本千户爲建安州。二十六年，併寶安州入之。

永寧州。下。在建昌之東郭，名偏城。蒙詔立建昌府，領建安、永寧二州。至元十六年，分建昌爲二州：在城曰建安，在東郭曰永寧。領縣一：

北社。此縣舊志所無，《翰墨全書》有之。《明一統志》：元屬永寧州，明初改爲碧舍。

瀘州。下。舊名沙城瞼。段氏於熱水甸立城曰溁籠，隸建昌。憲宗時内附，復叛。至元九年，平之。十五年，改溁籠爲瀘州。

禮州。下。唐蘇祈縣。後吐番、烏白蠻迭據其地，號籠麽城。至元九年，平其地，置千户所。十五年，改爲禮州。領縣一：瀘沽。羅落蠻所居。後烏蠻據之。自號曰落蘭部，或稱羅落。其酋蒲德遣姪建蒂内附，建蒂復叛殺蒲德自立。至元九年，平之，設千户所。十三年，升萬户。十五年，改爲瀘沽縣。

里州。下。蒙氏時，落蘭部小酋阿都居此，因名阿都部。其後裔納空隨建蒂内附。中統三年，復叛。至元十年，其子耶吻效順，隸烏蒙。十八年，置千户所。二十二年，同烏蠻叛，奔羅羅斯。二十三年，置軍民總管府。二十六年，罷爲州。

闊州。下。州治密納甸，烏蒙之地。其酋仲由蒙之裔名科居此，以名爲部號，後譌科爲闊。至其三十七世孫𡢾羅内附。至元九年，設千户所。二十六年，改爲州。

邛部州。下。唐邛部縣，後没於蠻。至宋，封其酋爲邛都王，治烏弄城。後麽、些蠻據其地。又爲仲由蒙之裔所奪。憲宗時，内附。中統五年，置邛部州安撫招討使，隸成都元帥府。至元十年，改屬羅羅斯宣慰司。二十一年，降爲州。

隆州。下。唐會川縣之西北境。蒙氏改會川爲會同邏，立五瞼，本州爲邊府瞼。其後瞼主楊大蘭於瞼北塏上立城名大隆城，即今州治。至元十三年，内附。十四年，設千户所。十七年，改隆州。舊置撒里府，領禮州、邛部州、隆州、其改併年分闕。

姜州。下。本會州府龍納城，羅落蠻世居之。烏蠻仲牟由之裔阿壇絳居閟畔部，其孫阿羅仕於大理段氏，奪龍納而有之，以祖名名其部曰絳部。憲宗時内附。至元八年，爲落蘭酋建蒂所破。九年，討平之，遂隸會川，後改屬建昌。十五年，改爲姜州。二十七年，復屬閟畔部萬户府，後又屬建昌。

蘇州。下。本邛都地。蒙氏隸建昌府。元初，内附，立蘇州，屬建昌路。領縣一：中縣。下。縣治在回頭甸，本東門蠻沙麻之地。至元十年，内附。十四年，置中州。二十二年，降爲縣來屬。此縣舊《志》屬建昌路，又無蘇州一州。《明一統志》：蘇州，明初尚因之，後改爲寧番衛，中縣屬蘇州。明初尚因而不廢，舊《志》誤也。

德昌路軍民府。下。蒙氏時屈部蠻所居。至元九年，内附。十二年，置定昌路，以本部爲昌州。二十三年，罷定昌路及德平路，置德昌軍民府，治本州葛魯城。領州四：

昌州。下。路治本州。烏蠻阿屈之裔用祖名爲屈部，其孫烏則至元九年内附。十二年，改本部爲州。兼領普濟、威龍，隸定昌路。二十三年，罷定昌路，併隸德昌。

德州。下。蒙氏時名吾越甸，城曰亦苴龍，所居蠻苴郎，以遠祖名部曰禎緌。憲宗時内附。至元十二年，置千户所。十三年，改爲德州，隸德平路。二十三年，改隸德昌。按德平路，當是入德州，二十三年所罷。

威龍州，下。舊名巴翠部，領小部三：曰沙媧普宗，曰烏雞泥祖，曰媧諾龍蒲，皆獹魯蠻種。至元十五年，合三部立威龍州。

普濟州。下。舊名玗甸，獹魯蠻所居。至元九年，隨屈部内附。十五年，於玗甸立定昌路。二十三年，路廢。改隸德昌路。《翰墨全書》：德昌路屬下有蘇州。《明一統志》：蘇州屬建昌路。今從《一統志》。

會川路。下。唐會川縣。後没於南詔，立會川都督府，又號清寧郡。至段氏，仍爲會川府。至元九年，内附。十四年，置會川路，治武安州，領州五：舊有通安州，省併年分闕。

武安州。下。本名龍泥城。南詔置清寧郡〔二〕。大理高凌據此。至元十四年，置管民千户所。十七年，改武安州。

黎溪州。下。蠻曰黎疆，譌爲今名。蒙氏徙白蠻居之，後爲羅羅蠻所奪。至元九年，蠻酋阿夷内附，改爲黎溪州。

永昌州。下。治故歸依城。南詔置會同府，立五瞼，徙張、王、李、趙、楊、高、周、段、何、蘇、龔、尹十二姓居之，以趙氏爲府主，後爲王氏所奪。及高氏專大理之政，逐王氏，以其子高政治會川。憲宗三年，征大理，高氏遁去。九年，故酋王氏孫阿龍率衆内附。至元八年，以其子阿禾領會川。十四年，置管民千户。十七年，改永昌州。

會理州。下。舊號昔陀城，蠻酋羅於則據之，其祖名阿壇絳，遂名曰絳部。後盡有四州之地，號蒙歪。憲宗八年，其孫亦蘆内附，隸閟畔萬户府。至元四年，屬落蘭部。十二年，改隸會川路。十五年，置會理州，仍隸會川。二十七年。復隸閟畔部萬户府。大德四年，併閟畔泗州、西州爲一，置爲磨州，其省併年分均闕。

麻龍州。下。本麻籠城地，名棹羅能。烏蠻蒙次次之裔，居閟畔東川，後裔普恐遷苗卧龍，其孫阿麻内附。至元五年，爲建蒂所併。十四年，立管民千户所，隸會川路。十七年，改爲州。二十七年，割屬閟畔部萬户府。

柏興府。舊爲摩沙蠻之地。唐立昆明縣，蒙氏改香城郡。至元十年，其鹽井摩沙酋羅羅將獞鹿、茹庫内附。十四年，置鹽井管民千户所。十六年，改爲閏鹽州，以獞鹿部爲普樂州，俱隸德平路。二十七年，併二州爲閏鹽縣，立柏興府。隸羅羅宣慰司。領縣二：

閏鹽。下。倚郭。蠻名賀頭甸。金縣。下。蠻酋利竇揭勒所居。至元十五年，立金州。後降爲縣。

臨安廣西元江等處宣慰司兼管軍萬户府本爲臨安廣西道軍民宣撫司，改宣慰司，年分闕。

臨安路。下。唐爲羈縻牂州，後没於南詔。蒙氏置通海郡都督府。段氏改秀山郡，復爲通海郡。蠻酋互相侵奪，或隸善闡，或隸阿僰。憲宗七年，内附，置阿僰部萬户府。至元八年，改爲南路。十三年，又改臨安路。領縣二：河西。下。蠻名休臘。唐初置西宗州，後没於南詔，爲步雄部，阿僰蠻又奪之。憲宗六年，内附。七年，立萬户府，休臘隸之。至元十二年，改河西州，隸臨安路。二十六年，降爲縣。蒙自。下。縣境有山曰自則，漢語譌爲蒙自。南詔以趙氏守其地。段氏時，阿僰蠻居之。憲宗六年内附，繼叛。七年，平之，立千户所。至元十三年，改蒙自縣。

千户一：

捨資千户。阿僰蠻所居地，名褒古，又曰部嫋踵甸。傳至裔孫捨資，因以爲名。内附後，隸蒙自千户。至元十三年，改蒙自爲縣，以其地近交趾，遂以捨資爲安南道防送軍千户，隸臨安路。

州三：

建水州。下。治故建水城，蒙氏所築。每夏秋，溪水漲溢如海，蠻謂海爲惠，大爲劆，故名惠劆。漢語曰建水。些、麽徒蠻所居，内附後，立千户所。至元十三年，改建水州，隸臨安路。

石坪州。下。阿僰蠻所居之地，宋曰石坪縣。至元七年，以爲州，隸臨安路。

寧州。下。唐爲黎州，後没於蠻。地名浪曠，夷語旱龍也。步雄部蠻些麽徒據之，後屬爨蠻阿幾，以浪曠割與寧部酋豆圭。憲宗四年，寧部酋内附，置寧部萬户府，後改寧海府。至元十三年，改寧州，隸臨安路。舊領三縣：通海、嶍峨、西沙。西沙，寧部蠻所居，其裔孫西沙築城於此，因名西沙龍。憲宗四年，其酋普提内附，居此爲萬户。至元十三年，置西沙縣。二十六年，以隸寧州。至治二年，併入本州。領縣二：通海。下。倚郭。元初，立通海千户所，隸善闡萬户府。至元十三年，改通海部，隸寧海府。二十七年，府罷，直隸臨安路。後改隸寧州。嶍峨。下。舊爲嶍峨蠻所居，後阿僰蠻酋奪之。至其孫阿次内附，立爲千户所。至元十三年，改爲州，領邛川、平甸二縣。三十六年，降爲縣，併二縣入之，隸臨安路。又改隸寧州。

阿迷萬户府。元初，隸南路總管府。大德中，直隸臨安廣西元江等處宣慰司。按《翰墨全書》：臨安路有阿迷州、王弄州。阿迷州，當由萬户改之。王弄州，當由王弄山大、小二部改之。其建置、省併年分俱闕。

千户所二：

納樓。

茶甸。

廣西路。下。唐爲羈縻州，東爨烏蠻等部所居之地。蒙氏析爲師宗、彌勒二部。憲宗七年，内附，隸落蒙萬户府。至元十二年，籍二部爲軍，立廣西路。十八年，復爲民。至元中，置廣南西宣撫司，其省罷年分闕。

領州三：

師宗州。下。爨蠻師宗據匿弄甸，號師宗部。至元中，以本部爲千户總把，領阿寧、豆勿、阿盧、豆吴四千户，屬廣南西路。後改置師宗州。

彌勒州。下。宋時些、麽徒蠻之裔據其地，號彌勒部。至元中，以本部爲千户總把，領吉輸、哀惡、步籠、阿欲四千户，屬廣南西路。後改置彌勒州。

維摩州。下。元初立維摩千户所，隸阿迷萬户府。至元中，以本部爲千户總把，領維摩、屈中二千户。後改維摩州。

元江路。下。蒙氏爲銀生節度屬地，徙白蠻蘇、張、周、段等十姓戍之，又開威遠等處置威遠瞼。後爲和泥所據，又爲些麽蠻阿僰諸部所有。憲宗四年，内附。七年，復叛。至元十三年，遥置元江府以羈縻之。二十五年，命雲南王討平之，割羅槃、馬籠、步日、思摩、羅丑、羅陀、步騰、步竭、台威、台陽、設棲、彌陀十二部於威遠，立元江路。其屬地曰：

馬籠部千户所。因馬籠山立寨，阿僰蠻所居。元初，立千户所。屬寧州萬户。至元十三年，改隸元江萬户。二十五年，屬元江路。

步日部。蒙氏立此甸，徙白蠻居之，名步日瞼。

溪處甸軍民副萬户府。元初置，隸雲南行省，後屬元江路。

虧容甸部。舊爲鐵容甸。

思陀甸部。舊爲官桂思陀部。元初，置和泥路，隸雲南行省。後屬元江路。

落恐甸軍民萬户府。舊爲伴溪落恐部。元初立萬户府，隸雲南行省。後屬元江路。

羅槃部。

思摩部。

羅丑部。

羅陀部。

步騰部。

步竭部。

台威部。

台陽部。

設棲部。

彌陀部。

案版寨。

羅必甸。
帶良甸。
普甸。
部目甸。
落甸。
帶洋甸。
他郎。
因遠。
不通。
沙財。
泥大。
帶思。
奚泥伽。
烏尤。
羅配。

法處。

七十門二處。

大甸。

越甸。

兀好滯。

帶來普勝侶也構甸。

部目司摩。

帶思帶良甸。

因遠羅必甸。

帶違帶羊撒里甸。

馬龍馬郎沙則尼甸。

羅尼羅初不甲甸。

大理金齒等處宣慰司都元帥府中統四年置。

大理路軍民總管府。上。唐姚州，治葉榆洱河蠻。後蒙舍詔皮羅閣併蒙巂詔、越析詔、浪穹詔、邆睒詔、浪施詔，合五詔爲一，號南詔，治大和城。至閣羅鳳，號大蒙國。至異牟尋，又遷於羊苴咩城，即今府治，改號大禮國。後段氏有其地，更爲大理國。憲宗三年，收附。六年，置上下二萬户府。至元七年，併二萬户爲大理路。領司一：

録事司。憲宗七年，立中千户，屬大理萬户。至元十一年，罷千户，立録事司。十二年，升理州。二十一年，復爲録事司。

縣二：太和。下。附郭。唐開元末，皮羅鳳據其地。憲宗七年，於城内外立上、中、下三千户。至元二十六年，改中千户爲録事司，上、下二千户立縣。雲南。下。唐爲雲南州，又改匡州。後張仁果據之，號白子國。蒙氏、段氏並爲雲南州，又稱品甸。憲宗七年，立品甸千户所。至元十一年，復爲雲南州。後降爲縣。

府二：

永昌府。蒙氏、段氏皆爲永昌府。憲宗七年，分永昌之永平縣立千户所。至元十一年，置永昌州。十五年，升爲府，隸大理路府。領縣一：

永平。下。蒙氏爲勝湘郡。至元十一年，改立千户所。後又爲縣。

騰衝府。蠻名越睒。僰、驃、峨昌三種蠻居之。唐置羈縻州。蒙氏取越睒，置軟化府，又改騰衝府。憲宗三年，府酋高救内附。至元十一年，改藤越州，又立藤越縣。十四年，改騰衝府。二十五年，省順江州及藤越、越甸、古湧三縣按越甸，至元中置。古湧置縣年分闕。入之，隸大理路。

州三：

鄧川州。下。夷有六詔，邆賧其一也。唐置邆賧州，治大釐城。蒙氏改德原城，隸大理。段氏因之。憲宗三年，内附，置德原千户所。至元十一年，改爲鄧川州。領縣二：浪穹。下。蠻名彌茨，乃浪穹詔所居之地。後其酋鐸羅望爲南詔所侵，移保劍川，更稱浪劍。貞元中，南詔滅之，以浪穹〔三〕、施浪、鄧賧總三浪爲浪穹州。憲宗七年，内附，立浪穹千户所。後改爲浪穹州。至元十一年，降爲縣，與鳳羽縣俱隸本州。鳳羽。下。蒙氏細奴邏興，有鳳翔於此，故名。至元十一年，置縣。

蒙化州。下。爲羅羅摩及爨蠻之地。後蒙氏細奴邏築城居之，號蒙舍詔，改稱南詔，改蒙舍城爲陽瓜州。段氏改開南縣。憲宗七年，立千户所。至元十一年，置蒙化府。十四年，升爲路。二十年，降爲州，隸大理路。

趙州。下。羅落蠻所居。蒙氏立十瞼，趙州賧其一也〔四〕。皮羅閣置趙郡，閣羅鳳改爲州。段氏又改天水郡。憲宗七年，置趙瞼千户所。至元十一年，改爲州，又於白崖瞼立建寧縣隸本州。二十五年，省建寧入本州。

姚安路軍民總管府。唐故州。蒙氏改爲弄棟府。段氏又改姚州。憲宗三年，内附。七年，置統矢千户所、大姚堡千户所。至元十二年，罷統矢，置姚州，隸大理路。天曆間，升姚安路總管府。領縣一：大姚。下。蠻名大姚堡。憲宗七年，立千户所。至元十一年，改爲縣。

十二關防送千户所。本雲南縣楚場地。至正間，因地僻險，立千户所。

蒙憐路軍民府。至元二十七年，從雲南行省請，以蒙憐甸爲軍民總管府，領只迷甸、金井甸。

蒙萊路軍民府。本蒙萊甸，與蒙憐路同時置。領邦毛甸、金齒等處宣撫司。其地在大理西南，土蠻凡八種，曰金齒、白夷、白僰、峨昌、驃、繲渠、羅比、蘇。自漢以來，不與中國通。蒙氏取其地爲大理屬部。及段氏時，金齒諸蠻浸盛。中統初，金齒、白夷諸酋各遣子弟入朝。二年，立安撫司以統之。至元八年，分金齒、白夷爲東西兩路安撫使。十二年，改西路爲建寧路，東路爲鎮康路。十五年，改安撫爲宣撫，置六路總管府。二十三年，罷兩路宣撫司，併入大理金齒等處宣撫司。

柔遠路。其地曰怒江，曰普坪瞼，曰申瞼僰寨，曰烏摩坪。中統初，僰酋阿八思入朝。至元十三年，與茫施、鎮康、鎮西、平緬、麓川俱立爲路，隸宣撫司。後併於麓川路。

茫施路。其地曰怒謀，曰大枯睒，曰小枯睒。即《唐書》所謂茫施蠻也。中統初，内附。至元十三年，置爲路。領甸五：

大固甸。

鵝林甸。

石甸。

孟茫甸。

羅必思甸。

鎮康路。其地曰石睒，黑僰所居。中統初，内附。至元十三年，置爲路。領灣甸。蠻名細睒。

鎮西路。其地曰于賴睒，曰渠蘭睒，白夷所居，中統初，内附。至元十三年，置爲路。領甸二。甸名闕。

平緬路。其地曰驃睒，曰羅必四莊，曰小沙摩弄，曰驃睒頭，白夷所居。中統初，内附。至元十三年，置爲路。至正十五年，改平緬宣撫司。

麓川路。其地曰大布茫，曰睒頭附賽，曰睒中彈吉，曰睒尾福禄培。皆白夷所居。中統初，内附。至元十三年，置爲路。至順元年，復置麓川路軍民總管府。其何時省罷，無考。

南睒。其地曰阿賽睒、午真睒，白夷、峨昌所居。至元初，内附。至元十五年，隸宣撫司。金齒六路、一睒，歲賦金銀各有差。

順寧府。本蒲蠻地各慶甸。泰定間，内附。泰定四年，置順寧府，直隸宣撫司。領縣一：

慶甸，下。與府同置。

州一：

寶通州。下。

烏撒烏蒙宣慰司。在本部巴的甸。烏撒者，蠻名也。所轄部六，曰烏撒部、阿頭部、易溪部、易娘部、烏蒙部、閟畔部。其東西又有芒布、阿晟二部。烏撒之裔折怒始强，盡有諸部之地。憲宗征大理，累招不降。至元十年，始附。十三年，置烏撒路。十五年，爲軍民總管府。二十一年，改宣撫司。二十四年，升烏撒烏蒙宣慰司。大德四年，立烏撒烏蒙等郡縣。後至元元年，《翰墨全書》：烏蒙路有阿都、奚娘二縣，東川府有淄都、烏撒二縣。當是大德四年所置，其省併年分闕。烏撒、烏蒙又改隸四川行省。

木連路軍民府。

蒙光路軍民府。

本邦路軍民府。舊名孟都，又名孟邦。至元二十六年，置總管府，領三甸。

孟定路軍民府。舊名景摩。至元二十六年，置總管府，領三甸。

孟昌路軍民府。至順二年，與孟定路並置。孟定路，當是至元後裁罷。

謀粘路軍民府，領孟陵甸。

南甸路軍民府。舊名南宋。至元二十六年，置總管府。領甸三：怒江甸，餘二甸闕。

歹羅甸路軍民府。領甸五：

滿東甸。

蒙忙甸。

木倒甸。

大都甸。

益當甸。

陋麻甸軍民官。

雲龍甸軍民府。領甸四：

忙兀甸。

忙吉剌甸。

忙牙甸。

忙藍甸。

縹甸路軍民府。後至元元年，置縹甸散府。

二十四寨達魯花赤。

孟隆路軍民府。本吾仲蠻地。泰定三年，奉方物來獻，置孟隆路。

木朵路軍民府。至元三十年，以金齒木朵甸户口增殖，立下路總管府，賜其長兩珠虎符。泰定三年，置木朵路，當是已廢復置。

領甸九：

木禮甸，木朵甸，小花甸，木攬甸，孟住甸，歹魯甸，歹羅甸，羅落甸，木茅甸。

何羅拉木多等處軍民官：

木樓府。

大姑等處。

雲南金齒孟定各甸軍民官：

孟定甸。

銀沙羅甸。

孟俓甸。

景新甸。

九索帶火甸。

思摩甸。

都目甸。

不里佀也構甸。
沙則泥大甸。
阿都甸。
木倒甸。
孟綾甸。
木麓甸。
震濃甸。
蒲阿思。
大部馬二十四寨。
廣甸。
甸尾。
銀生羅茫。
必畔。
茫部奚。
八納等部。

和能等部。

孟愛等甸軍民府。至元三十一年，其酋長遣子入朝，置軍民總管府。

蒙兀路。

通西軍民總管府。大德元年，蒙陽甸酋納款，遣其弟阿不剌等獻方物，懇請歲貢銀一千兩及置馹傳，置通西軍民府。

木來府。至元二十九年，置散府，用其土人馬列知府事。泰定三年，置木來州。當是已廢復置。按自木連路以下，當俱隸烏撒烏蒙宣慰司。

邦牙等處宣慰司。至元中，於蒲緬王城置邦牙宣慰司。未幾，罷。後至元四年復立。至正二年罷。

建都寧遠都護府。至元十一年置。

呂告蠻部安撫司。至元十七年，有安撫使王阿濟。

蒙樣剛等甸軍民官。元貞二年復置。初置及裁置年分闕。

銀沙羅甸等處軍民府。天曆二年，置銀沙羅甸等處宣慰司都元帥府。至順二年，改軍民總管府。

者線蒙慶甸軍民府。至順二年，與銀沙羅甸並置。孟併孟廣者樣等甸軍民官。至順二年置。

蘆傳路軍民總管府。至順二年置。

傀羅府。元統元年置。

穆由甸軍民官。後至元元年置。

范陵甸軍民官。後至元元年置

老告軍民總管府。至正四年置。

老了耿凍路軍民總管府。至正七年置。

【校勘記】

〔一〕「築外城」，「城」原作「成」，據《元史》卷六一志第十三《地理四》及嘉慶《大清一統志》卷四八〇、清宣統《楚雄縣志》述輯卷之三等改。

〔二〕「清寧郡」，「清」原作「請」，據明萬曆《四川總志》卷一八改。

〔三〕「浪穹」，原作「浪窮」，據王圻《續文獻通考》卷二三一《輿地考》改。

〔四〕「十瞼」、「趙州睒」，《元史》卷六一志第十三《地理四》同，並引《新唐書》云：「夷語，瞼若州。」本書「瞼」、「睒」多混用。

新元史卷之五十　志第十七

地理志五

江浙等處行中書省。領路二十二、府一、州二。屬州二十四，縣九十六。陸站一百八十處，水站八十二處。

江南浙西道肅政廉訪司

杭州路。上。宋杭州，屬浙西路。宋高宗南渡都之，爲臨安府。至元十三年，平宋，置兩浙大都督府，又置浙西宣慰司於臨安。未幾，罷大都督府，立行尚書省。十五年，改杭州路總管府。二十一年，徙江淮行省於杭州，改江浙行省。二十三年，復徙行省於揚州。二十六年，仍徙杭州。本路舊領錢塘、仁和、餘杭、臨安、新城、富陽、鹽官、於潛、昌化九縣。後升鹽官縣爲州。户三十六萬八百五十，口一百八十三萬四千七百一十。至元二十七年鈔籍。領司二：左、右録事司。宋遷都杭州，設九廂。元至元十四年，分爲四隅録事司。泰定二年，併爲左、右二司。元統二年，復立杭州四隅録事司。縣八：錢塘。上。仁和。上。與錢塘分治城内。餘杭。中。臨安。中。有青山務。新城。中。富陽，中。於潛，中。昌化。中。有窄口巡檢司。

州一：

海寧州。中。有硤石務。宋鹽官縣。元貞元年，升爲州。天曆二年，改海寧州。

湖州路。上。宋湖州，屬浙西路。至元十三年，升湖州路總管府。舊領烏程、武康、歸安、安吉、長興、德清六縣。後升長興縣爲州。户二十五萬四千三百四十五。鈔籍闕，用至順錢糧數。領司一：録事司。舊設東西南北四廂。至元十三年，立總督四廂。十四年，改録事司。縣五：烏程。上。歸安。上。與烏程皆爲倚郭。安吉。中。德清。中。武康。中。

州一：

長興州。中。宋故縣。元貞元年，升爲州。

嘉興路。上。宋嘉興府，屬浙西路。至元十四年，升嘉興路總管府。舊領嘉興、海鹽、華亭、崇德四縣。後升華亭縣爲府，升海鹽、崇德縣爲州。户四十二萬六千六百五十六，口二百二十四萬五千七百四十二。領司一：録事司。舊置廂官。至元十四年，改録事司。縣一：嘉興。上。倚郭。有風涇白牛務、魏塘務。

州二：

海鹽州。中。有澉浦務。宋海鹽縣。元貞元年，升爲州。

崇德州。中。宋崇德縣。元貞元年，升爲州。

平江路。上。宋平江府，屬浙西路。至元十三年，升平江路總管府。二十一年，徙浙西宣慰司於本路。舊領吴、長洲、崑山、常熟、吴江、嘉定六縣。後升崑山、常熟、吴江、嘉定俱爲州。户四十六萬六千一百五十八，口二百四十三萬三千七百。領司一：録事司。

縣二：吴縣。上。倚郭。長洲。上。倚郭。

州四：

崑山州。中。宋崑山縣。元貞元年，升爲州。皇慶二年，徙州治於太倉。

常熟州。中。宋常熟縣。元貞元年，升爲州。

吴江州。中。宋吴江縣。元貞元年，升爲州。

嘉定州。中。宋嘉定縣。元貞元年，升爲州。

常州路。上。宋常州，屬浙西路。至元十四年，升常州路總管府。舊領晉陵、武進、無錫、宜興四縣。後升宜興縣爲府，無錫縣爲州。户二十萬九千七百三十，口一百二萬一十一。領司一：録事司。縣二：晉陵。中。倚郭。武進。中。倚郭。

州二：

宜興州。中。宋宜興縣。至元十五年，升宜興府。二十年，仍爲縣。二十一年，復升爲府，仍置宜興縣隸之。元貞元年。降爲州，省宜興縣入本州。

無錫州。中。宋無錫縣。元貞元年，升爲州。

鎮江路。下。宋鎮江府，屬浙西路。至元十三年，升鎮江路總管府。户十萬三千三百一十五，口六十二萬三千六百四十四。領司一：録事司。縣三：丹徒。中。倚郭。丹陽。中。金壇。中。

建德路。上。宋建德府，屬浙西路。至元十三年，置建德府安撫司。十四年，改建德路總管府。户十萬三千四百八十一，口五十萬四千二百六十四。領司一：録事司。縣六：建德。中。倚郭。有神泉監，宋置以鑄銅錢，後廢。元復置，後又廢。淳安。中。遂安。下。桐廬。中。分水。中。壽昌。中。有西隖寨。

松江府。宋華亭縣，爲嘉興府屬縣。至元十四年，升爲華亭府，仍隸嘉興路。十五年，改松江府，直隸行省。户十六萬三千九百三十一。至順錢糧數。領縣二：華亭。上。倚郭。至元十五年置。上海。上。本華亭縣地，名華亭海，宋時商販雲集，又曰上海市。至元二十八年，置上海縣。

江陰州。上。宋江陰軍，屬浙西路。至元十二年，依舊置軍，行安撫司事。十四年，升爲江陰路總管府。二十八年，降爲州，隸常州路。後直隸行省。舊領江陰一縣，省入本州。户五萬三千八百二十，口三十萬一百七十七。

浙東道宣慰司都元帥府舊治婺州。大德六年，移治慶元。

慶元路。上。宋慶元府，屬浙東路。至元十三年，置宣慰司。明年，改爲慶元路總管府。至治三年，復慶元路，未知何時省罷。舊領鄞、慈溪、奉化、象山、定海、昌國六縣。後奉化、昌國二縣俱升爲州。户二十四萬一千四百五十七，口五十一萬一千一百五十三。領司一：録事司。縣四：鄞縣。上。倚郭。有小溪鎮巡檢司，本唐之光溪鎮。象山。中。慈溪。中。定海。中。

州二：

奉化州。下。宋奉化縣。元貞元年，升爲奉化州。

昌國州。下。宋改唐翁山縣爲昌國縣。至元十四年，升爲州，仍置昌國縣隸之，後省縣入本州。

衢州路。上。宋衢州，屬浙東路。至元十三年，升衢州路總管府。户十萬八千五百六十七，口五十四萬三千六百六十。領司一：録事司。縣五：西安。中。倚郭。龍游。上。有陳村營，至元中立。江山。下。宋改禮賢縣。元初，復舊名。有任山營，在仙霞關。常山。下。宋改唐常山縣爲信安。元仍復舊名。有草萍營，至元二十一年立。開化。中。

浙東海右道肅政廉訪司

婺州路。上。宋婺州，屬浙東路。至元十三年，升婺州路總管府。舊領金華、東陽、義烏、蘭溪、永康、武義、浦江七縣。後升蘭溪縣爲州。户二十二萬一千一百一十八，口一百七萬七千五百四十。領司一：録事司。縣六：金華。上。倚郭。東陽。上。義烏。上。永康。中。武義。中。浦江。中。

州一：

蘭溪州。宋蘭溪縣。元貞元年，升爲州。

紹興路。上。宋紹興府，屬浙東路。至元十三年，改紹興路總管府。至正十六年，移江南行御史臺治紹興。舊領會稽、山陰、嵊、諸暨、上虞、餘姚、蕭山、新昌八縣。後升餘姚、諸暨二縣爲州。户一十五萬一千二百三十四，口五十二萬一千五百八十八。領司一：録事司。縣六：山陰。上。倚郭。會稽。中。倚郭。上虞。上。蕭山。中。嵊縣。上。宋改剡縣爲嵊縣，取四山爲嵊之義。新昌。中。宋以楓橋鎮置義安縣，又改新昌。

州二：

餘姚州。下。宋餘姚縣。元貞元年，升爲州。

諸暨州。下。宋諸暨縣。元貞元年，升爲州。

温州路。上。宋温州，又升瑞安府，屬浙東路。至元十三年，置温州路總管府。舊領永嘉、瑞安、樂清、平陽四縣。後升瑞安、平陽二縣爲州。户十八萬七千四百三，口四十九萬七千八百四十八。領司一：録事司。縣二：永嘉。上。倚郭。樂清。下。
州二：
瑞安州，下。宋瑞安縣。元貞元年。升爲州。
平陽州，下。宋平陽縣。元貞元年，升爲州。
台州路，上。宋台州，屬浙東路。至元十三年，置安撫司。十四年，改台州路總管府。舊領臨海、黄巖、天台、仙居、寧海五縣。後升黄巖縣爲州。户十九萬六千四百一十三，口一百萬三千八百三十三。領司一：録事司。縣四：臨海。上。倚郭。仙居。上。寧海。上。天台。中。
州一：
黄巖州。下。宋黄巖縣。元貞元年，升爲州。
處州路。上。宋處州，屬浙東路。至元十三年，升處州路總管府。户十三萬二千七百五十四，口四十九萬三千二百九十二。領司一：録事司。縣七：麗水。中。倚郭。龍泉。中。有份山寨。松陽。中。遂昌。中。青田。中。縉雲。中。慶元。中。
江東建康道肅政廉訪司大德八年，徙治寧國。
寧國路。上。宋寧國府，屬江南東路。至元十四年，升寧國路總管府。户二十三萬二千五百三十八，口一百一十六萬二千六百九十。領司一：録事司。舊立四廂。至元十四年，改録事司。縣六：宣城。上。倚郭。南陵。中。涇縣。中。寧國。中。旌德。中。太平。中。

徽州路。上。宋徽州，屬江南東路。至元十四年，升徽州路總管府。舊領歙、休寧、績溪、黟、祁門、婺源六縣。後升婺源縣爲州。户一十五萬七千四百七十一，口八十二萬四千三百四。領司一：録事司。舊設四廂。至元十四年，改置録事司。二十九年，罷。縣五：歙縣。上。倚郭。休寧。中。有五城務。祁門。中。黟縣。下。績溪。下。有西阬寨，置鎮守營。

州一：

婺源州。下。宋婺源縣。元貞元年，升爲州。惠洽鄉有巡檢司。

饒州路。上。宋饒州，屬江南東路。至元十四年，升饒州路總管府。十九年，改隸隆興行省。舊領鄱陽、餘干、浮梁、樂平、德興、安仁六縣。後升樂平、浮梁、餘干三縣俱爲州。户六十八萬二百三十五，口四百三萬六千五百七十。領司一：録事司。舊設三廂，至元四年改置。縣三：鄱陽。上。倚郭。德興。上。安仁。中。

州三：

餘干州。中。宋餘干縣。元貞元年，升爲州。

浮梁州。中。宋浮梁縣。元貞元年，升爲州。

樂平州。中。宋樂平縣。元貞元年，升爲州。

江南諸道行御史臺

集慶路。上。宋江寧府，又改建康府，屬江南東路。至元十四年，改建康路。十五年，立江淮行中書省，後徙於杭州，改江浙行省。二十三年，徙江南行御史臺於建康。天曆二年，以文宗潛邸，改建康路爲集慶路。舊領上元、江寧、溧陽、溧水、句容，後升溧水、溧陽二縣俱爲州。户二十一萬四千五百三十八，口一百七萬二千六百九十。領司一：録事司。縣三：上元。中。倚郭。江寧。中。倚郭。句容。中。

州二：

溧水州。中。宋溧水縣。元貞元年，升爲州。

溧陽州。中。宋溧陽縣。至元十四年，改爲溧州。十五年，升溧州府。十六年，改溧陽路，領録事司並溧陽縣。二十八年，罷路，止存溧陽縣。元貞元年，升爲州。

太平路。下。宋太平府，屬江南東路。至元十四年，升爲太平路總管府。户七萬六千二百二，口四十四萬六千三百七十一。領司一：録事司。舊設四厢。至元十四年，改置。縣三：當塗。中。倚郭。蕪湖，中。繁昌。下。

池州路。下。宋池州，屬江南東路。至元十四年，升池州路總管府。户六萬八千五百四十七，口三十六萬六千五百六十七。領司一：録事司。縣六：貴池。下。倚郭。青陽。下。建德。下。銅陵。下。石埭。中。東流。下。

信州路。上。宋信州，屬江南東路。至元十四年，升爲信州路總管府。舊領上饒、玉山、弋陽、貴溪、鉛山、永豐六縣。後升鉛山縣爲州，直隸行省。户四十三萬二千二百九十，口六十六萬二千二百一十八。領司一：録事司。縣五：上饒。中。倚郭。玉山。中。弋陽。中。有寶豐場，宋之舊縣，後裁。元置榷場。貴溪。中。永豐。中。

廣德路。下。宋廣德軍，屬江南東路。至元十四年，升爲廣德路總管府。户五萬六千五百一十三〔一〕，口三十三萬九千七百八十。領司一：録事司。至元二十八年罷。縣二：廣德。中。倚郭。建平。中。

鉛山州。宋鉛山縣，屬信州。至元二十九年，升爲州，直隸行省，割上饒縣之乾元、永樂二鄉，弋陽之新政、善政二鄉來屬。户二萬六千三十五，口闕。

福建等處行中書省。領路八、屬州二、屬縣四十六。

福建閩海道肅政廉訪司

福州路。上。宋福州，屬福建路。至元十五年，改爲福州路總管府。十七年，置福建行省於本路。是年，徙於泉州。十八年，復徙於本路。十九年，又回泉州。二十二年，罷行省，置福建道宣慰司。後罷宣慰司，復立行省於本州。大德二年，又置宣慰司都元帥府，罷行省，隸江浙行省。至正十六年，復置福建等處行中書省。本路舊領閩、侯官、福清、連江、古田、永泰、長溪、永正、閩清、寧德、懷安、長樂、福安十三縣。後升長溪縣爲福寧州，析寧德、福安隸之，又升福清縣爲州。户七十九萬九千六百九十四，口三百八十七萬五千一百二十七。領司一：録事司。至元十五年，行中書省於府城十二厢，分四隅，置録事司。十六年，併其二，置東西二司。二十年，復併爲一。縣九：閩縣。中。倚郭。侯官。中。倚郭。懷安。中。古田。上。閩清。中。長樂。中。連江。中。羅源。中。永福。中。

州二：

福清州。下。宋福清縣。元貞元年，升爲州。

福寧州。上。宋長溪縣。至元二十三年，升爲州。領縣二：寧德。中。福安。中。

建寧路。下。宋建寧府，屬福建路。至元十六年，改建寧路總管府。户一十二萬七千二百五十四，口五十萬六千九百二十六。領司一：録事司。縣七：建安。中。倚郭。甌寧。中。倚郭。浦城。中。建陽。中。宋建陽縣，又改嘉禾。元復舊名。崇安。中。松溪。下。政和。下。

泉州路。上。宋泉州，屬福建路。至元十四年，置行宣慰司，兼行征南元帥府事。十七年，改爲行中書省，置泉州路總管府。是年，又徙泉州行省於隆興。大德元年，以福建平海等處行中書省治泉州，後罷。户八萬九千六十，口四十五萬五千五百四十五。領司一：録事司。至元十五年。置南北二司。十六年，併爲一。縣七：晉江。中。倚郭。南安。中。惠安。下。同安。下。永春。下。安溪。下。德化。下。

興化路。下。宋太平軍，尋改興化軍，屬福建路。至元十四年，升興化路總管府。户六萬七千七百三十九，口三十五萬二千五百三十四。領司一：録事司。縣三：莆田。中。倚郭。至元十一年，割左右兩厢屬録事司。仙游。下。興化。下。宋析莆田縣地置興化，移軍治於此縣。後復徙治莆田。

邵武路。下。宋邵武軍，屬福建路。至元十三年，升爲邵武路總管府。户六萬四千一百二十七，口二十四萬八千七百六十一。領司一：録事司。縣四：邵武。中。倚郭。光澤。中。泰寧。中。建寧。中。

延平路。下。宋南劍州，屬福建路。至元十五年，升爲南劍路總管府。延祐元年，改南劍路爲延平路。户八萬九千八百二十五，口四十三萬五千八百六十九。領司一：録事司。縣五：南平。中。倚郭。宋劍浦縣。延祐元年，改爲南平。尤溪。中。沙縣。中。順昌。中。將樂。中。

汀州路。下。宋汀州，屬福建路。至元十五年，升爲汀州路總管府。户四萬一千四百二十三，口二十三萬八千一百二十七。領司一：録事司。縣六：長汀。中。倚郭。寧化。中。清流。下。宋舊縣，紹定中廢。至元中，復置。連城。下。宋蓮城。至元中，改爲連城。上杭。下。武平。下。

漳州路。下。宋漳州，屬福建路。至元十八年，升爲漳州路總管府。舊領龍溪、漳浦、龍巖、長泰四縣。至治間，以龍溪、漳浦、龍巖三縣地僻遠難治，析其地置南勝縣，後改南靖。户二萬一千六百九十五，口十萬一千三百六。屯田一百五十頃。領司一：録事司。縣五：龍溪。下。倚郭。漳浦。下。龍巖。下。長泰。下。南靖。下。

江西等處行中書省，領路十八、州，屬州十三，屬縣七十六。

江西湖東道肅政廉訪司

龍興路。上。宋隆興府，屬江南西路。至元十二年，置行都元帥府及安撫司。十四年，改元帥府爲江西道宣慰司，本路爲總管府，置行中書省。十五年六月，併隆興省於福建，其宣慰司，除額設員數外，餘並罷去。七月，復以塔出等行中書省於贛州。十六年，移贛州行省還隆興。十七年，又併泉州行省於隆興。十九年，併江西、福建行省爲一，罷宣慰司，隸皇太子位。十一月，以袁州、饒州、興國軍復隸隆興省。二十一年，改隆興路爲龍興路。二十七年，移行省於吉州，後復還本路。舊領南昌、新建、奉新、豐城、分寧、靖安、武寧、進賢八縣。後升豐城縣爲富州，析武寧、分寧二縣隸寧州，又以武寧還隸本路。户三十七萬一千四百三十六，口一百四十八萬五千七百四十四。至元二十七年鈔數。領司一：録事司。宋分置九廂。至元十三年廢城内六廂，置録事司。至元二十年，割録事司所領城外二廂、東西兩關來屬。縣六：南昌。上。倚郭。至元二十年，割録事司所領城外二廂、東西兩關來屬。新建。上。倚郭。進賢。中。奉新。中。靖州。中。武寧。中。至元二十三年，置寧州，領武寧、分寧二縣。大德五年，改武寧縣，隸本路。

州二：

富州。上。宋豐城縣，隸隆興府。至元二十三年，升爲州。

寧州。中。至元二十三年，於武寧縣置寧州，武寧爲倚郭縣。大德八年，析武寧直隸本路，徙州治於分寧。領縣一：分寧。宋屬隆興府。至元二十三年，改隸寧州。

吉安路。上。宋吉州，屬江南西路。至元十四年，升吉州路總管府。皇慶元年，改爲吉安路。舊領廬陵、吉水、安福、太和、龍泉、永新、永豐八縣。後升吉水、安福、太和、永新四縣俱爲州。至順間，又析永新州地置永寧縣。户四十四萬四千八百十三，口二百二十二萬四百一十五。領司一：録事司。縣五：廬陵。上。倚郭。永豐。上。萬安。中。龍泉。中。永寧。下。本永新縣地，至順間，分置永寧縣。

州四：

吉水州。中。宋吉水縣。元貞元年，升爲州。

安福州。中。宋安福縣。元貞元年，升爲州。

太和州。下。宋太和縣。元貞元年，升爲州。

永新州。下。宋永新縣。元貞元年，升爲州。

瑞州路。上。宋瑞州，屬江南西路。至元十四年，升瑞州路。舊領高安、上高、新昌三縣。後升新昌縣爲州。户十四萬四千五百七十二，口七十二萬二千三百二。領司一：録事司。至元十四年置。縣二：高安。上。倚郭。上高。中。至正九年，罷本縣長官司。

州一：

新昌州。下。宋太平興國六年，析高安縣地置新昌縣。元貞元年，升爲州。

袁州路。上。宋袁州，屬江南西路。至元十三年，置安撫司。十四年，改總管府，隸湖南行省。十九年，改隸江西行省。舊領宜春、分宜、萍鄉、萬載四縣。後升萍鄉縣爲州。户十九萬八千五百六十三，口九十九萬二千八百一十五。領司一：録事司。至元十三年，置兵馬司。十四年，改録事司。縣三：宜春。上。倚郭。分宜。上。萬載。中。

州一：

萍鄉州。中。宋萍鄉縣。元貞元年，升爲州。

臨江路。上。宋臨江軍，屬江南西路。至元十三年，隸江西行都元帥府。十四年，升臨江路總管府。舊領清江、新淦、新喻三縣。後升新淦、新喻二縣爲州。户十五萬八千三百四十八，口七十九萬一千七百四十。領司一：録事司。宋隸都監司。至元十三年，置兵馬司。十五年改。縣一：清江。上。倚郭。

州二：

新淦州。中。宋新淦縣。元貞元年，升爲州。

新喻州。中。宋新喻縣。元貞元年，升爲州。

撫州路。上。宋撫州，屬江南西路。至元十四年，升撫州路總管府。户二十一萬八千四百五十五，口一百九萬二千二百七十五。領司一：録事司。至元十四年，廢宋三廂立。縣五：臨川。上。崇仁。上。金溪。上。宜黄。中。樂安。中。

江州路。下。宋江州，屬江南西路。至元十二年，置江東西宣撫司，治江州。十三年，改爲江西大都督府，隸揚州行省。十四年，罷都督府，置江州路總管府，隸龍興行都元帥府。後置行中書省，本路直隸焉。十六年，改隸黄蘄等路宣撫司。二十二年，復隸行省。至正十六年，又改爲宣慰司都元帥府。户八萬三千九百七十七，口五十萬三千八百五十二。領司一：録事司。宋都監司。至元十二年，立兵馬司。十四年改。縣五：德化。中。瑞昌。中。彭澤。中。湖口。中。德安。中。

南康路。下。宋南康軍，屬江南東路。至元十四年，升南康總管，隸江淮行省。二十二年，改隸江西行省。舊領星子、都昌、建昌三縣。後升建昌縣爲州。户九萬五千六百七十八，口四十七萬八千三百九十。領司一：録事司。縣二：星子。下。本路治所。都昌。下。

州一：

建昌州。下。宋建昌縣。元貞元年，升爲州。

贛州路。上。宋贛州，屬江南西路。至元十四年。升贛州路總管府。舊領贛、安遠、雩都、虔化、信豐、龍南、瑞金、興國、會昌、石城十縣。後升虔化縣爲寧都州，析龍南、安遠二縣隸之。升會昌縣爲州，析瑞金縣隸之。户七萬一千二百八十七，口二十八萬五千一百四十八。領司一：録事司。至元十五年立。縣五：贛縣。上。州治所。興國。中。信豐。下。雩都。下。石城。下。元貞元年，以石城隸寧都，其復隸贛州，年分闕。

州二：

寧都州。下。宋虔化縣，後改寧都縣。元貞元年，升爲州。領縣二：龍南。下。以縣在龍灘之南，故名。至元二十四年，併入信豐縣。至大二年，復置。安遠。下。至元二十四年，併入會昌縣。至大二年，復置。

會昌州。下。宋會昌縣。元貞元年，升爲州。舊《志》：大德元年升寧都、會昌爲州，並隸贛州路。大德乃元貞之誤。

建昌路。下。宋建昌軍，屬江南西路。至元十四年，升爲建昌路總管府。舊領南城、南豐、新城、廣昌四縣。後升南豐縣爲州，直隸行省。户九萬二千二百二十三，口五十萬三千三十八。領司一：録事司。至元十四年，割南城置録事司。縣三：南城。中。新城。中。廣昌。中。

南安路。下。宋南安軍，屬江南西路。至元十四年，升南安總管府。十五年，析大庾縣城之四坊，置録事司。十六年，廢。户五萬六百一十二，口三十萬三千六百六十六。領縣三：

大庾。中。倚郭。南康。中。上猶。下。宋上猶縣，又改南安。至元十六年，改永清。後復爲上猶。

南豐州。下。宋南豐縣，隸建昌軍。至元十九年，升爲州，直隸江西行省。户二萬五千七十八，口一十二萬八千九百。

廣東道宣慰使司都元帥府〔二〕至元十五年置。

海北廣東道肅政廉訪司至元三十年，治廣州。

廣州路。上。宋廣州，屬廣南東路。至元十三年，内附。十五年，置廣州路總管府。三十年，升爲上路。舊領南海、番禺、增城、懷集、清遠、東莞、新會、香山八縣，後懷集析屬賀州。户十七萬二百一十六。口一百二萬一千二百九十六。領司一：録事司。至元十六年置，以州之東城、西城、子城並番禺、南海二縣在城民户隸之。縣七：南海。中。倚郭。番禺。下。倚郭。東莞。中。增城。中。香山。下。新會。下。清遠。下。宋清縣，元改清遠。

韶州路。下。宋韶州，屬廣南東路。至元十三年，内附。十五年，置韶州路總管府。分曲江縣城西廂地及城外三廂置録事司。二十九年，罷録事司。三十年，分贛州行院官一員。舊領曲江、樂昌、翁源、仁化、乳源五縣。翁源析屬英德州。户一萬九千五百八十四，口一十七萬六千二百五十六。領縣四：曲江。中。延祐五年，併翁源縣入之。樂昌。下。仁化。下。乳源。下。

惠州路。下。宋惠州，屬廣南東路。至元十六年，升惠州路總管府，置録事司，至元二十九年，罷録事司。户一萬九千八百三，口九萬九千一十五。領縣四：歸善。下。倚郭。博羅。下。海豐。下。河源。下。

南雄路。下。宋南雄州，屬廣南東路。至元十五年，升南雄路總管府，置録事司。二十九年，罷録事司。户一萬七百九十二，口五萬三千九百六十。領縣二：保昌。下。倚郭。至元二十七年，降南雄州爲保昌縣。按保昌宋舊縣，非因降改，殆省本州入保昌也。其復爲南雄州，未知何時。始興。下。

潮州路。下。宋潮州，屬廣南東路。至元十六年，升潮州路總管府。二十三年，復以江西等處行院副使兼廣東道宣慰使司，鎮潮州。舊領梅州。延祐四年，以梅州隸廣東宣慰司。户六萬三千六百五十，口四十四萬五千五百五十。領司一：録事司。至元二十一年置。縣三：海陽。下。倚郭。潮陽。下。揭陽。下。

德慶路。下。宋德慶府，屬廣南東路。至元十四年，廣西宣慰司以兵收附，改隸廣西道。十七年，置德慶路總管府。二十九年，仍改隸廣東道。户一萬二千七百五，口三萬二千九百九十七。領縣二：端溪。下。倚郭。龍水。下。

肇慶路。下。宋肇慶府，屬廣南東路。至元十六年，廣西宣慰司收附，改隸廣西道。十七年，置爲下路總管府。二十九年，改隸廣東道。户三萬三千三百三十八，口五萬五千四百二十九。領縣二：高要。中。倚郭。四會。中。

英德州。下。宋英德府，屬廣南東路。至元十三年，收附。十五年，置英德路總管府。二十七年，罷總管府，併所屬真陽、浛光二縣爲英德州。《翰墨全書》：元管真陽、浛光二縣，今爲新民員州。大德四年，復升爲路，置真陽、浛光、翁源三縣。延祐元年，復降爲州，併真陽、浛光入之。領縣一：翁源。大德五年置。延祐元年，併入曲江。其復立年分闕。

梅州。下。宋故州，屬廣南東道。至元十六年，升梅州路總管府。二十三年，降爲州，屬潮州路。延祐四年，改爲散州，直隸宣慰司。户二千四百七十八，口一萬四千八百六十五。領縣一：程鄉。下。

南恩州。下。宋故州。至元十三年，升南恩總管府。十九年，降爲散州。户一萬九千三百七十三，口九萬六千八百六十五。領縣二：陽江。下。陽春。下。

封州。下。宋故州。至元十三年收附，明年復叛，廣西宣慰司定其亂，遂隸廣西道。十七年，置封州路總管府。二十九年，降爲散州。仍屬廣東道〔二〕。户二千七十七，口一萬七百四十二。領縣二：封州。下。開建。下。

新州。下。宋故州，屬廣南東路。至元十六年，升新州路。十九年，降爲散州。户一萬一千三百一十六，口六萬七千八百九十六。領縣一：新興。下。

桂陽州。下。宋桂陽縣，屬連州。至元十九年，升爲散州，析連州陽山縣來屬。爲蒙古斛忽都忽郡王分地。舊隸湖南道宣慰司，後復隸廣東道。户六千三百五十六，口二萬五千六百五十五。領縣一：陽山。下。

連州。下。宋故州，屬廣南東路。至元十三年，置安撫司，直隸行中書省。十七年，罷安撫司，升爲連州路，隸湖南道。二十九年，改隸廣東道。元貞元年，降散州。户四千一百五十四，口七千一百四十一。領縣一：連山。下。

循州。下。宋故州，屬廣南東路。至元十三年，升爲循州路。二十三年，降散州。户一千六百五十八，口八千二百九十。領縣三：龍川。下。興寧。下。長樂。下。

【校勘記】

〔一〕「户五萬六千五百一十三」，「户」字原脱，據《元史》卷六二志第十四《地理五》補。

〔二〕「廣東道」，「廣」字原脱，《元史》卷六二志第十四《地理五》同。據清嘉慶《大清一統志》卷四四七、道光《廣東通志》卷三等補。

新元史卷之五十一〔一〕　志第十八

地理志六

湖廣等處行中書省，領路三十二、府二、州十三、安撫司十五、軍三、屬州十五、屬縣一百四十二。蠻夷土官府州縣等，不在此數。

江南湖北道肅政廉訪司

武昌路。上。宋鄂州，屬荆州北路。至元十一年，歸附，置安撫司。十四年，置湖北宣慰司，改安撫司爲鄂州路總管府。十八年，移宣慰司於潭州。十九年，本路直隸行省。大德五年，以鄂州爲世祖親征之地，改武昌路。户一十一萬四千六百三十二，口六十一萬七千一百一十八。至元二十七年抄籍數。領司一：録事司。至元十三年置。縣七：江夏。中。倚郭。咸寧。下。嘉魚。下。蒲圻。中。崇陽。中。通城。中。武昌。下。宋武昌縣，升爲壽昌軍，後復爲縣，又再爲軍。至元十四年，升散府。大德五年，裁府，仍改縣爲武昌。

岳州路。上。宋岳州，屬荆湖北路。至元十三年，升岳州路總管府。舊領巴陵、華容、平江、臨湘四縣。元貞元年，升平江爲州。户一十三萬七千五百八，口七十八萬七千七百四十三。領司一：録事司。縣三：巴陵。上。倚郭。臨湘。中。華容。中。

州一：

平江州。下。宋平江縣。元貞元年，升平江縣。

常德路。上。宋常德府，屬荆湖北路。至元十二年，置安撫司。十四年，改常德路總管府。十五年，置荆湖北道宣慰司於本路，未幾罷。舊領武陵、桃源、龍陽、沅江四縣。元貞元年，升桃源、龍陽爲州，又析沅江縣隸龍陽。户二十萬六千四百二十五，口一百二萬六千四百二。領司一：録事司。縣一：武陵。上。

州二：

桃源州。中。宋桃源縣。元貞元年，升爲州。

龍陽州。下。宋龍陽縣，改辰陽，又復舊。元貞元年，升爲州。領縣一：沅江。下。

澧州路。上。宋澧州，屬荆湖北路。至元十四年，置安撫司。十四年，改澧州路總管府。延祐三年，又改爲安定軍民府。舊領澧陽、安鄉、石門、慈利四縣。元貞元年，升慈利爲州。户一十萬九千九百八十九，口一百一十一萬一千五百四十三。領司一：録事司。縣三：澧陽。上。倚郭。至正十六年，倪文俊陷澧陽，元帥孫毅遷縣治於新城。石門。上。安鄉。下。

州一：

慈利州。中。宋慈利縣。元貞元年，升爲州。

土州二：

安定州。

柿溪州。

辰州路。下。宋辰州，屬荆湖北路。至元十四年，升辰州路總管府。户八萬三千二百二十三，口一十一萬五千九百四十五。領縣四：沅陵。中。辰溪。下。盧溪。下。叙浦。下。

土州二：

上溪州。

施容州。二州皆溪洞地，元初置。

沅州路。下。宋沅州，屬荆湖北路。至元十二年，置沅州安撫司。元貞元年，升沅州路總管府。户四萬八千六百三十二，口七萬九千五百四十五。領縣三：盧陽。下。黔陽。下。麻陽。下。

興國路。下。宋興國軍，屬江南西路。至元十四年，升爲興國路總管府。舊隸江西行省。至元三十年，改隸湖廣。户五萬九百五十二，口四十萬七千六百一十六。領司一：

録事司。至元十七年置。縣三：永興。下。倚郭。大冶。下。通山。下。

漢陽府。下。宋漢陽軍，屬荆湖北路。至元十年，宋守將王儀以城降。十四年，升爲府。至元二十九年，割湖廣省之漢陽隸河南省。其還隸本省年分闕。户一萬四千四百九十二，口四萬八百六十六。領縣二：漢陽。至元二十年。升中縣。有陽羅堡。至元十六年，改隸鄂州路。尋復舊。

漢川。下。舊治大赤，至正二十二年，移治長城鄉。《翰墨全書》：漢陽、漢川二縣，俱隸岳州路。至元十二年，取岳州；十四年，已置漢陽府，不容隸岳州爲縣。今不取。

歸州。下。宋故州，屬荆湖北路。至元十二年，置安撫司。十四年，升歸州路總管府。十六年，降爲州。至正十五年，改隸四川行省。户七千四百九十二，口一萬九百六十四。領縣三：秭歸。下。倚郭。巴東。下。興山。下。

靖州路。下。宋靖州，屬荆湖北路。至元十二年，置安撫司。元貞元年，沅州升爲路，以靖州隸之。延祐四年，升靖州路總管府。後至元四年，以湖廣行省元領新化洞、古州、潭溪、龍里、洪州諸洞來屬。九年，罷總管府，改立靖州軍民安撫司。户二萬六千五百九十四，口六萬五千九百五十五。領縣三：永平。下。會同。下。通道。下。

湖南道宣慰司都元帥府至元十五年，置治衡州。十八年，移治潭州。至正十年，以宣慰使司兼都元帥府。

嶺北湖南道肅政廉訪司

天臨路。下。宋潭州，屬荆湖南路。至元十三年，置安撫司。十四年，改潭州路總管府。十六年，遷行省於鄂州，湖南道宣慰司治潭州。天曆二年，以潛邸所幸，改天臨路。舊領長沙、湘潭、益陽、湘陰、醴陵、瀏陽、攸、衡山、安化、湘鄉、寧鄉、善化十二縣。元貞元年，升醴陵、瀏陽、攸、湘鄉、湘潭、益陽、湘陰並爲州。户六十萬三千五百一，口一百八萬一千一十。領司一：録事司。宋置兵馬司。至元十四年改。縣五：長沙。上。倚郭。善化。上。倚郭。衡山。上。宋改屬衡州，後又屬潭州。元初因之。後又改屬衡州。寧鄉。上。安化。下。

州七：

醴陵州。中。宋醴陵縣。元貞元年，升爲州。

瀏陽州。中。宋瀏陽縣。元貞元年，升爲州。元初遷州治於居仁鎮。

攸州。中。宋攸縣。元貞元年，升爲州。

湘潭州。下。宋湘潭縣。元貞元年，升爲州。

益陽州。中。宋益陽縣。元貞元年，升爲州。

湘陰州。下。宋湘陰縣。元貞元年，升爲州。

衡州路。上。宋衡州，屬荆湖南路。至元十三年，置安撫司。十四年，改衡州路總管府。舊領衡陽、茶陵、耒陽、常寧、安化、酃六縣。至元十九年，升茶陵、常寧、耒陽爲州。後至元二年，分衡陽界置新城縣。户一十萬三千三百七十三，口二十萬七千五百二十三。領司一：録事司。宋立兵馬司，分城中民户爲五廂。至元十三年改置。縣四：衡陽。上。倚郭。安仁。下。酃縣。下。宋隸茶陵軍，元初改隸本路。新城。下。舊爲衡陽東鄉，後析置。

道州路。下。宋道州，屬荆湖南路。至元十三年，置安撫司。十四年，改道州路總管府。户七萬八千一十八，口一十萬九百八十九。領司一：録事司。縣四：營道。中。倚郭。寧遠。中。江華。中。元統二年，立濤墟巡檢司。永明。下。舊治在瀟水南，元初移今治。元統二年，立白面墟巡檢司。

永州路。下。宋永州，屬荆湖南路。至元十三年，置安撫司。十四年，改永州路總管府。户五萬六千六百六十六，口一十萬五千八百六十四。領司一：録事司。縣三：零陵。上。倚郭。東安。上。祁陽。中。

郴州路。下。宋郴州，屬荆湖南路。至元十三年，置安撫司。十四年，改郴州路總管府。户六萬一千二百五十九，口九萬五千一百一十九。領司一：録事司。宋置兵馬司。至元四年改。縣六：

郴陽。中。倚郭。宋郴縣。至元十三年，改郴陽縣。宜章。中。永興。中。興寧。下。宋資興縣，後改興寧。桂陽。下。桂東。下。宋析桂陽置桂東縣，治上猶寨。

全州路。下。宋全州，屬荆湖南路。至元十三年，置安撫司。十四年，改全州路總管府。户四萬一千六百四十五，口二十四萬五百一十九。領司一：録事司。宋置兵馬司。至元十五年改。縣二：清湘。上。倚郭。灌陽。下。

寶慶路。下。宋邵州，升寶慶府，屬荆湖南路。至元十二年，置安撫司。十四年，改寶慶路總管府。至正十一年，置湖南元帥府，分府寶慶。户七萬二千三百九，口一十二萬六千一百五。領司一：録事司。縣二：邵陽。上。倚郭。新化。中。

武岡路。下，宋武岡軍，屬荆湖南路。至元十三年，置安撫司。十四年，改武岡路總管府。户七萬七千二百七，口三十五萬六千八百六十三。領司一：録事司。宋置兵馬司，至元十五年改。縣三：武岡。上。倚郭。宋舊縣，後廢。元復置。新寧。下。宋廢武岡縣，置新寧於水頭江北。元因之。綏寧。下。宋蒔竹縣，屬邵州。後改隸本路。

桂陽路。下。宋桂陽軍，屬荆湖南路。至元十二年，置安撫使。十四年，改桂陽路總管府。户六萬五千五十七，口一十一萬二千二百四。領司一：録事司。縣三：平陽。上。臨武。中。藍山。下。

茶陵州。下。宋茶陵縣，屬衡州，後升縣爲軍，復爲縣。至元十九年，升爲州。户三萬六千六百四十二，口一十七萬七千三百二。

耒陽州。下。宋耒陽縣，屬衡州。至元十九年，升爲州。户二萬五千三百一十一，口一十一萬一千。

常寧州。下。宋常寧縣，屬衡州。至元十九年，升爲州。户一萬八千四百三十一，口六萬九千四百二。

廣西兩江道宣慰使司都元帥府至元十四年，置廣西道宣撫司。是年，改宣慰司。元貞元年，併左右兩江宣慰司爲廣西兩江道宣慰司，仍分司邕州。至正二十三年，改廣西等處行中書省。

嶺南廣西道肅政廉訪司

静江路。上。宋静江府，屬廣南西路。至元十五年，升静江路總管府。至正二十三年，置廣西等處行中書省。户二十一萬八百五十二，口一百三十五萬二千六百七十八。領司一：録事司。縣十：臨桂。上。倚郭。興安。下。靈川。下。理定。下。宋遷治上津馹。元初又還治上權塘。義寧。下。修仁。下。荔浦。下。陽朔。下。宋舊縣。《宋史·地理志》漏之。永福。下。古縣。下。

南寧路。下。宋邕州，屬廣南西路。至元十三年，置安撫司。十六年，改邕州路總管府，兼左右兩江溪洞鎮撫。泰定元年，改南寧路。舊領丹行等處長官司，後廢。户一萬五百四十二，口二萬四千五百二十。領司一：録事司。縣二：宣化。下。武緣。下。

梧州路。下。宋梧州，屬廣南西路。至元十四年，置安撫司。十六年，改梧州路總管府。户五千二百，口一萬九百一十。領縣一：蒼梧。下。

潯州路。下。宋潯州，屬廣南西路。至元十三年，置安撫司。十六年，改潯州路總管府。户九千二百四十八，口三萬八十九。領縣二：桂平。下。平南。下。宋屬龔州，紹興中州廢，以縣隸本州。

柳州路。下。宋柳州，屬廣南西路。至元十三年，置安撫司。十六年，改柳州路總管府。户一萬九千一百四十三，口三萬六百九十四。領縣三：柳城。下。倚郭。舊治龍江，元初移治龍江東。馬平。下。宋柳州治馬平，元初徙治柳城。洛容。下。

慶遠南丹溪洞等處軍民安撫司。宋爲慶遠府，屬廣南西路。至元十三年，置安撫司。十六年，改慶遠路總管府。大德元年，併南丹州安撫司爲慶遠南丹溪洞等處軍民安撫司。户二萬六千五百三十七，口五萬二百五十三。領縣六：宜山。下。忻城。下。天河。下。思恩。下。河池。下。荔波。下。宋荔波州。元初，降爲縣。

土州四：

南丹州。宋元豐三年置，管轄諸洞蠻酋。元初置安撫司，後併入慶遠。舊領丹平等處蠻夷長官司，後廢。

東蘭州。宋蘭州，命土人韋氏爲知州。元初，改東蘭州。

那州。蠻猺所居，舊名那地。宋置那州，元初因之。

地州。宋故州，又析置孚州，後省。元初因之。

平樂府。宋昭州，屬廣南西路。大德五年，升爲平樂府。户七千六十七，口三萬三千八百二十。領縣四：平樂。下。倚郭。恭城。下。立山。下。龍平。下。

鬱林州。下。宋故州，舊治興業縣，後徙治南流，屬廣南西路。至元十四年，仍行州事。户九千五十三，口五萬一千五百二十八。領縣三：南流。下。倚郭。興業。下。博白。下。

容州。下。宋故州，屬廣南西路。至元十三年，置安撫司。十八年，改容州路總管府。大德五年，降散州。户二千八百九，口七千八百五十四。領縣三：普寧。下。北流。下。陸川。下。

象州。下。宋故州，屬廣南西路。至元十三年，置安撫司。十五年，改象州路總管府。大德五年，降散州。户一萬九千五百五十八，口九萬二千一百二十六。領縣三：陽壽。下。來賓。下。武仙。下。

賓州。下。宋故州，屬廣南西路。至元十三年，置安撫司。十六年，改賓州路總管府。大德五年，降散州。户六千一百四十八，口三萬八千八百七十九。領縣三：嶺方。下。倚郭。上林。下。宋舊屬邕州，後來屬。遷江。下。

横州。下。宋故州，屬廣南西路。至元十三年，置安撫司。十六年，改横州路總管府。大德五年，降散州。户四千九百四十八。口三萬一千四百七十六。領縣二：寧浦。下。倚郭。永淳。下。宋永安縣，後改永淳。

融州。下。宋故州，屬廣南西路。至元十四年，置安撫司。十六年，改融州路總管府。二十三年，降散州。户二萬一千三百九十三，口三萬九千三百三十四。領縣二：融水。下。懷遠。下。

藤州。下。宋故州，屬廣南西路。至元十三年，仍行州事。户四千二百九十二，口一萬一千二百一十八。領縣二：鐔津。下。倚郭。岑溪。下。

賀州。下。宋故州，屬廣南東路，後改屬西路。至元十三年，仍行州事。户八千六百七十六，口三萬九千二百三十五。領縣四：臨賀。下。倚郭。富川，下。桂嶺，下。懷集。下。宋屬廣州。至元十五年，改隸本州。

貴州。下。宋故州，屬廣南西路。元初因之。舊領鬱林縣，大德九年，廢縣，止行州事。户八千八百九十一，口二萬八百一十一。

田州上思等處宣撫使司都元帥府

左右兩江溪洞。至元二十八年，置左右兩江宣慰司都元帥府。元貞元年罷。

思明路。宋思明州，屬邕州永平寨。至元二十三年，置思明路。户四千二百二十九，口一萬八千五百一十。領土州七：

上思州。宋故州，屬邕州遷隆寨。元初，改隸本路。泰定元年，黄勝許致仕，其子志熟襲爲上思州知州。

志明州。宋故州，屬遷隆寨。元初，改隸本路。

禄州。宋故州，屬邕州永平寨。元初，改隸本路。領縣一：武黎。

西平州。宋故州，屬永平寨。元初，改隸本路。

思明州。宋故州，屬永平寨。元初，改隸本路。天曆二年，思明州土官黄思永貢方物。

上石西州。宋故州，屬永平寨。元初，改隸本路。

下石西州。宋分石西州爲上、下二州。元初，改隸本路。

江州。宋故州，屬古萬寨。元初，改隸本路。領縣一：羅自。《翰墨全書》：思明路有忠州，領縣一：寧福；又有遇隆州。當爲大德後所省併。

太平路。宋平嶺南，於左右二江溪洞立五寨。其一曰太平寨，與古萬、遷隆、永平、橫山四寨各領洞溪州縣，屬邕州。元初，仍爲五寨。後廢，置太平路於麗江，以控制左江溪洞州縣。户五千三百一十九，口二萬二千一百八十六。領縣四：陀陵。宋舊名駱陀縣，後改名。隸古萬寨。崇善。宋舊縣，隸古萬寨。永康。宋舊縣，隸遷隆寨，後升爲州。羅陽。宋名福川縣，後改隸遷隆寨。

土州十六：

太平州。舊名瓠陽，爲西原農峒地。唐波州。宋爲太平州，隸太平寨。元初，改隸本路。

思誠州。本西原地。宋分上思誠、下思誠二州。至元中，併爲一，隸太平寨。元初，改隸本路。

安平州。舊名安山，亦唐波州地。宋置安平州，隸太平寨。至元十四年，知州李惟屏以所屬溪洞來附。

養利州。宋故州，隸太平寨。

萬承州。舊名萬陽。唐置萬陽、萬杉二州。宋省爲一州，隸太平寨。

左州。舊名左陽。宋故州，隸古萬寨。

全茗州。舊名連岡谷，西原地。宋置州，隸邕州。

鎮遠州。舊名古隴，宋置州。

思同州。舊名永寧，爲西原地，宋置州。

茗盈州。宋故州。泰定三年，全茗州土官許文寇茗盈州。

龍英州。宋龍英洞，隸太平寨。元初，升爲州，省上懷思州入之。

結安州。舊名營周，亦西原地。宋置結安洞，隸太平寨。元初，升爲州。

結倫州。宋結倫洞，隸太平寨。元初，升爲州。

都結州。宋都結洞，隸太平寨。元初，升爲州。

上下凍州。舊名凍江，宋置凍州，隸太平寨。元初，分上凍、下凍二州，隸本路。尋合爲一，改隸龍州。

田州路軍民總管府。宋田州，隸邕州横山寨。元初，升田州路。户一千九百九十一，口一萬六千九百一。領縣一：上林。

土州七：

上隆州。宋故州，隸横山寨。元初，改隸本路。

恩誠州。宋故州，隸横山寨。元初，改隸本路。

歸德州。宋故州，隸横山寨。元初，改隸本路。

果化州。宋故州，隸横山寨。元初，改隸本路。

泗城州。宋故州，隸横山寨。元初，改隸本路。

向武州。宋故州，隸横山寨。元初。改隸本路。領縣一：富勞。

都康州。宋故州，隸横山寨。元初，改隸本路。

軍民府一：

思恩軍民府。宋隸邕州遷隆鎮。元初，改隸本路。

利州，宋故州，隸邕州横山寨。元初，改隸本路。

奉議州。宋故州，隸廣西行省安撫司。元初，隸廣西兩江道宣慰司。

龍州。宋故州，隸太平寨。元初，改太平路。大德中，升爲龍州萬户府。王圻《續通考》：田州路下有思恩府，功饒、懷德、婪鳳、兼下、隆武、龍歸、朝歸、辰等州，羅波、船帶、唐興、强山、咸德、永寧、都陽、古帶、南海、武林、順陽、華陽等縣。與《翰墨全書》合。疑亦大德後所裁併。

來安路軍民總管府。宋來安軍。至元十三年，知來安軍李維屏、知來安軍兼知湅州事岑從義降，升爲來安路。《續通考》：來安路有程縣、上林長官司、安隆長官司、羅博州、俟州、龍川州、安德州、歸仁州、樂歸州、順隆州、昭假州、訓州、路城州。《翰墨全書》又有七源州、唐興州、回城州。延祐六年，來安路總管岑世興叛，據唐興州。

鎮安路軍民總管府。宋鎮安洞，置右江軍民宣撫司。元初，改爲鎮安路。至元十八年，召鎮安州岑從毅入覲。二十九年，從毅始降，以老疾，詔其子斗榮襲佩虎符，爲本路軍民總管。

海北海南道宣慰司都元帥府

海北海南道肅政廉訪司至元三十年，置。後罷。大德三年，復置。

雷州路。下。宋雷州，屬廣南西路。至元十五年歸附，置安撫司。十七年，爲海北海南道宣慰司治所，改安撫司爲雷州路總管府，隸宣慰司。户八萬九千五百三十，口一十二萬五千三百一十。領縣三：海康。中。徐聞。下。遂溪。下。

化州路。下。宋化州，屬廣南西路。至元十五年，置安撫司。十七年，改化州路總管府。户一萬九千七百四十九，口五萬二千三百一十七。領縣三：石龍。下。吴川。下。石城。下。

高州路。宋高州，屬廣南西路。至元十五年，置安撫司。十七年，改高州路總管府。户一萬四千六百七十五，口四萬三千四百九十三。領縣三：電白。下。茂名。下。信宜。下。

欽州路。下。宋欽州，屬廣南西路。至元十五年，置安撫司。十七年，改欽州路總管府。户一萬三千五百五十九，口六萬一千三百九十三。領縣二：安遠。下。倚郭。靈山。

下。宋欽州治此。元初，徙治安遠。

廉州路。下。宋廉州，屬廣南西路。至元十七年，升廉州路總管府。户五千九百九十八，口一萬一千六百八十六。領縣二：合浦。下。倚郭。石康。下。

乾寧軍民安撫司。宋瓊州，屬廣南西路。至元十五年，隸海北海南道宣慰司。元統二年，以潛邸所幸，改乾寧軍民安撫司。户七萬五千八百三十七，口一十二萬八千一百八十四。領縣七：瓊山。下。倚郭。澄邁。下。臨高。下。文昌。下。樂會。下。會同。下。至元二十九年，敕以海南新附四州洞寨五百一十九，民二萬餘户置會同、定安二縣，隸瓊州。按王圻《續通考》：至元三十年析樂會縣置會同，二十九年析瓊山置定安。疑誤也。定安。下。天曆二年，升爲南康州。

南寧軍。宋昌化軍，又改南寧軍，屬廣南西路。至元十五年，隸海北海南道宣慰司。户九千六百二十七，口二萬三千六百五十二。領縣三：宜信。下。昌化。下。感恩。下。

萬安軍。下。宋萬安州，改爲軍，屬廣南西路。至元十五年，隸海北海南道宣慰司。户五千三百四十一，口八千六百八十六。領縣二：萬安。下。倚郭。陵水。下。

吉陽軍。下。宋朱厓軍。後廢爲縣，又復爲吉陽軍，屬廣南西路。至元十五年，隸海北海南宣慰司。户一千四百三十九，口五千七百三十五。領縣一：寧遠。下。

八番順元等處宣慰司都元帥府。《經世大典》：順元諸蠻，又名亦奚卜薛。至元十五年，羅殿國主羅阿察、河中府方蕃主韋昌盛皆納土。十六年，西南八番等同卧龍番主龍昌順、大龍番主龍延三、小龍番主龍延萬、武盛軍番主程延隨、遏蠻軍番主龍羅篤、太平番主石延賢、永順軍番主洪延暢、静海軍番主盧延陵皆來降。其部曲有龍文貌、龍文求等，朝廷立八番宣慰司以統之。至元十六年，潭州行省招降西南諸番洞寨一千六百二十有六、户十萬一千一百六十有八，西南五番千一百八十六寨、户八萬九千四百。又西南番三百一十五寨、大龍番三百六十寨。二十二年，改隸西川行省。二十六年，置八番、羅甸二宣慰司，隸四川行省。是年，改隸湖廣行省。二十八年，復隸四川。是年，析八番洞蠻隸湖廣。二十九年，又以羅甸宣慰司隸雲南。是年，合八番、羅甸二宣慰司都元帥府爲一，改八番順元等處宣慰司都元帥府。三十年，復改隸湖廣行省。至治二年，置八番軍民安撫司，改長官所二十有八爲州縣。

羅番遏蠻軍安撫司。唐番酋龍應召之後，世據羅番。至元十六年，歸附。

程番武勝軍安撫司。唐末程元龍平溪洞，世據程番。至元十六年，歸附。

金石番太平軍安撫司。唐番酋石寶之後。至元十六年，歸附。

卧龍番南寧州安撫司。唐番酋龍德壽之後。至元十六年，歸附。

小龍番静蠻軍安撫司。唐番酋龍方靈之後。至元十六年，歸附。

大龍番應天府安撫司。唐番酋龍昌宗之後。至元十六年，歸附。

洪番永盛軍安撫司。至元十六年，歸附。

方番河中府安撫司。唐番酋方德恒之後，以征討九蠻授土官。至元十六年，歸附。

盧番静海軍安撫司。唐番酋盧君聘之後。至元十六年，歸附。以上二十一年並授安撫使懷遠大將軍，佩虎符。

韋番蠻軍民長官，唐番酋辛四海之後。按大小龍番合爲一部，故曰八番方番之長。韋氏又析其族，分設長官與盧番同。

木爪犵狫蠻軍民長官。元初，番酋石朝璽歸附，設長官司。木爪犵狫，亦作水東犵狫。此金石番之分族。

盧番蠻軍民長官。又作簽盧番。

定遠府。至元二十九年，析盧番安撫司西北境，置八番宣慰司；撫定光蘭諸州洞蠻，置定遠府，領桑州。至元二十七年，桑州總管黄布蓬，那州長羅光寨，安郡州長閉光過内附。

章龍州。

必化州。宋寶化州，譌必化。

小羅州。

思同州。《翰墨全書》有安慶州、東灤州、曾州、知山州、那州、郡州、洪池州、龍褁州。

朝宗縣。

上橋縣。又作上馬橋。唐番酋方定遠授土官，歷宋至元初因之。

新安縣。

麻峽縣。

小羅縣。

章龍縣。

島山縣。

華山縣。

都雲縣。

羅博縣。《翰墨全書》又有會朝縣、必際縣、鴨水縣、高縣、伯汭縣、龍里縣。疑大德後所裁併。

管番民總管府。至元二十一年，罷西南番安撫司，置總管府。二十五年，改隸四川行省。按番族甚多，八番設安撫司，又別立定遠府及管民總管府以統之。領：

小程番。以下各設蠻夷長官。

獨塔等處。

客當、客地。又作各營各迪。

天臺等處。

梯下。

黨兀等處。

勇都、朱砂、古筑等處。《翰墨全書》：金竹府所轄蠻夷長官曰：勇都、朱砂、古筑等處，大小化等處，浴甲洛屯等處，低當低界等處，百眼佐等處，獨石寨，重州，阿孟州，上龍州，峽江州，羅賴州，乘州，向州，阿島州，羅邦州，多爲管番民官總管府轄地。附著以備參考。

大小化等處。

洛甲、洛屯等處。

低當、低界等處。

獨石寨。

百眼佐等處。至治二年，百眼等處蠻夷長官司言：「康佐寨主等殺巡檢王忠以叛。」宣慰司討平之。

羅來州。

那歷州。

重州。宋勳州，廢爲重州長官司。

阿孟州。

上龍州。本桑州上隆寨，元初置上龍州，後降爲長官司。

峽江州。

羅賴州。木爪犵狫地。

桑州。至元二十九年，斡羅斯招撫桑州生苗，詣闕貢獻。

白州。

北島州。

羅那州。

龍里等寨。

六寨等處。

帖犵狫等處。

木當三寨等處。

山齋等處。即山寨之譌。

羨塘帶夾等處。

都雲、桑林、獨立等處。

六洞、柔遠等處。

竹古弄等處。至元二十七年，金竹府土官言：「招降竹古弄、古魯花等處三十餘寨。」

中都雲、板水等處。

金竹府。唐蠻酋金密定，授金竹寨土官。至元二十六年，改四川金竹寨爲金竹府。二十七年，置金竹府大隘等處四十二寨蠻夷長官。二十九年，金竹知府臊驢言：「招諭平岱山齋寨主，今有百眼佐、阿冒谷、各營各迪等久欲内附。」詔從之。

都雲軍民府。至元二十八年，洞蠻爛土立定雲府。後至元元年，平伐、都雲、定雲酋長等來降，即其地復立宣撫司。《翰墨全書》：都雲定雲安撫司所轄軍民官，曰萬朝、平壩、焦溪、江水、望城等處，吴黎、當溪等處，中都、雲板水等處，大洞、幹真等處，李殿、李稍等處，上都雲等處，八千寨樓等處，丹竹、楊西等處，上官溪、厓斗、厓尾、銅鼓等處，黎波、重端等處，周色、竹明等處，上水洞等處，平珠、平駝等處；所轄蠻夷長，曰安化洞長官，安化、中州等處，卯雄、中團等處，曰安化下州雙隆〔二〕、思母〔三〕、歸仁、各丹五寨長官，曰銅人、大小江等處，古州、八萬等處，容江、八黄等處，十利、合水等處，新化等處，寶安等處，湖耳、洞提溪等處，省溪等處，務溪等處，董寨等處，萬灰等處，平岳溪等處，施溪等處，武龍、潭溪、皮林、銅左、五開、賴寨、地西、七洞、邦厓等處。其中都雲、板水、李殿、李稍等地名，已見上下文。附著以備參考。

萬平等處。

南寧丹州。至元二十九年，諭平伐等部詔書：南順丹州北懷金竹。舊《志》州誤竹。

陳蒙爛土等處。至元二十六年，中下爛土等處洞長忽帶等，以洞三百、寨一百一十來降。二十八年，改陳蒙洞爲陳蒙州。二十九年，置陳蒙爛土軍民安撫司。

李稍、李殿等處。

陽安等處。

八千蠻。

恭焦溪等處。

都鎮。又作都鎮馬乃等處。

平溪等處。

平月。

李厓。

陽並。

盧山等處。

乖西軍民府。皇慶元年置。二年，又隸播州宣撫司。

上都雲等處。《明一統志》：上都雲等處、中都雲、板水等處，並元置。

順元等路軍民安撫司。至元二十年，討平四川九溪十八洞，大處爲州，小爲縣，分立總管府，聽順元路宣慰司節制。宣慰司改安撫司年分闕。二十八年，改隸湖廣行省。

雍真、乖西、葛蠻等處。唐蠻酋楊立信之後。皇慶元年，改乖西等處軍民府，隸播州宣慰司。

葛蠻、雍真等處。大德五年，葛蠻、雍真土官宋隆濟叛。七年，討平之。

曾竹等處。大德七年，順元同知宣撫事宋阿重，嘗爲曾竹蠻夷長官，以其叔宋隆濟叛，上言宜深入烏撒、烏蒙。至水東，招木樓苗，擒隆濟以獻。

龍平寨。王圻《續文獻通考》作把平塞，《明一統志》同。

骨龍等處。《經世大典》作龍骨長官。蠻酋宋國，以征南功，授土官。

底寨等處。唐蠻酋蔡氏，以討黑羊功授底寨土官，子孫世據其地。宋隆濟反，達魯花赤也思干避於底窩揚苦寨，即底寨。

茶山、百納等處。

納壩、紫江等處。唐紫薑縣，後謁江。至元二十九年，安撫使宋子賢招諭平伐大甕眼、紫江、皮陵、潭溪、九堡等處蠻夷，皆降。

磨波、雷波等處。

澧尼等處。

青山、遠地等處。至元二十六年，青山苗以不莫台皁包等三十三寨内附。

木窩、普冲、普泥等處。

武當等處。

養龍坑、宿徵等處。唐番酋蔡崇隆，以征九洞革老，授養龍土官。

骨董、龍里、清江、木樓、甕眼等處。

高橋、青塘、鴨水等處。

落邦札佐等處。大德五年，犵狫阿解寨，去落邦札佐長官司十里。

平遲、安得等處。

六廣等處。

貴州等處。

施溪、樣頭、朵泥等處。宋丹川縣。

水東寨。

市北洞。

平月。

中曹、百納等處。又作中嶆。舊《志》管番民總管府下，復出中嶆百納及底窩紫江、甕眼納八二處。今删。

龍里寨。《明一統志》：龍里長官司與湖耳洞、亮寨、歐陽、新化、中林驗洞、赤溪湳洞六長官司，均元置，隸思州宣撫司。湖耳等四寨，均見思州安撫司下，惟中林驗洞不見舊《志》。

思州軍民安撫司。宋思州。元置安撫司〔四〕，原轄：樂敦洞、上黎平、水從、潭溪、八丹、洪州、曹滴、古州、新化、湖耳、亮寨、歐陽十二長官司。至元十八年，改安撫司爲宣慰司，兼管内安撫使，自龍泉坪徙司治於清江。二十一年，省宣慰司，以思、播二州隸順元路宣慰司。後復置。二十九年，改思州宣慰司爲軍民安撫司，領婺川縣。宋務川縣，所屬蠻夷洞官曰：明溪、甘細、甕甸、古州、八萬、龍團、横坡、得明、地野、新坑、歐陽。

鎮遠府婺州楠木洞。至元二十一年，白厓洞、楠木洞蠻侵辰州，討平之，立爲一府、九州。鎮遠府當置於此時。白厓爲施溶州，亦此時。

古州八萬洞。宋鎮遠州。至元十八年，置鎮遠沿邊溪洞招討司。二十年，立總管府，以五開洞屬之。至治二年，府廢，五開洞改爲上黎平長官司。

偏橋、中寨。宋蠻酋安崇誠，以功授偏橋長官司。至元二十年，來附。

野雞坪、德勝寨。

偏橋、四甲等處。

思印江等處。元初，蠻酋張恢以功授印江長官司。

石千等處。

曉愛、瀘洞、赤溪等處。又作赤溪湳洞。

卑帶洞、大小田等處。

黄道溪。宋丹陽縣。元爲野雞坪、黄道溪地。

省溪、壩場等處。

金容、金遠等處。鎮遠府附郭。元初，置鎮安縣，尋又改安夷縣。後改金容、金遠及楊溪、公俄兩長官司。

臺蓬、若洞、住溪等處。思州附郭。

洪安等處。

葛章、葛商等處。

平頭著可、通達等處。

溶江、芝子坪等處。

亮寨。

沿河。

龍泉平。思州舊治龍泉平，及火，其城移治清江。至元十七年，敕安撫司還舊治。蠻酋張坤元，以功授龍泉坪長官司。

祐溪。

水特姜。

楊溪、公俄等處。鎮遠府附郭。

麻勇洞。

恩勒洞。

大萬山、蘇葛辦等處。元初，蠻酋田穀以功授大萬山長官司。

五寨、銅人等處。

銅人、大小江等處。初隸都雲都定安撫司，後改隸思州。

德明洞。

烏羅、龍干等處。唐蠻酋楊通禄，以功授烏羅長官司。

西山、大洞等處。

禿羅。

浦口。

高丹。宋蠻酋何永壽，以功授高丹洞長官司。

福州。

永州。

迺州。

鑾州。

程州。

三旺州。

地州。

忠州。

天州。

文州。

合鳳州。

芝山州。

安習州。

茆蘺等團。

荔枝、安化、上中下蠻。

曹滴等洞。

洛卜寨。

麥著土村。亦曰麥著黄洞。

衙迪洞。

會溪、施容等處。

感化州等處。

契鋤洞。

臘惹洞。

勞巖洞。

驢遲洞。

來化州。

客團等處。

中古州。

樂墩洞。後至元四年，古潭溪、龍里、洪州諸洞三百餘處，洞民六萬餘户，分隸清州、中古州、洪州，均隸思州安撫司，龍里則隸管民總管府。至治二年，置中古州樂墩洞長官司。

上里坪。即上黎平。至元二十年，立古州八萬軍民總管府。至治二年，改總管府爲上黎平長官司。

洪州泊李等洞。《明一統志》：洪州泊里與潭溪蠻夷長官司、八丹蠻夷長官司，俱宋置軍民長官司，元因之。

張家洞。

朗溪洞。

旋秉前江等處。至元二年置。

提溪等處。

石阡等處。元初，蠻酋楊九龍，以功授石阡副長官司。

歐陽寨。

新化。

湖耳洞。

溶江芝子平茶。

溶漢芝麻子平。《翰墨全書》又有曉隘坡、德明、上甲寨、德牙、松明洞、小江、西莊寨、毛柵等處，金容、金洞等處，葛安、葛齊等處。

沿邊溪洞宣慰使司。宋蠻酋田二鳳，以功授沿邊溪洞軍民宣撫司，子孫世襲其職。元初改宣慰司。

播州軍民安撫司。宋播州安撫司，本隸四川省。至元十六年，改播州爲播南路。二十八年，從播州萬户楊漢英之請，以播州等處管軍萬户楊漢英爲紹慶、珍州、南平等處宣慰使，行播州軍民宣撫使，播州等處管軍萬户。二十九年，改隸湖廣行省，領播州軍民都鎮撫司。播州宣慰使楊鑑降明，所領安撫司二：曰草塘，曰黄平。是黄平、草塘二處俱設安撫司。舊《志》略。所領長官司六：曰真州，即珍州，曰播州，曰餘慶，曰白泥，曰容山，曰重安。惟重安不見舊《志》。

播川縣。附郭。宋鼎山縣。至元十五年，以鼎山仍隸播州。十六年改鼎山爲播川縣。

黄平府。至元二十八年置。至治三年，罷播州長官所，徙其民隸黄平府。

平溪、上塘、羅駱家等處。

水車等處。

石粉、羅家、永安等處。

錫樂、平等處。

白泥等處。元初，蠻酋楊正寶，以功授白〔五〕泥司副長官。

南平綦江等處。宋以南川縣銅佛頂地，置南平軍。

珍州思寧等處。唐之播川鎮，後改鎮爲珍州。至正末，改爲真州。

水烟等處。

溱洞、涪洞等處。宋廢溱州爲溱溪寨。

洞天觀等處。

葛浪洞等處。

賽壩、埡黎、焦溪等處。

小孤單、張倒柞等處。

烏江等處。

舊州草塘等處。

恭溪、杳洞、水囤等處。
平伐、月石等處。
下壩。
寨章。
横坡。
平地寨。
寨勞。
寨勇。
上塘。
寨坦。
吟奔。
平模。
林種、密秀。
沿河祐溪等處。元初，蠻酋張坤義，以功授沿河祐溪長官司。
餘慶州。唐蠻酋毛巴，以功授餘慶州刺史，子孫世有其地。

容山等處。《翰墨全書》：洪溪、馬峽等處，清江、中平、三都、望浦、仁懷、古磁，俱隸播州軍民安撫司。

新添葛蠻軍民安撫司。唐蠻酋宋景陽以功授大萬谷落總管，子孫世有其地。至元二十八年來降，置安撫司。大德元年，授葛蠻驛券一。南宋時，蠻酋宋永高攻麥新城蠻，克之，改曰新添城，別號新添，爲遏蠻軍。後又譌爲葛蠻。

南渭州。宋羈縻州，屬荆湖路。元初屬新添葛蠻安撫司。

落葛、谷鵶橋等處。自落葛、谷鵶等處至麥傲，《翰墨全書》皆爲八番順元宣慰司所屬。

昔不梁、駱拓密約等處。又作駱杯密約。有洛白河，駱拓即洛白。

乾溪、吴地等處。

噥聳、古平等處。宋隆濟作亂，自貴州至新添界，噥聳、波襲城、都朵等處。都朵又作都桑。

都鎮、馬乃等處。

坪普、樂重墺等處。又作落重頓。

落同當等處。又作落重同。

獨禄。

三陂、地蓬等處。

小葛龍、洛邦、到駱、豆虎等處。

羅月和。

麥敖。

大小田陂帶等處。

都雲洞、洪安、晝劑等處。

谷霞寨。至大三年，谷霞寨主洛卜傍來降。

剌客寨。

吾狂寨。至大三年，吾狂寨主的鵰來降。

必郎寨。

谷底寨。

都谷部寨。至大三年，都谷部寨主只驗來降。

犵狫寨。《明一統志》：犵狫寨，亦元置，並隸平越指揮司。

平伐等處軍民安撫司。大德元年，平伐九寨來降，立長官司。至大三年，升軍民安撫司。後至元元年，復改宣慰司。三年，又爲安撫司。

安剌遠。

思樓寨。元貞初。宣慰使呼魯國圖招降思樓、浴暮、梅求諸蠻。

浴暮寨。

梅求望懷寨。

甘長。

桑州郎寨。

永縣寨。

平里縣寨。

鎖州寨。

雙隆寨。

思母寨。

歸仁寨。

各丹洞。自各丹至光州,《翰墨全書》爲永順、保静、南渭三州安撫司所屬蠻夷軍民長官。

木當寨。

雍郎、客都等處。

雍門犵狫等處。

棲求等處。

伴客蠻、婁水等處。又作仲家婁水。

欒頼、蒙囊、吉利等處。

華山、谷津等處。

青塘、望懷、甘長、不列、獨良等處。

光州。宋功州，聲轉爲光州。至元三十年，光州蠻光龍等入貢，授蠻夷長官。

者者寨。

安化、思雲等洞。

北遐洞。

茅難、思風、北郡、都變等處。《翰墨全書》屬永順等三州安撫司。

必證縣。

潘樂盈等處。

誠州富盈等處。

赤畬洞。

羅章特團等處。

福水州。

允州等處。
欽村。
硬頭三寨等處。
顏村。
水歷吾洞等處。
順東六龍圖。
推寨。
橋叩寨。
格慢等處。
客盧寨。
地省等處。
平魏。
白厓。唐以宋沱洞、烏引洞、蘆荻洞、村望洞、白厓洞五寨，命田氏世官其地。宋因之。至元二十一年，升爲施溶州。後仍爲白厓長官司。
雍門、客當、樂頼、蒙囊、大化、木瓜等處。

嘉州。

分州。

平硃。大德元年，平硃六洞蠻及十部洞蠻皆來降。二年，立平硃石洞三蠻夷長官司，設土官二十四員。

洛河、洛腦等處。

寧溪。

甕除。

麥穰。

孤頂得同等處。

邑甕。

陂控州。

南平。

獨山州。至大三年，獨山州土官蒙天童款附，置獨山州窖洞、木洞、都谷部等處諸軍民司。

木洞。

瓢洞。

窖洞。

大青山、骨計等處。
百佐等處。
九十九寨蠻。
當橋山、齊朱、谷列等處。
虎列、谷當等處。
真除、杜珂等處。
楊坪、楊安等處。
棣甫、都城等處。
楊友閬。
百也客等處。
阿落傳等寨。
蒙楚。
公洞龍木。
三寨、貓犵剌等處。
黑土石。

洛濱、洛咸。

益輸沿邊蠻。

割和寨。

王都、谷浪寨。

王大寨。

只蛙寨。

黄平下寨。

林拱、章秀、拱江等處。

密秀丹張。丹張即前單張，各郎西即前葛浪洞，草堂即前草塘，恭溪、焦溪、林種俱見前。疑諸地前屬播州，後屬平伐，遂重複如此。

林種拱幫。

西羅剖盆。

杉木箐。

各郎西。

恭溪、望城、崖嶺等處。

孤把。又名孤把當。

焦溪、篤住等處。

草堂等處。

上桑直〔六〕。

下桑直。元初置桑直縣安撫司，至正末廢。

米坪。

今其平尾等處。

保靖州。宋羈縻州，元因之。

待團等處。

西北地附録。太祖長子朮赤、次子察合台及太祖孫旭烈兀分封之地，爲西北三藩，稱篤來帖木兒、月祖伯、不賽因位下者。文宗至順三年，《經世大典》成書，據當時藩王位下載其封地，故不稱朮赤諸王。舊《志》采自《經世大典》，今因之。其地名與《經世大典圖》互有出入，則纂修《大典》者之疏也。

篤來帖木兒位下：察合台大王五世孫。

途魯吉。《經世大典圖》在可失哈耳北，阿力麻里西南。本西突厥之地，後屬西遼。太祖滅西遼，以其地封察合台。

柯耳魯。《大典圖》在阿力麻里西北，本突厥三姓葉護葛邏普之地。太祖六年，其酋阿爾思蘭來降。後帖木耳駙馬封其子沙哈普於其地。

畏兀兒地。本高昌地，唐置交河郡，又爲回鶻所據，後自號畏兀兒。太祖六年，其亦都護來朝，置達魯花赤監之。

哥疾寧。城名。《大典圖》作嘎自尼。唐漕國之鶴悉那城。後爲貨勒自彌屬城。太祖十六年，取之。

可不里。城名。《大典圖》在哥疾寧城東，貨勒自彌屬地。

巴達哈傷。城名，亦部落名。本西遼地。哲别克西遼，其酋將遁入巴達克山，即此地。

忒耳迷。城名。本唐之喝密。《圖》貨勒自彌屬地。太祖十五年，自將大軍攻下之。

不花剌。城名。唐安國地。本西遼屬部，後爲貨勒自彌所併。太祖十五年，取之。

那黑沙不。城名。唐那色波國地。太祖十七年，駐兵此地。英宗以後，元人稱其地曰咳而什。葛葛兒克汗建宫殿於其地。國語稱宫殿曰咳爾什。

的里安。城名。《大典圖》作的安里，在不花剌、柯提之間。

撒麻耳干。城名。本唐康國地，後爲回紇所據，貨勒自彌復取之。太祖十六年，攻拔其城。憲宗置阿梅河等處行尚書省，治此。後爲駙馬帖木兒都城，東有養夷沙鹿梅牙、塞藍、塔什干、西有渴石、迭里迷諸城，皆隸焉。

忽氈。地名。《大典圖》在察赤南，撒麻耳干東。本唐俱戰提國地。太祖十五年，征貨勒自彌，使别將攻克忽氈。

馬耳亦囊。城名。

可失哈耳。城名。本西遼屬地，太祖十三年取之。

忽炭。城名。《圖》在倭赤之西，可失哈耳之東南。本兀丹部，又曰斡端。至元中，置宣慰司都元帥府。未幾罷。

柯提。城名。《大典圖》在貨勒自彌東南，爲貨勒自彌舊部。

兀提剌耳。《圖》在撒麻耳干之北。城名。蒙古人稱爲卯危巴里克，譯言惡城，以攻城多傷士卒。

巴補。城名。《大典圖》在忽氈東。

譌跡邗。《大典圖》作譌跡，即舊史《本紀》之養吉干。

倭赤。城名。

苦叉。亦作曲先。元初置曲先答林元帥府。

柯散。城名。《大典圖》在察赤西，本寧遠國之渴塞城。唐置休循州都督府。

阿忒八失。《大典圖》在亦剌八里西南，又曰渾八升。

八里茫。《大典圖》在倭赤北。屠寄說「茫」爲「沙」之誤字，八里沙即八剌沙衮。西遼都城。

察赤。唐石國地，又名塔什干。太祖十五年，征西域，攻拔其城。

也云赤。城名。《大典圖》在亦剌八里西。

亦剌八里。城名。《大典圖》在阿力麻力西南。

普剌。城名。

也迷里。城名。《大典圖》在普剌東北。定宗潛邸在此。

阿力麻里。城名。《大典圖》在苦叉北。至元八年，北平王南木合建幕庭之地。

合剌火者。本火州治。至治間，地入察合台後王。至順元年，復立總管府。

魯古塵。《圖》在合剌火者之東，他古新之西。唐柳中縣，又曰柳陳城。

別失八里。《圖》在魯古塵之北，本回鶻五城，爲畏兀兒地。憲宗置行尚書省。至元二十年，改立宣慰司元帥。後爲察合台後王屬地。

他古新。城名。《大典圖》在魯古東北。

仰吉八里。

古塔巴。

彰八里。《大典圖》在別失八里之西，由此而西爲古塔巴，又西仰吉八里。

月祖伯大王位下：朮赤五世孫。

撒耳柯思。部族名。太祖十六年，命速不台征其部落，取之。《大典圖》在阿蘭、阿思之南。

阿蘭、阿思。部族名。亦名阿速。太祖十六年，速不台取其地。

欽察。部族名。

斡羅斯。部族名。詳《外國列傳》。

不里阿耳。部族名，亦城名，又作布爾嘎爾。《大典圖》在欽察東北。唐波臘國。太祖十六年，速不台征其部族。後拔都西戎，始城之。

撒吉剌。部族名，亦城名。斡羅斯之屬地。

花剌子模。部族名。又作貨勒自彌。詳《外國列傳》。

賽藍。城名。本西突厥地。先爲海都分地，又屬拔都後王，後爲駙馬帖木兒所取。

巴耳赤邗。城名。一曰八兒真。太祖十五年，朮赤攻拔其地。

氈的。城名。一名鄭成。太祖征西域，朮赤分兵取氈的、養吉干。

不賽因大王位下：旭烈兀四世孫。

八哈剌因。地名。沈曾植說：「當作哈剌八因。」

怯失。地名。《大典圖》：與八哈剌因隔海東西相對。

八吉打。即報達。詳《列傳》。

孫丹尼牙。哈兒班答大王所築都城。

忽里模子。地名。大德中，合贊大王遣使來朝，浮海歸，其登陸處爲忽普謨斯，即此地。

可咱隆。城名。《大典圖》在失羅子西。先爲法而斯部屬地。

設剌子。法而斯之都城。一名石羅子。

泄剌失。城名。《大典圖》在設剌子東。

苦法。

瓦夕的。城名。與苦法均爲報達屬城。

兀乞八剌。城名。《大典圖》在毛夕里東南。報達屬城。

毛夕里。本一小國。中統三年，旭烈兀大王滅之。

設里汪。地名。《大典圖》在兀乞八剌東，一名失兒灣。太祖十六年，者別攻拔其城。按《大典圖》誤，當作兀乞八剌東北，當次於巴耳打阿、打耳班之下，不當介於毛夕里、羅耳之間。

羅耳。國名。旭烈兀滅之。

乞里茫沙杭。城名。報達屬城。憲宗七年，旭烈兀克之。

蘭巴撒耳。城名。《大典圖》在乞里茫沙東，又曰倫白塞耳，本木剌夷堡。憲宗六年，降於旭烈兀。

那哈完的。城名。又曰你訶温多。唐阿昧國城都。

亦思法杭。城名。本貨勒自彌屬城，爲波斯舊都。

撒瓦。

柯傷。

低廉。地名。又曰低楞。木剌夷堡。旭烈兀平木剌夷，其部衆負嶮自守，至哈而班答始取之。

胡瓦耳。

西模娘。城名。《圖》在塔米設之南，撒里牙之東，即遼之仙門國。

阿剌模忒。城名。本木剌夷屬堡，旭烈兀攻降之。

可疾云。城名。又曰憨顔。貨勒自彌屬地。太祖十五年，大將哲别攻拔之。

阿模里。《大典圖》直裹海正南，爲馬三德蘭部之會城。

撒馬牙。本馬三德蘭部屬城。

塔米設。達拔里斯單部屬城。

贊章。城名。《大典圖》在可斯費音西北。

阿八哈耳。城名。

撒里茫。本毛夕耳部屬城。旭烈兀征報達，道破此城。

朱里章。本貨勒自彌屬城。

的希思丹。地名。

巴耳打阿。本阿而俺部都城。

打耳班。地名，譯言門。波斯築城乞兒吉思山之要隘，打耳班其通行之門。者别、速不台討欽察等部，即取道於此。

巴某。城名。《大典圖》失載。又曰八米俺。太祖追札剌勒哀丁，道攻此城，皇孫阿禿干中流矢卒。城破，夷爲平地。

塔八辛。城名。《大典圖》失載。

不思忒。本昔義斯單部之會城。

法因。本木剌夷之屬城。

乃沙不因。太祖十六年，皇子拖雷攻拔其城。

撒剌哈西。城名。太祖十六年，拖雷克之。

途思。本貨勒自彌屬城。太祖十二年，拖雷克之。

巴瓦兒的。城名。

麻里兀。又曰馬魯，爲呼拉商屬部四大城之一。其三曰彌沙不兒，曰巴里黑，曰哈烈。

塔里干。城名。本唐之咀剌健國。又曰塔思寒。太祖十六年，親征攻拔其城。

巴黑里。城名。唐之縛喝國地。

吉利吉思、撼合納、謙州、益蘭州等處。吉利吉思者，初以漢地女四十人與烏思之男結婚此地。「乞利」〔七〕譯言四十，「吉思」譯言女子也。相傳乃蠻部始居此。元初，析其民爲九千户。其地長一千四百里，廣半之。昂可剌爲吉利吉思之附庸，因水名其地。晝長夜短，日没炙羊胛熟，東方已曙。烏斯亦以水爲名。撼合納，譯言布囊也，地形似之。至元中，徙兀連、撼合結、吉利吉思三部入於肇州。謙州，又曰欠欠祝，或曰汪汗始居此地。益蘭州。益蘭者，譯言蛇。初，其地見一巨蛇穴中出，飲河水，故名之。至元七年，劉好禮爲吉利吉思、撼合納、謙州、益蘭州等處斷事官，以益蘭州爲治所。

征東行中書省，領招討司二、勸課使五。至元二十年，置征東行中書省。大德三年，改鎮東行中書省。五年，復爲征東行中書省。未幾罷。至大元年，復置。皇慶元年，又罷。《方輿勝覽》：鎮東行中書省，領安撫高麗總管府、瀋州高麗總管府、躭羅國軍民安撫司。按高麗總管府併於瀋州高麗總管府，改屬遼陽行省。舊《志》征東行省下，復列瀋陽等路高麗軍民總管府，一路隸於兩省，誤甚矣。躭羅安撫司，後改總管府，大德五年，與五道稅課使皆罷。

征東招討司。

慶尚州道勸課使。

東界交州道勸課使。

全羅州道勸課使。

忠清道勸課使。

西海道勸課使。

躭羅國招討司。其貢賦，每歲進毛施布百匹。後改爲軍民都達魯花赤總管府。二十一年，又改爲軍民安撫司。三十一年，還隸高麗國。大德四年，復置躭羅總管府。五年，改軍民萬户府。是年，高麗王昛請罷耽羅總管府，隸本國，置萬户府如合浦鎮邊事例。從之。

【校勘記】

〔一〕「卷之五十一」，「之」字原脱，據全書體例補。

〔二〕「雙隆」，原作「隻隆」，據《元史》卷六三志第十五《地理六》改。下文「雙隆寨」不誤。

〔三〕「思母」，原作「思丹」，據《元史》卷六三志第十五《地理六》改。下文「思母寨」不誤。

〔四〕「安撫司」，原作「安撫思」，據退耕堂本改。

〔五〕「白泥」，原作「泊泥」，據退耕堂本改。

〔六〕「上桑直」，「直」原作「置」，據退耕堂本改。下文注有「元初置桑直縣」云云。